Das große Buch

Bessere Fotoshows mit MAGIX Fotos auf CD & DVD 6

André Moritz
Christoph Prevezanos

DATA BECKER

Copyright	© by DATA BECKER GmbH & Co. KG Merowingerstr. 30 40223 Düsseldorf
Produktmanagement und Lektorat	Christian Strauch
Umschlaggestaltung	Inhouse-Agentur DATA BECKER
Textverarbeitung und Gestaltung	Andreas Quednau (www.aquednau.de)
Produktionsleitung	Claudia Lötschert
Druck	Media-Print, Paderborn
E-Mail	buch@databecker.de

ISBN 10: 3-8158-2584-9
ISBN 13: 978-3-8158-2584-6

Inhalt

Namenskonventionen im Buch

Aus Platzgründen wird, wenn das Hauptprogramm gemeint ist, im Buch meist nur von MAGIX gesprochen. Der vollständige Programmname lautet natürlich MAGIX Fotos auf CD & DVD.

Das neue MAGIX Fotos auf CD & DVD 6 im Überblick

MAGIX Fotos auf CD & DVD Version 6 ist da!

Wenn Sie an Ihrem Computer perfekte Fotoshows mit Überblendungen, Animationen, Texttafeln, Musik und vielen anderen effektvollen Extras erstellen möchten, kommen Sie an MAGIX kaum vorbei. Das Programm hat sich beinahe zu einem Standard für Fotoshows entwickelt und bietet so viele Funktionen und Möglichkeiten wie kaum ein anderes Programm.

Jetzt hat MAGIX nachgelegt und die brandneue Version 6 des Programms herausgebracht. Im Vergleich zum Vorgänger hat sich eine Menge getan, sodass Ihnen nun noch mehr Möglichkeiten für eine Fotoshow zur Verfügung stehen. Aber auch abseits herkömmlicher Fotoshows bietet MAGIX eine Menge. Internetpräsentationen, eigene Fotowebseiten und ein Onlinedruckservice runden das Angebot ab.

Dieser Abschnitt listet die wichtigsten Änderungen auf und erläutert die Unterschiede zwischen der Standard- und deluxe-Version.

Neue und verbesserte Fotoshow-Funktionen

MAGIX Fotos auf CD & DVD 6 bringt eine ganze Fülle neuer Funktionen mit. Dadurch können Sie Ihre Fotoshows noch einfacher, schneller und vor allem besser gestalten. Viele Funktionen bieten Ihnen effektvollere Gestaltungsmöglichkeiten oder Animationen, die bisher nicht möglich waren.

Die wichtigsten Neuerungen sind:

- Dynamische Kamerafahrten und Zooms: Sie können sich mit einer virtuellen Kamera nun ganz frei in Ihren Fotos bewegen. Sie können über das Bild schwenken, die Ansicht drehen oder beliebig in das Bild hineinzoomen. Die Kamera kann vollkommen frei bewegt werden. Anhand von Wegpunkten können Sie die Kameraanimation ganz exakt und zeitgenau steuern.

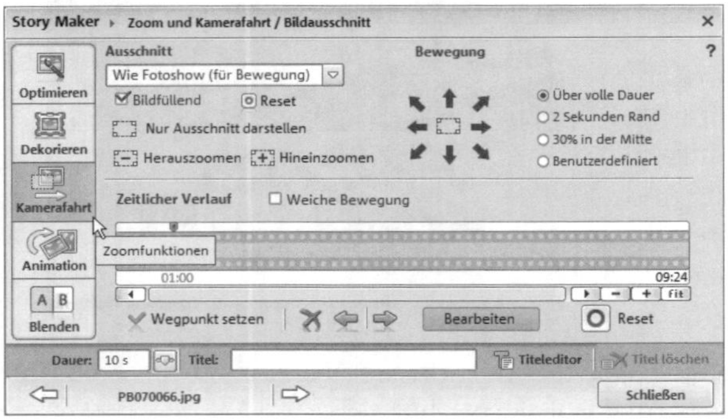

- 1-Klick-Animationen: Um Ihre Fotos mit Animationen aufzupeppen, müssen Sie sich nicht mehr durch lange Konfigurationsmenüs bewegen. Mit den neuen 1-Klick-Animationen können Sie fertige Vorlagen blitzschnell Ihren Fotos zuordnen. Schneller kann man eine Animation nicht erzeugen.

- Optimale 16:9-Unterstützung: Sie können alle Fotoshows im 16:9-Format erstellen. Dabei werden alle Fotos, Effekte und Menüs automatisch auf das neue Format angepasst. Mit 16:9 sehen Sie einfach mehr und haben eine deutlich breitere Fläche für das Gestalten Ihrer Fotoshow zur Verfügung. Wenn Sie einen Breitbildfernseher besitzen, kommen Sie nun in den vollen Genuss des 16:9-Formats.

- Fotos im HDTV-Format: MAGIX unterstützt nun auch die neue Fernsehnorm HDTV. Sie können Ihre Fotoshows also im hochaufgelösten Fernsehformat der Zukunft erstellen. Der hochwertige Microsoft Windows Media High Definition Encoder sorgt dafür, dass Ihre HD-Fotoshows auf jedem Windows-Computer abgespielt werden können.

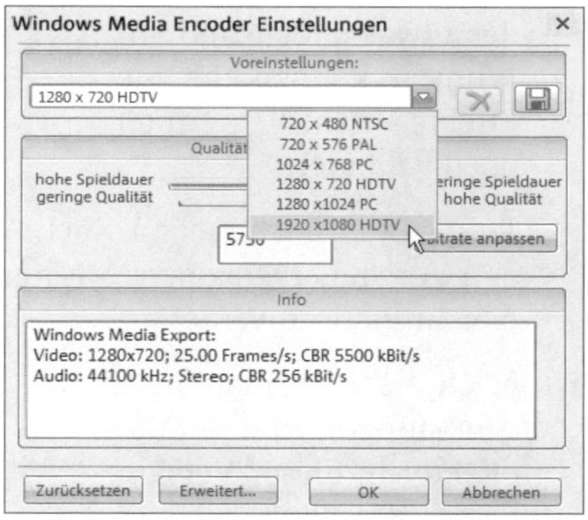

- Multidiscs für komplette Projekte erstellen: Mit der neuen Multidisc-Funktion erstellt MAGIX Ihnen eine DVD, die sich auf jedem Gerät abspielen lässt und für jedes Gerät die optimale Bildqualität liefert. Für Ihren DVD-Player wird die Fotoshow im DVD-Standardformat gespeichert, für den PC liegen die Fotos als JPEG-Slideshow vor, und wenn Sie wollen, können Sie das Ganze auch in HDTV abspielen. Falls Sie Ihre Fotoshow dann mal verändern möchten, ist das auch kein Problem. Auf der Multidisc sind nämlich auch die Original-Projektdateien gespeichert.

- MAGIX Media Datenbank: Das Programm Fotos auf CD & DVD ist nun vollständig kompatibel zu allen anderen MAGIX-Produkten. Sie können direkt auf Daten, Fotos, Videos und andere Inhalte zugreifen, die in anderen MAGIX-Programmen gespeichert sind. Über die Media Datenbank ist ein nahtloser Übergang zwischen sämtlichen Anwendungen möglich.

Vieles besser und überall mehr!

Viele Funktionen in MAGIX kennt man bereits aus der vorherigen Version. Sie wurden aber fast alle vollständig überarbeitet und noch weiter verbessert. Dadurch ist die Handhabung noch einfacher geworden, aber vor allem steigt die Qualität der Fotos und somit Ihrer Fotoshow deutlich an.

- Viel mehr Effekte. MAGIX Fotos auf CD & DVD bietet in der Version über 30 fertige Vorlagen für Spezialeffekte, Kamerafahrten und andere Foto-/Videoeffekte. Und auf Wunsch können Sie diese natürlich auch komplett anpassen oder sogar ganz neue kreieren.
- Noch mehr Überblendeffekte. Den Übergang von einem Foto zum nächsten können Sie nun noch individueller gestalten. MAGIX bringt in der Version 6 über 70 Überblendeffekte mit. Da ist für jeden etwas dabei. Und auf Wunsch können Sie die Effekte natürlich auch noch verändern.

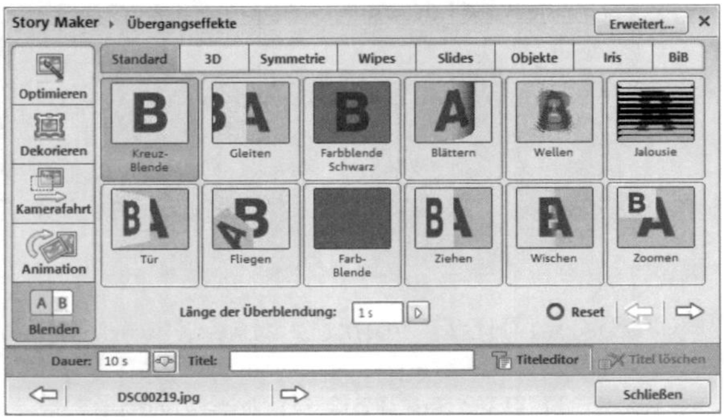

- Jetzt gibt es noch mehr 1-Klick-Assistenten und 1-Klick-Optimierungen als in den Vorgängerversionen. Mit nur einem Mausklick können komplexe Aufgaben ausgeführt werden.
- Noch mehr Dekorationen, Animationen und Soundeffekte! In dieser Version wurde die Bibliothek mit Dekoelementen deutlich vergrößert. Sie können Ihre Fotos nun mit jeder Menge ClipArts, bewegten Symbolen oder auch Geräuschen versehen.

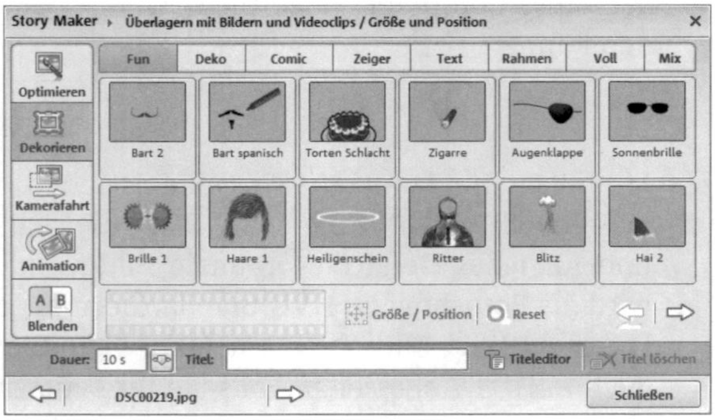

- Mehr Vorlagen und Styles. Die Version 6 bringt eine riesige Fülle von neuen Vorlagen mit, und zwar in allen Bereichen. Es gibt noch mehr Vorlagen für komplett fertige Fotoshows ... Sie müssen nur noch Ihre Fotos einfügen. Außerdem gibt es noch mehr Vorlagen für DVD-Menüs, die Sie mit schon einem Mausklick aktivieren können. Zusätzlich gibt es nun animierte Menüvorlagen und speziell für 16:9- und HDTV-Geräte optimierte Vorlagen.

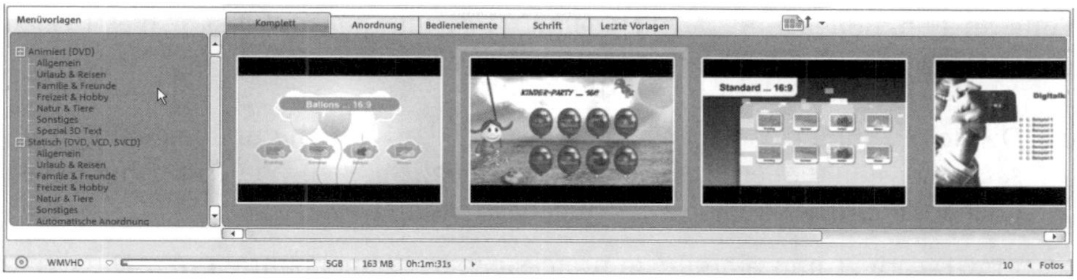

Noch mehr Onlinefunktionen

MAGIX hat für die Fotopräsentation schon immer ein großes Angebot an Onlinefunktionen gehabt. Seit der Version 6 wurden die Onlinedienste noch einmal deutlich aufgestockt. Ihrer perfekten Fotowebseite steht nun nichts mehr im Wege und Ihre Freunde können dort sogar gleich Abzüge bestellen.

- Online Foto Album: Sie erhalten eine kostenlose Webseite mit eigener Adresse von MAGIX. Dort haben Sie 128 MByte Platz für Ihre Fotos und Videos. Dann können Ihre Freunde ganz einfach Ihre neusten Fotoshows betrachten.
- Online Austausch: Sie können nun Fotos und Videos aus Ihrem Onlinealbum direkt in MAGIX einlesen und verändern oder weiterverarbeiten. Sie können sogar Ihren Freunden erlauben, Fotos von Ihrer Seite herunterzuladen. So lassen sich z. B. Fotos vom gemeinsamen Urlaub ganz einfach verteilen.
- Online Druck Service: Mit MAGIX können Sie Ihre Fotos direkt auf Fotopapier ausbelichten lassen. Sie erhalten also hochwertige Abzüge wie bei herkömmlichen bzw. analogen Fotos. Sie können die Fotos direkt aus dem MAGIX-Programm heraus zum Druckservice hochladen. Auf Wunsch können auch Ihre Freunde Fotos von Ihrer Webseite als Abzüge bestellen.

Unterschiede zwischen der Standard- und deluxe-Version

Die in diesem Buch vorgestellten Workshops und Tipps funktionieren in den meisten Fällen sowohl mit der Standard- als auch mit der deluxe-Version von MAGIX Fotos auf CD & DVD. Die Standardversion bietet Ihnen also bereits eine

Fülle an Funktionen und Möglichkeiten. Doch die deluxe-Version bietet noch mehr. Die wichtigsten Unterschiede sind hier aufgeführt.

- Die deluxe- unterscheidet sich von der Standardversion durch eine Reihe zusätzlicher Funktionen bzw. Einstellungsmöglichkeiten. Viele Effekte können noch individueller und genauer angepasst werden.
- MAGIX bringt nun eine Reihe professioneller Kamerafahrten mit. Die dynamischen Kamerafahrten erlauben das Steuern einer virtuellen Kamera, z. B. in Form eines Schwenks über ein Panoramabild. Diese Funktion ist nur in der deluxe-Version enthalten.
- Die Unterstützung für HDTV- und das Brennen von HD-Rohlingen ist nur in der deluxe-Version enthalten.
- Die deluxe-Version enthält zusätzlich ein Archiv mit Nachvertonungsgeräuschen, Jingles und lizenzfreier Hintergrundmusik für Ihre Fotoshows.
- Außerdem ist das MAGIX Druck Center zum perfekten Ausdrucken Ihrer Fotos enthalten. Damit können Sie auch Rohlinge bedrucken sowie passende Cover für Ihre CD-/DVD-Hüllen erstellen. Zusätzlich enthält die deluxe-Version den MAGIX Music Manager. Dies ist eine Verwaltungszentrale für Ihre Musikdateien.
- Mit der MAGIX Foto Collection erhalten Sie eine Zusammenstellung von 500 Bild-, Ton-, Video- und Effektvorlagen für Ihre Fotoshows und DVD-Menüs.
- Die deluxe-Version enthält fünf zusätzliche Styles für die schnelle und professionelle Erstellung von Fotoshows mit dem MAGIX Fotoshow Maker sowie über 500 frei verwendbare und kombinierbare Effekte zu den Fotoshow-Styles. Dazu gehören auch gegenüber der Standardversion zusätzliche 3-D-Morphblenden (dreidimensionale Überblendeffekte).
- Eine wesentliche Extrafunktion der deluxe-Version ist darüber hinaus das Ondisc Editing, mit dem Sie Ihre Fotoshows direkt auf DVD bearbeiten können und auf bereits gebrannten DVDs weitere Fotoshows anhängen und das vorhandene Menü anpassen können. Außerdem ermöglicht die deluxe-Version das Brennen so genannter TV-JPEG-Discs, mit denen Ihre Bilder ohne Effekte als Slideshow in maximaler Qualität auf eine Disc gebrannt werden und von DVD-Playern am TV abgespielt werden können, die dieses Format unterstützen.
- Eine wichtige neue Funktion in der Version 6 stellt die Multidisc dar. Sie wurde bereits im letzten Abschnitt bei den Neuerungen beschrieben. Die Multidisc-Funktion ist nur in der deluxe-Version enthalten.

Weitere Unterschiede und kleinere Zusatzfunktionen erfahren Sie auch unter *http://www.magix.de.*

1. Fünf-Minuten-Workshop: Fotoshow im Handumdrehen mit dem MovieShow Maker

Herzlich willkommen bei MAGIX Fotos auf CD & DVD Version 6. In diesem Fünf-Minuten-Workshop lernen Sie, wie Sie mit dem MAGIX MovieShow Maker ganz einfach und mit wenig Arbeit Ihre Fotos auf eine DVD oder CD bringen. Dieses Kapitel soll Ihnen einen Schnelleinstieg bieten, damit Sie sich sofort mit dem Programm vertraut machen können und schnell ein erstes Ergebnis erzielen. Alle Funktionen werden in den späteren Abschnitten detailliert erläutert, damit Sie nach dem Schnelleinstieg alle Möglichkeiten des Programms ausschöpfen können.

1.1 Fotos auswählen und Fotoshow zusammenstellen

Jedes Projekt in MAGIX Fotos auf CD & DVD beginnt damit, die gewünschten Medienelemente auszuwählen und diese in der gewünschten Reihenfolge zu sortieren, damit sie als Fotoshow zusammengestellt werden.

1. Starten Sie MAGIX Fotos auf CD & DVD. Bei einer Standardinstallation finden Sie das Programm über *Start/Alle Programme/MAGIX/MAGIX Fotos auf CD & DVD 6 (deluxe)*.

2. Das Programm wird geladen und präsentiert Ihnen einen Begrüßungsbildschirm. Ist dies nicht der Fall, weil Sie den Startbildschirm möglicherweise zu einem früheren Zeitpunkt deaktiviert haben, wählen Sie *Datei/Neues Disc-Projekt*. Geben Sie einen Namen für die zu erstellende Fotoshow ein. Wenn Sie möchten, können Sie auch die Standardanzeigedauer pro Foto anpassen. Wenn Sie die Fotos mit Überblendeffekten versehen möchten, ist eine Anzeigedauer von 7 bis 10 Sekunden empfehlenswert. Setzen Sie in diesem Fall auch ein Häkchen vor *Fotos automatisch mit Effekten überblenden*. Möchten Sie Ihre Fotos auf einem Breitbildfernseher anzeigen, können Sie die *Option 16:9 Seitenverhältnis für aktuelles Disc-Projekt verwenden* aktivieren. Anschließend klicken Sie auf die Schaltfläche *OK*.

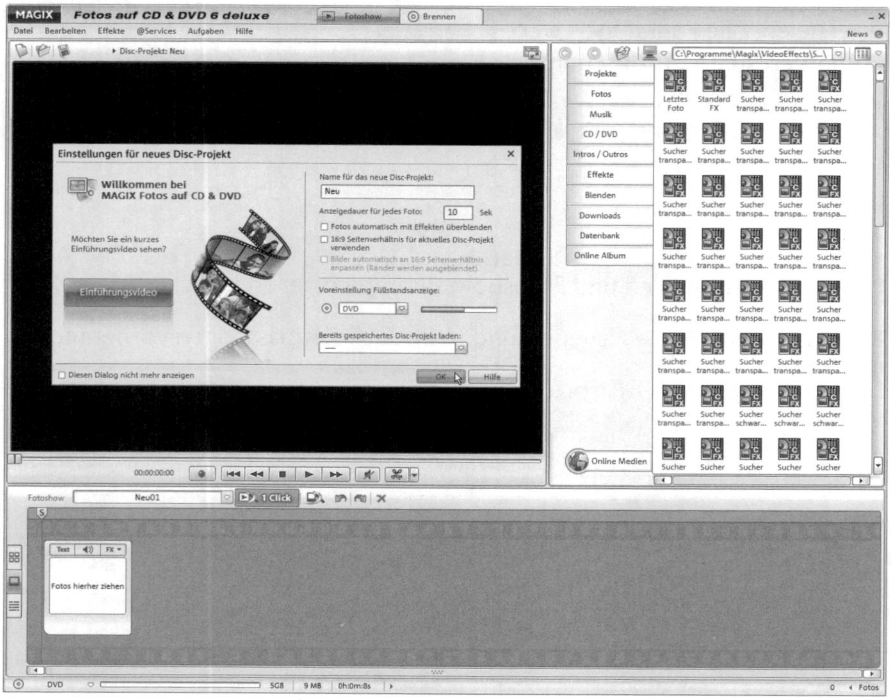

3 Die rechte obere Hälfte des Programmfensters wird vom so genannten Medienpool in Anspruch genommen. Hier verwalten Sie Ihre Mediendateien, also Fotos, Videoclips und Musik. Klicken Sie auf *Fotos*. Nach der Standardinstallation finden Sie dort lediglich einige Beispielbilder.

4 Um eigene Fotos verfügbar zu machen, richten Sie am besten eine Verknüpfung zu Ihren Fotoordnern auf der Festplatte ein. Klicken Sie dazu auf den kleinen Pfeil auf der Schaltfläche *Fotos*, der erscheint, sobald Sie mit der Maus über diese Schaltfläche fahren. Wählen Sie aus dem erscheinenden Menü den Befehl *Verknüpfung erstellen* aus.

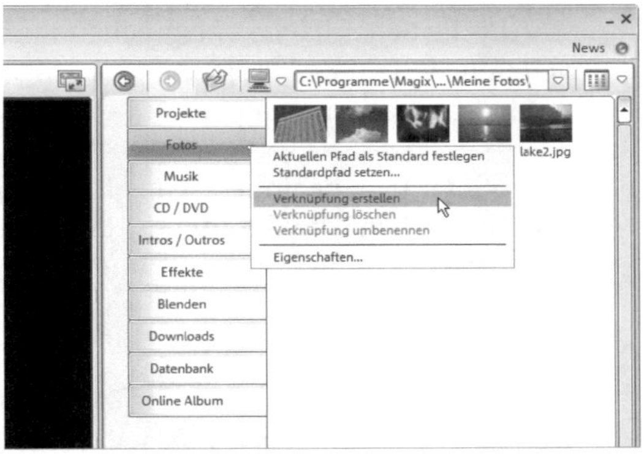

5 MAGIX öffnet nun das Dialogfenster *Verknüpfung erstellen* und zeigt den MAGIX-Standardordner an. Suchen Sie auf der Festplatte den gewünschten Ordner, markieren Sie ihn und klicken Sie auf *Öffnen*. Sie können im Feld *Beschreibung* eine Bezeichnung für die Schaltfläche bzw. die verknüpften Fotos eingeben. Dies ist aber auch später noch möglich.

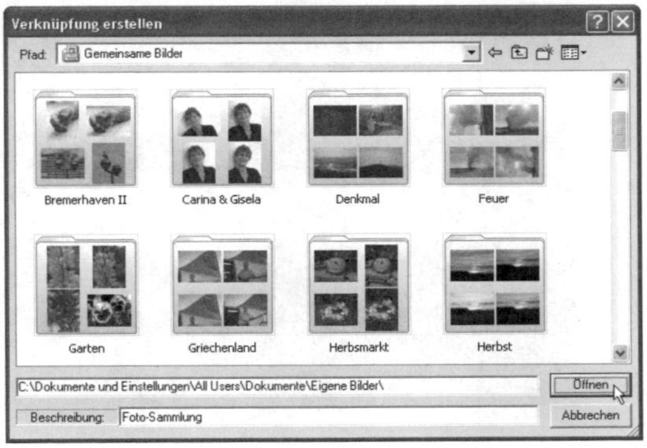

6 Das Programm fügt nun eine Schaltfläche mit dem Namen des Ordners am unteren Ende des Medienpools ein. Außerdem zeigt es alle im gewählten Ordner enthaltenen Dateien im Medienpool an.

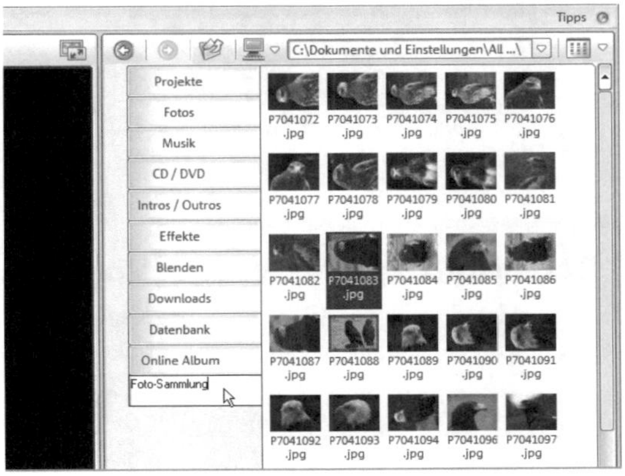

7 Klicken Sie die Schaltfläche *Neue Verknüpfung* bzw. *Eigene Bilder* mit der rechten Maustaste an und wählen Sie aus dem erscheinenden Kontextmenü den Befehl *Verknüpfung umbenennen*. Geben Sie eine aussagekräftige Bezeichnung ein, um die einzelnen Fotoordner später sauber voneinander trennen zu können. Sobald Sie Ihre Eingabe mit [Enter] bestätigen, beschriftet MAGIX die Schaltfläche entsprechend neu. Auf die gleiche Art können Sie im weiteren Verlauf der Programmnutzung alle anderen Rubriken-Schaltflächen im Medienpool umbenennen.

8 Sie können nun beginnen, einzelne Fotos aus dem Medienpool in die Zeitleiste zu ziehen, die die untere Hälfte des Programmfensters einnimmt. Auf diese Weise können Sie nach und nach alle Fotos in der gewünschten Reihenfolge der Fotoshow hinzufügen.

Dateiliste, Dateidetails oder Vorschaugrafiken?

Standardmäßig zeigt MAGIX beim Erstellen von Verknüpfungen zu Fotoordnern die enthaltenen Fotos in einer kurzen Dateiliste. Diese Liste enthält lediglich den Dateinamen des Bildes.

Mit dieser Standardanzeige können Sie für das Erstellen Ihrer Fotoshow relativ wenig anfangen. Sinnvoller ist die Anzeige der Bilder in Form von kleinen Vorschaugrafiken. Diese stellen Sie ein, indem Sie ein beliebiges Foto in der Dateiliste im Medienpool mit der rechten Maustaste anklicken und aus dem Kontextmenü *Große Symbole* wählen.

Je nach Anzahl der Fotos im gewählten Verzeichnis kann die Anzeige der Vorschaubilder beim ersten Mal einige Sekunden dauern, da das Programm jedes Foto laden und daraus ein Miniaturfoto generieren muss. Im Anschluss können Sie nun aber jedes Foto dank Vorschau direkt identifizieren.

Mitunter kann es sinnvoll sein, aus dem Kontextmenü die Anzeige der Details auszuwählen. In diesem Fall erhalten Sie eine sortierte Liste aller Fotos im gewählten Ordner inklusive der Anzeige von Tag und Uhrzeit der Erstellung. Das ist besonders praktisch, wenn Ihre Digitalkamera so genannte EXIF-Informationen unterstützt und deshalb sämtliche Zusatzinformationen zum Foto in die Datei schreibt. Diese Ansicht können Sie auch aktivieren, wenn Sie ein Element im Medienpool markiert haben und dann die Taste [D] drücken.

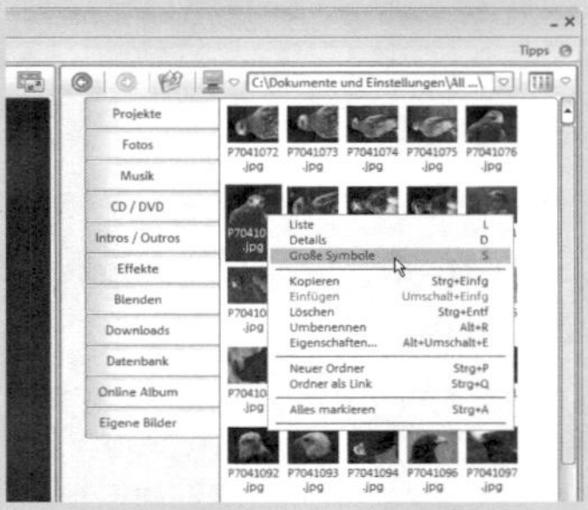

Alle Fotos eines Ordners in einem Rutsch in die Fotoshow einfügen

Möchten Sie alle Fotos eines Ordners zu einer Fotoshow zusammenführen, müssen Sie nicht alle Elemente einzeln in das Storyboard ziehen. Markieren Sie im Medienpool das erste Foto, halten Sie die [Umschalt]-Taste gedrückt und scrollen Sie an das Ende der Fotoliste. Klicken Sie nun auf das letzte Foto in der Liste. Durch die gedrückte [Umschalt]-Taste werden alle dazwischen liegenden Dateien mit markiert. Ziehen Sie dann die gesamte Markierung in das Storyboard.

9 Sie können die Reihenfolge einzelner Fotos in der Fotoshow jederzeit anpassen, indem Sie ein Foto anklicken und zwischen zwei andere Fotos in der Zeitleiste schieben.

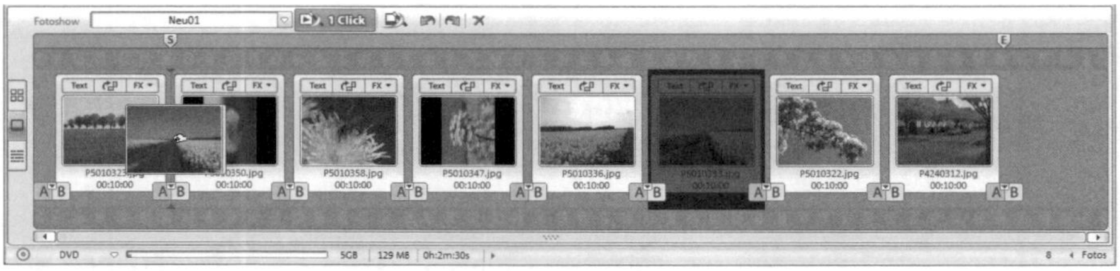

Erkennen, welche Bilder bereits in der Fotoshow verwendet wurden

Bei einem umfangreichen Fotoarchiv mit vielen Bildern, z. B. aus einer längeren Rundreise, verliert man recht schnell den Überblick darüber, welche Bilder bereits in der Fotoshow verwendet wurden und welche nicht. Nicht jedoch mit MAGIX – das Programm zeigt Ihnen an, welche Fotos bereits in der Fotoshow enthalten sind. Achten Sie im Medienpool auf das rote Quadrat über den Vorschaubildern. Alle bereits in der Fotoshow arrangierten Bilder erhalten eine solche Markierung. Auf diese Weise können Sie schnell die Fotos identifizieren, die Sie noch nicht eingebaut haben.

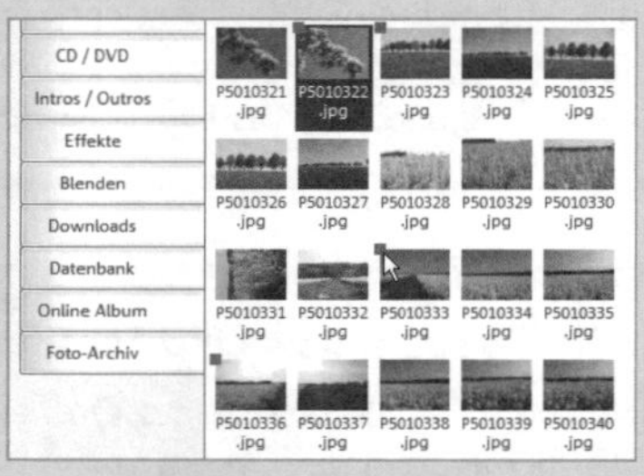

1.2 Fotoshow-Style zuweisen und individuelle Anpassungen vornehmen

Haben Sie die gewünschten Fotos im Storyboard arrangiert, d. h. die gewünschten Bilder in der gewünschten Reihenfolge ausgewählt, können Sie nun den MAGIX MovieShow Maker nutzen, um aus diesen Bildern im Handumdrehen eine beeindruckende Show zu machen. Ihr Vorteil ist, dass Sie dank verschiedener Vorlagen in wenigen Sekunden eine professionelle Präsentation Ihrer Fotos erzeugen können, ohne alle Übergänge, Effekte und Hintergrundsounds manuell und zum Teil für jedes Foto einzeln festlegen zu müssen. Genau das Richtige für den Schnelleinstieg in das Programm!

1 Klicken Sie auf das Symbol *1 Click*, das Sie zwischen dem Storyboard und dem Vorschaubildschirm finden und das einen Zauberstab zeigt. Sie können diese Funktion innerhalb von MAGIX auch mit einem Druck auf die Taste [W] aufrufen.

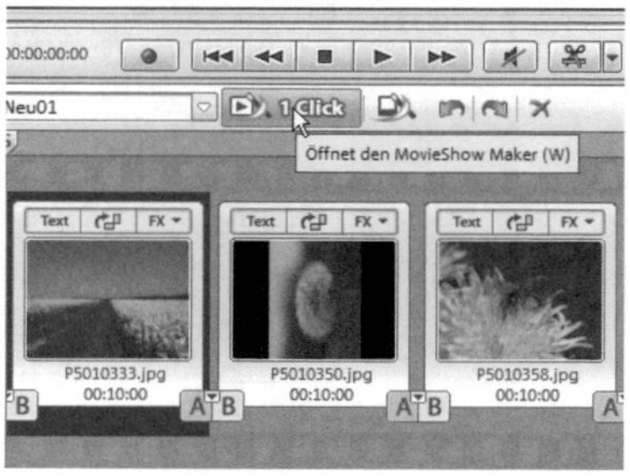

2 Es erscheint ein separates Programmfenster, in dem Sie über maximal vier Schritte eine Fotoshow-Vorlage zuweisen und gegebenenfalls anpassen können. Wählen Sie dazu zuerst aus dem Listenfeld *Style-Auswahl* eine der mitgelieferten Vorlagen aus, z. B. *Fotoalbum*.

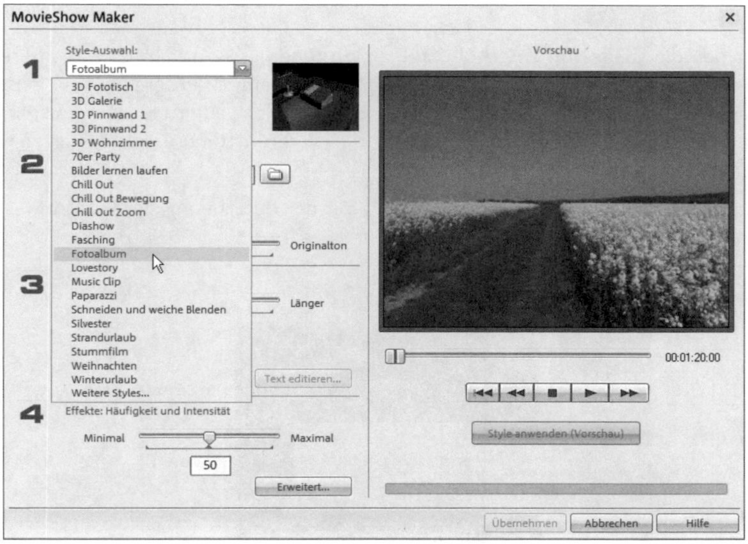

3 Klicken Sie auf die Schaltfläche *Style anwenden (Vorschau)* unter dem Vorschaubildschirm. Dadurch können Sie feststellen, ob die gewählte Vorlage grundsätzlich für Ihren Zweck geeignet ist oder nicht, und erst danach eventuelle Anpassungen an dieser Vorlage vornehmen.

Je nach Anzahl der Fotos und Länge der Fotoshow dauert die Berechnung der Vorschau einen Moment. MAGIX berechnet aus Ihren Einzelbildern einen kompletten Film mit Überblendungen, Hintergrundmusik und verschiedenen Effekten – je nach Vorlage.

4 Sobald MAGIX die Fotoshow-Vorschau fertig berechnet hat, spielt das Programm sie automatisch ab. Nun können Sie recht schnell feststellen, ob Ihnen das Ergebnis zusagt oder nicht. Gefällt Ihnen die Style-Vorlage grundsätzlich, können Sie im Folgenden noch einige Einstellungen vornehmen, um die Show geringfügig anzupassen. Gefällt Ihnen die Vorlage überhaupt nicht, wählen Sie eine andere aus dem Listenfeld *Style-Auswahl* und wiederholen die Vorschau.

Länge der Fotoshow und Länge der Musik

Je nach Länge Ihrer Fotoshow und der gewählten bzw. in einer Fotoshow-Vorlage voreingestellten Hintergrundmusik erscheint beim Berechnen der Vorschau eine Meldung: MAGIX weist Sie darauf hin, dass die Fotoshow entweder länger oder kürzer als die gewählte Hintergrundmusik ist.

In Fällen, in denen die Länge von Fotoshow und Hintergrundmusik nur geringfügig differiert, können Sie die Länge der Fotoshow an die Musik anpassen, indem das Programm zum Beispiel die Standardanzeigedauer pro Foto leicht verändert. Ist dies jedoch aufgrund zu beträchtlicher Unterschiede nicht möglich, bietet Ihnen MAGIX an, die Hintergrundmusik stattdessen zu wiederholen oder bei sehr kurzen Fotoshows zu kürzen.

Klicken Sie auf *OK*, um diese Option zu nutzen und mit der Berechnung der Fotoshow-Vorschau fortzufahren.

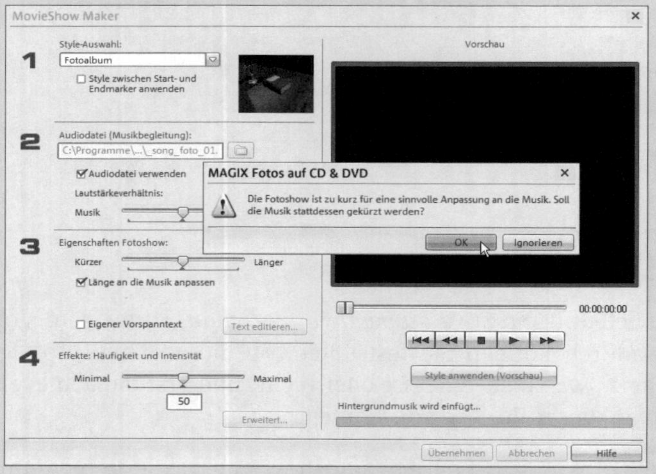

5 Haben Sie eine passende Style-Vorlage gefunden, können Sie nun auf Wunsch die voreingestellte Hintergrundmusik ändern und zum Beispiel durch einen Song der lokalen Musik am Urlaubsort ersetzen. Klicken Sie dazu auf das gelbe Ordnersymbol neben dem Dateinamen des aktuell benutzten Hintergrundsongs.

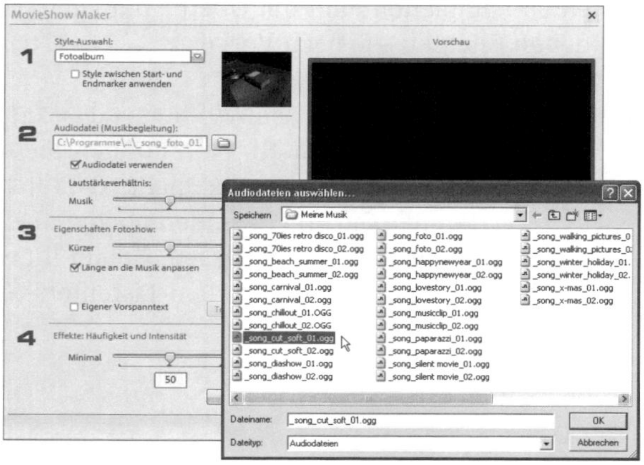

Der Schieberegler zwischen *Musik* und *Originalton* legt fest, wie laut die Hintergrundmusik im Vergleich zu möglicherweise in der Style-Vorlage enthaltenen Effektgeräuschen sein soll. Bei Wahl der Vorlage *Fotoalbum* können Sie beispielsweise auf diese Weise festlegen, wie laut die Hintergrundmusik im Vergleich zu dem Umblättergeräusch beim Seitenwechsel innerhalb des animierten Fotoalbums sein soll.

MP3-Dateien als Hintergrundmusik

Wenn Sie die Hintergrundmusik einer Style-Vorlage ändern möchten und deshalb auf das entsprechende Ordnersymbol klicken, präsentiert MAGIX eine Liste von Hintergrundsongs im OGG-Dateiformat im Ordner *Meine Musik*. Dieser Ordner ist ein Unterverzeichnis des Installationsordners von MAGIX, und die hier angezeigten Musikdateien werden von MAGIX als Bestandteil der Style-Vorlagen zur Verwendung mit MAGIX mitgeliefert.

Auch wenn die mitgelieferten Dateien etwas anderes suggerieren und ein Klick auf das Listenfeld *Dateityp* ebenfalls keine weiteren Musikdateiformate zur Auswahl anbietet, kann MAGIX auch Musik anderer Formate als Hintergrund für die Fotoshow verwenden. Wechseln Sie einfach in Ihren bevorzugten Musikordner, zum Beispiel einen Unterordner von *Eigene Dateien* und wählen Sie eine MP3-Datei als Hintergrundsong aus. MAGIX unterstützt dieses Format ebenso wie das OGG-Format der mitgelieferten Songs.

6 Unter *Eigenschaften Fotoshow* haben Sie die Möglichkeit, die grundsätzliche Länge der Fotoshow zu beeinflussen. Je weiter Sie den Regler nach rechts schieben, desto langsamer werden Effekte ausgeführt und desto länger wird das einzelne Bild angezeigt.

7 Möchten Sie einen eigenen Text zu Beginn der Fotoshow einblenden, aktivieren Sie die Option *Eigener Vorspanntext* und klicken auf die Schaltfläche *Text editieren*. Es erscheint ein kleines Fenster, in dem Sie den gewünschten Text eingeben können.

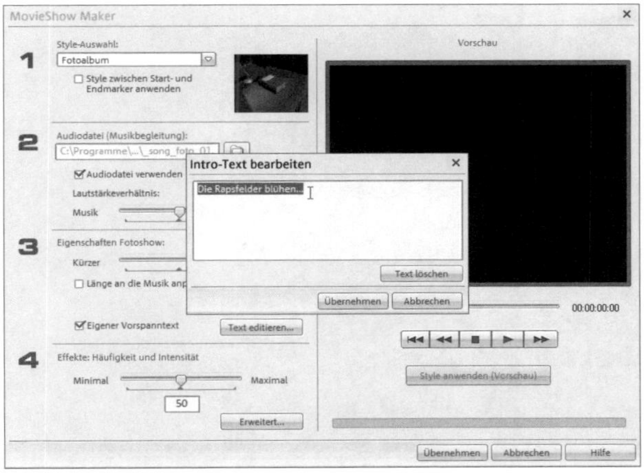

8 Unter *Effekte: Häufigkeit und Intensität* können Sie bei den einzelnen Style-Vorlagen festlegen, mit welcher Frequenz Spezialeffekte eingesetzt werden sollen. Welche Elemente einer Vorlage überhaupt genutzt werden sollen, können Sie unter *Erweitert* einstellen. Deaktivieren Sie im erscheinenden Dialogfenster zum Beispiel einfach alle Elemente einer Vorlage, die Ihnen nicht gefallen, etwa den Vorspann einer MovieShow-Vorlage, und klicken Sie auf *OK*.

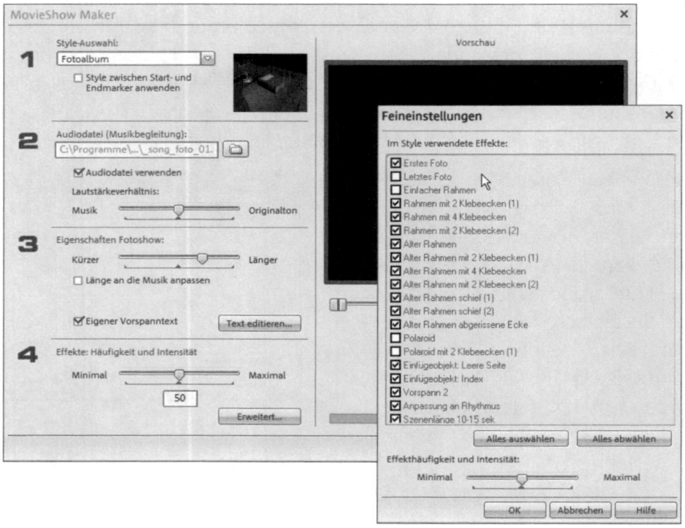

9 Haben Sie alle gewünschten Eigenschaften vorgenommen, klicken Sie auf die Schaltfläche *Übernehmen*.

10 Sie gelangen zurück zum Hauptfenster von MAGIX Fotos auf CD & DVD. Hier könnten Sie nun weitere Einstellungen vornehmen und Effekte zuweisen. Für die erste Fotoshow und den Einführungs-Workshop belassen wir es an dieser Stelle, sodass Sie direkt zum Brennen der Fotoshow übergehen können.

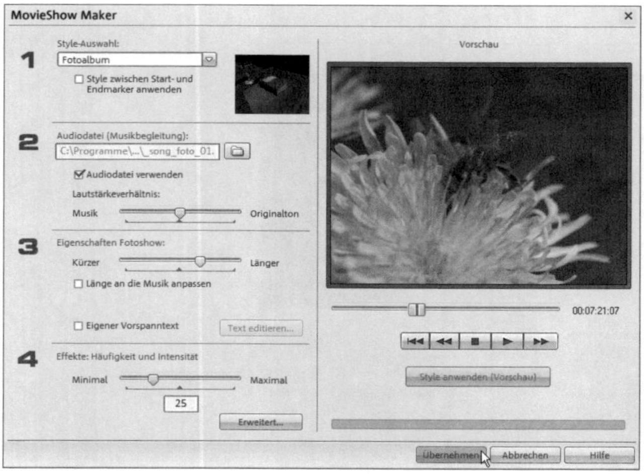

1.3 Die Fotoshow-Disc brennen

Ihre erste Fotoshow ist schon so gut wie fertig. Wählen Sie noch eine Menüvorlage für das DVD-Menü aus, und schon kann es mit dem Schreiben Ihres Projekts auf die DVD losgehen.

1 Klicken Sie im Hauptfenster von MAGIX oben auf das Register *Brennen* am oberen Bildschirmrand.

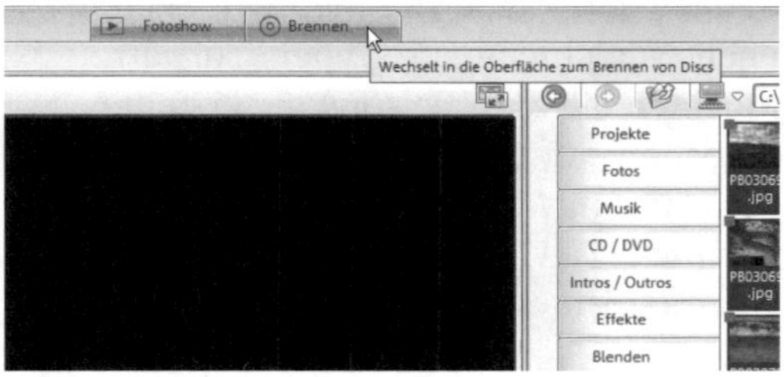

Vorschaubilder bei mehr als 99 Fotos in der Fotoshow

Enthält die von Ihnen erstellte Fotoshow mehr als 99 Fotos, erscheint beim Klick auf das Register *Brennen* eine Warnmeldung. MAGIX macht Sie mit dieser Meldung darauf aufmerksam, dass bei mehr als 99 Bildern im später zu erstellenden DVD-Menü nur für jedes zweite (gegebenenfalls auch nur jedes dritte oder vierte) Foto ein Vorschaubild angezeigt werden kann. Bestätigen Sie die Meldung mit *OK*.

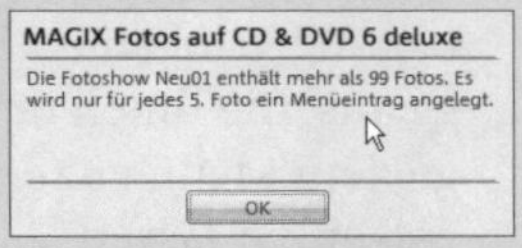

Die Programmoberfläche von MAGIX verändert sich mit dem Wechsel zum Bereich *Brennen* grundlegend. Wo vorher Ihr Storyboard zum Sortieren der Fotoshow war, listet das Programm jetzt eine Auswahl von Menüvorlagen auf.

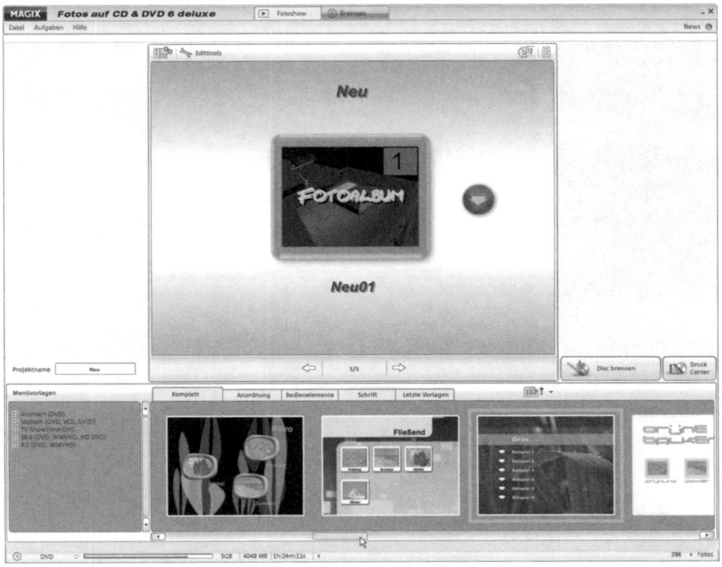

Im mittleren Teil des Programmfensters können Sie das DVD-Menü, das beim Einlegen der Disc in einen DVD-Player angezeigt wird, auch manuell gestalten, indem Sie zum Beispiel ein Introvideo, Hintergrundmusik und gegebenenfalls ein Hintergrundvideo oder Hintergrundbild für das Menü auswählen.

Links unten im Programmfenster finden Sie eine Reihe von Menüvorlagen, nach verschiedenen Typen sortiert. Möchten Sie zum Beispiel die erstellte Fotoshow auf eine DVD brennen, können Sie ein Menü aus der Kategorie *Animiert (DVD)* und gegebenenfalls einer der Unterkategorien auswählen.

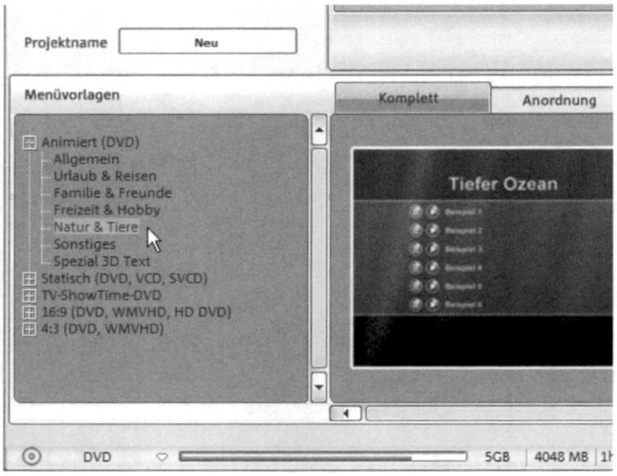

2 Für den Einstiegs-Workshop wollen wir uns mit der Auswahl einer der mitgelieferten Menüvorlagen begnügen. Wählen Sie dazu aus der Liste am unteren Fensterrand eine Vorlage aus, die Ihnen besonders zusagt. Klicken Sie doppelt darauf, um die Vorlage dem Menü zuzuweisen und sich im Bildschirm darüber eine Vorschau anzeigen zu lassen. Mit einem Doppelklick auf den Beispieltext (Neu) können Sie einen Titel eingeben und optisch anpassen.

3 Um die Fotoshow für die Anzeige am Fernseher über den DVD-Player zu brennen, klicken Sie am rechten Bildschirmrand auf die Schaltfläche *Disc brennen*. Wählen Sie im erscheinenden Dialogfenster den gewünschten Disc-Typ - hier *DVD*.

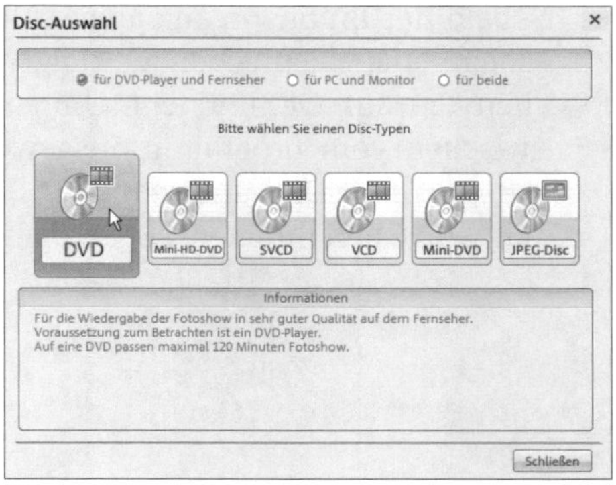

4 Es erscheint ein Dialogfenster, das Sie zum Speichern der gerade erstellten Fotoshow auffordert. Wählen Sie gegebenenfalls einen anderen Ordner und/oder Dateinamen und klicken Sie dann auf *OK*.

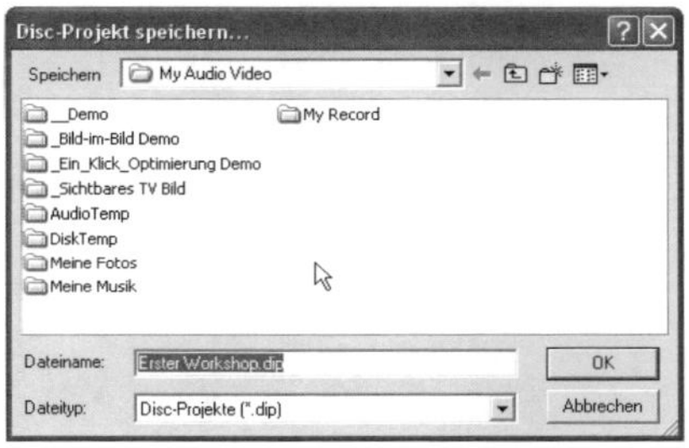

5 Sie gelangen nun zum Dialog *Disc für DVD-Player brennen*. Hier können Sie den Brenner und einzelne Detaileinstellungen zum Brennvorgang vornehmen. Legen Sie einen leeren DVD-Rohling ein (einmal oder wieder beschreibbar) und wählen Sie gegebenenfalls den Brenner und die Brenngeschwindigkeit aus. Im Normalfall wählt MAGIX diese Einstellungen jedoch automatisch richtig.

6 Klicken Sie auf den roten Schalter *Brennvorgang starten*, um das Projekt auf den eingelegten DVD-Rohling zu brennen.

Die vollständige Berechnung der Fotoshow und des DVD-Menüs sowie der Schreibvorgang hängen von der Länge der Fotoshow und der von Brenner und Rohling ermöglichten Schreibgeschwindigkeit ab. Die beiden Statusbalken am unteren Rand des Dialogfensters halten Sie über den Fortschritt auf dem Laufenden.

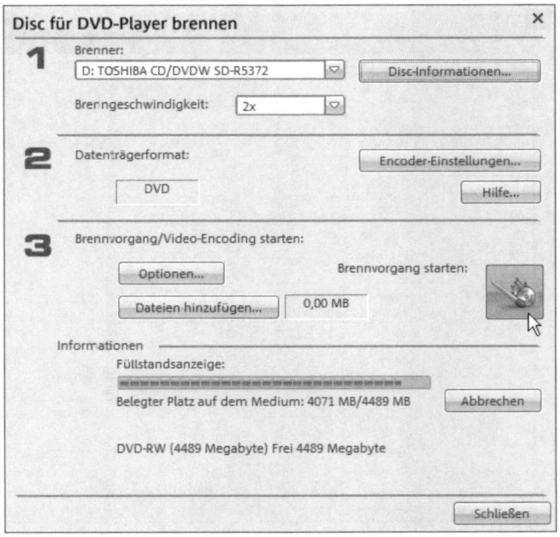

7 Sobald der Brennvorgang abgeschlossen ist, erscheint eine entsprechende Erfolgsmeldung. Klicken Sie auf *OK* und entnehmen Sie die inzwischen vom Programm ausgeworfene DVD. Testen Sie die Disc in Ihrem DVD-Player am TV. Wir wünschen Ihnen viel Spaß damit!

Abstürze und Probleme beim Start des Programms vermeiden

In der Vorgängerversion des Programms haben einige Anwender immer wieder beklagt, dass MAGIX beim Start des Programms Fehler ausgab oder im Betrieb häufig abstürzte. Laut Aussagen von MAGIX kam dies vermehrt auf Rechnern mit Chipsätzen der Firma VIA und Prozessoren von AMD vor. In der neuen Version 6 sind diese Probleme weitestgehend behoben, können vereinzelt jedoch weiterhin auftauschen. Eine genauere Beschreibung fehlt, MAGIX empfiehlt jedoch ein Tool mit der Bezeichnung Katmai Commander, das Sie sich unter *http://support.magix.net* herunterladen können.

Bei Redaktionsschluss des Buches war das Tool im Supportbereich unter *Downloads/MAGIX Tools (Hilfsprogramme)/Sonstiges* zu finden.

Der Katmai Commander erlaubt es, bestimmte Prozessorbefehle (die so genannten Katmai-Befehle) während der Nutzung aller MAGIX-Produkte zu deaktivieren. Diese Befehle können laut MAGIX Instabilitäten erzeugen, die dadurch vermieden werden. Andere Programme sind von dem Tool nicht beeinflusst.

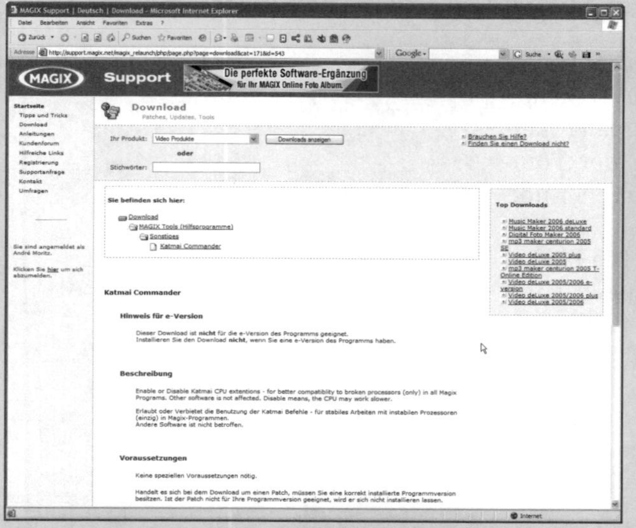

2. Optimale Bildaufbereitung für Ihre Fotoshow

In diesem ersten Kapitel lernen Sie, wie Sie Bilder und kleinere Videos in MAGIX Fotos auf CD & DVD einlesen, z. B. direkt von der Festplatte über einen Scanner oder eine angeschlossene Videoquelle.

Außerdem erfahren Sie, wie Sie den Zugriff und die Organisation Ihrer Fotos in MAGIX optimieren, indem Sie zum Beispiel Verknüpfungen innerhalb des Medienpools zu Ordnern mit Mediendateien erstellen.

Wir stellen Ihnen den MAGIX Online Medien Katalog vor, der Ihnen Zugriff auf hunderte von Medienelementen zur Verwendung in Ihren Fotoshows bietet.

Gegen Ende des Kapitels erfahren Sie, wie Sie die Bildqualität Ihrer Fotos mit der Funktion *Foto optimieren* erhöhen und die Darstellung Ihrer Fotos für die TV-Anzeige optimieren.

2.1 Fotos und Videos aus dem eigenen Standardverzeichnis laden

1 Starten Sie MAGIX Fotos auf CD & DVD. Bei einer Standardinstallation finden Sie das Programm über *Start/Alle Programme/MAGIX/MAGIX Fotos auf CD & DVD 6 (deluxe)*.

2 Das Programm wird geladen und präsentiert Ihnen einen Begrüßungsbildschirm. Geben Sie einen Namen für die zu erstellende Fotoshow ein. Wenn Sie möchten, können Sie auch die Standardanzeigedauer pro Foto anpassen. Wenn Sie die Fotos mit Überblendeffekten versehen möchten, ist eine Anzeigedauer von 7 bis 10 Sekunden empfehlenswert. Setzen Sie in diesem Fall auch ein Häkchen vor die Option *Fotos automatisch mit Effekten überblenden*. MAGIX verbindet dann alle Bilder mit einer einfachen Kreuzblende. Wenn Sie die Fotoshow auf einem Breitbildfernseher anzeigen möchten, aktivieren Sie zusätzlich die 16:9-Funktion. Klicken Sie danach auf *OK*.

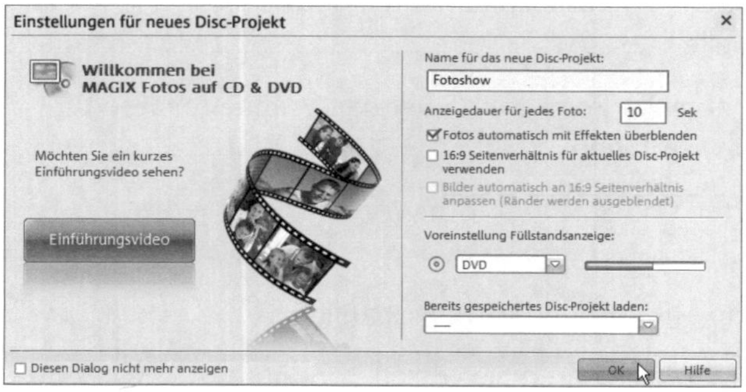

3 Die rechte obere Hälfte des Programmfensters bildet den so genannten Medienpool. Hier verwalten Sie Ihre Mediendateien, also Fotos, Videoclips und Musik. Klicken Sie auf die Schaltfläche *Fotos*. Nach der Standardinstallation finden Sie dort lediglich einige Beispielbilder.

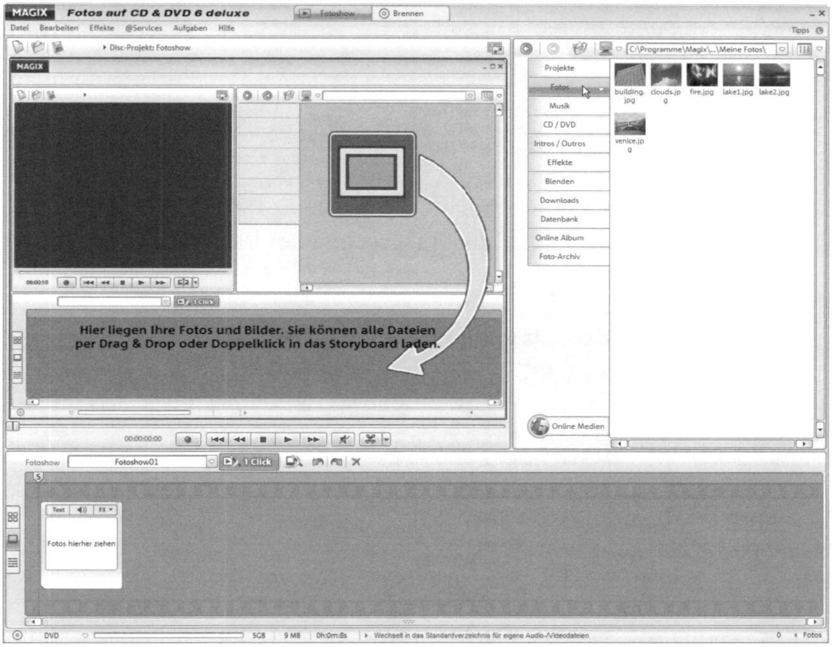

Standardpfad für Fotos und Musik setzen

Wenn Sie der Voreinstellung von Windows folgen und Ihre Dateien und Dokumente im Ordner *Eigene Dateien* oder *Gemeinsame Dokumente* speichern, haben Sie sicher auch Ihre Fotos im Ordner *Eigene Bilder* oder *Gemeinsame Bilder* abgelegt. Diesen oder einen anderen Ordner können Sie in MAGIX als Standardordner definieren, sodass Sie zukünftig immer direkt in diesem Ordner landen, wenn Sie Bilder hinzufügen möchten.

1 Klicken Sie auf das Pfeilsymbol auf der Schaltfläche *Fotos*, das sichtbar wird, sobald Sie mit der Maus über die Schaltfläche fahren oder diese markiert haben. Wählen Sie aus dem erscheinenden Kontextmenü den Befehl *Standardpfad setzen*.

2 Es erscheint das Dialogfenster *Standardpfad auswählen*.

Wechseln Sie vom voreingestellten MAGIX-Ordner zu Ihrem Standardordner für Bilder und Fotos, zum Beispiel *Eigene Dateien/Eigene Bilder/Fotos* oder *Gemeinsame Dokumente/Gemeinsame Bilder*. Klicken Sie nun auf *Öffnen*.

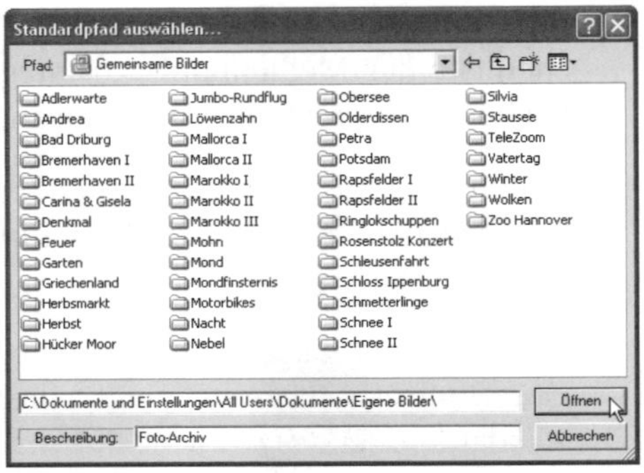

3 Das Programm berechnet nun gegebenenfalls die Vorschaugrafiken für die Bilder im gewählten Ordner. Danach listet es die Bilder im gewählten Ordner auf oder zeigt die entsprechenden Unterordner an.

Vorschaugrafiken statt Dateiliste

Werden nach dem Auswählen des Standardordners die einzelnen Fotos nur anhand der Dateinamen angezeigt? Ändern Sie in diesem Fall die Anzeige von *Liste* auf *Große Symbole*. Wie das geht, erfahren Sie im Tippkasten auf Seite 20.

4 Ab sofort haben Sie im Programm jederzeit Zugriff auf Ihren Fotoordner, indem Sie im Medienpool auf die Schaltfläche *Fotos* klicken.

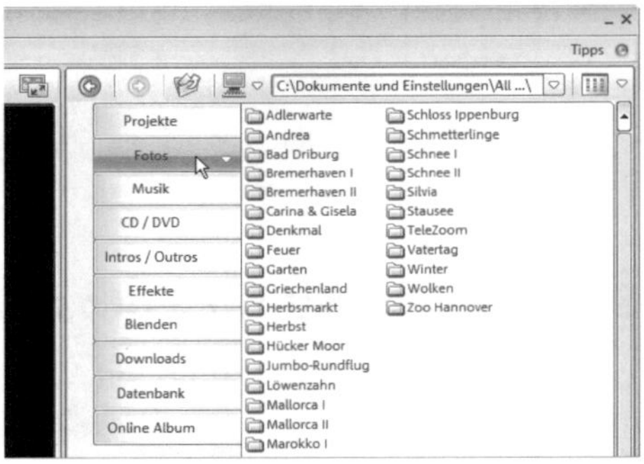

Den Zugriff beschleunigen: Verknüpfungen zu Ordnern mit Mediendateien erstellen

Eine weitere Alternative oder auch zusätzliche Maßnahme zum Setzen des Standardpfads, liegt im Erstellen direkter Verknüpfungen zu den Ordnern mit Ihren Mediendateien.

Solche Verknüpfungen haben den Vorteil, dass sie direkt in der Symbolleiste des Medienpools eingefügt werden, also unter den Schaltflächen *Projekte*, *Fotos*, *Musik* und so weiter. Dies ermöglicht Ihnen einen noch schnelleren Zugriff auf ganz bestimmte Ordner, die Sie im Rahmen eines einzelnen Projekts oder generell für viele Fotoshows häufiger benötigen.

1 Um einen bestimmten Ordner mit Fotos als Verknüpfung in der Schaltflächenliste des Medienpools zu integrieren, klicken Sie eine beliebige Schaltfläche mit der rechten Maustaste an, zum Beispiel die Schaltfläche *Fotos*.

2 Wählen Sie aus dem erscheinenden Kontextmenü den Befehl *Verknüpfung erstellen*.

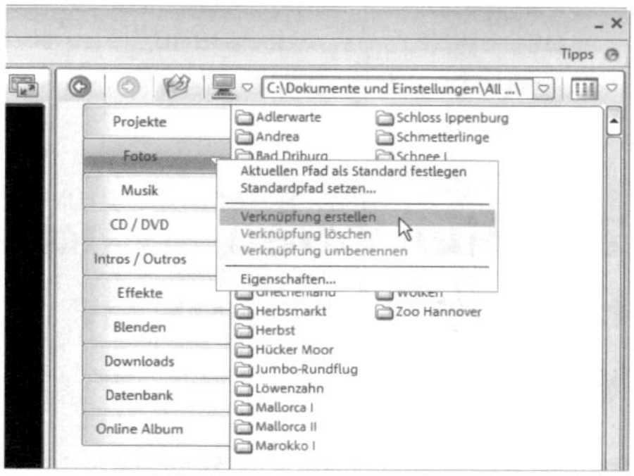

3 MAGIX öffnet das Dialogfenster *Verknüpfung erstellen* und zeigt einen Standardordner aus der MAGIX-Installation. Suchen Sie auf der Festplatte nun den gewünschten Ordner mit Ihren Fotos, markieren Sie ihn und klicken auf *Öffnen*.

4 Das Programm fügt nun eine Schaltfläche mit dem Namen des Ordners am unteren Ende der Schaltflächen im Medienpool ein. Außerdem zeigt es alle im gewählten Ordner enthaltenen Dateien im Medienpool an.

Den aktuellen Ordner als Verknüpfung in den Medienpool einfügen

MAGIX bietet Ihnen die Möglichkeit, den gerade ausgewählten Ordner als Verknüpfung in die Schaltflächenleiste des Medienpools zu übernehmen. Wenn Sie zum Beispiel in der Rubrik *Fotos* gerade einen bestimmten Unterordner mit Fotos ausgewählt haben, klicken Sie ein beliebiges Foto mit der rechten Maustaste an. Wählen Sie aus dem erscheinenden Kontextmenü den Befehl *Ordner als Link*. Alternativ können Sie für diese Funktion die Tastenkombination [Strg]+[P] drücken.

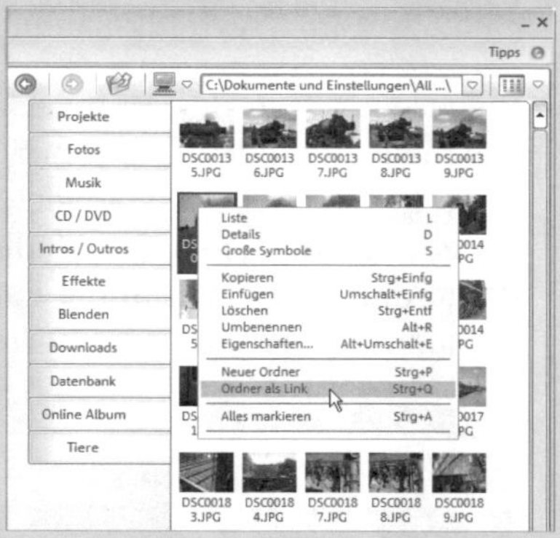

MAGIX fügt den aktuellen Ordner nun als Verknüpfung am unteren Ende der Liste der bisher vorhandenen Schaltflächen im Medienpool ein.

MAGIX verwendet als Beschriftung der Schaltfläche standardmäßig den vollen Ordnernamen. Sie können die Beschriftung ändern, indem Sie sie mit der rechten Maustaste anklicken und *Verknüpfung umbenennen* wählen. Ab sofort steht Ihnen der aktuelle Fotoordner jederzeit mit einem Mausklick im Medienpool zur Verfügung.

5 Sie können die neue Schaltfläche natürlich auch umbenennen. Klicken Sie die neue Schaltfläche mit der rechten Maustaste an und wählen Sie aus dem erscheinenden Kontextmenü den Befehl *Verknüpfung umbenennen* aus. Geben Sie eine aussagekräftige Bezeichnung ein, um die einzelnen Fotoordner später gut auseinander halten zu können. Sobald Sie Ihre Eingabe mit [Enter] bestätigen, beschriftet MAGIX die Schaltfläche entsprechend neu.

2.2 Nur Video vorhanden? – Einzelbildaufnahme und Fotoserie von Ihrer Videoquelle

Nicht immer haben Sie bereits alle Fotos, die Sie in der Fotoshow verwenden wollen, schon auf der Festplatte als Bilddateien vorliegen. Oft hat man im Urlaub oder auf der Reise mit der Videokamera Filme aufgenommen. Auch auf dieses Bildmaterial müssen Sie in Ihrer Fotoshow nicht verzichten, denn MAGIX bietet die Möglichkeit, einzelne Bilder direkt von einer Videoquelle zu laden, zum Beispiel von einer angeschlossenen (DV-)Kamera.

1 Schließen Sie die gewünschte Videoquelle an den PC an, zum Beispiel über eine FireWire/DV/iLink-Schnittstelle und schalten Sie sie ein.

2 Wechseln Sie in der Menüleiste am oberen Rand des Programmfensters in das Menü *Aufgaben*. Klicken Sie auf das Plussymbol vor der Aufgabenrubrik *Importieren*. Das eingeblendete Menü wird nun um verschiedene Elemente erweitert, mit denen Sie Mediendateien aus verschiedenen Quellen in das Programm und somit in die Fotoshow laden können. Wählen Sie *Einzelbildaufnahme aus einer Videoquelle*.

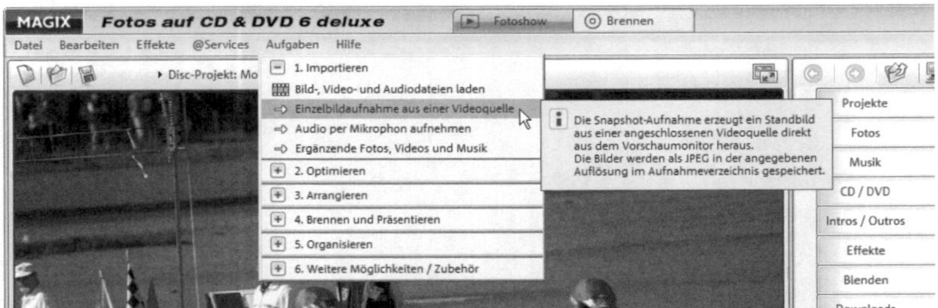

3 Wählen Sie im erscheinenden Dialogfenster aus dem Listenfeld *Videoquelle* die gewünschte Aufnahmequelle aus. Je nach vorhandener Hardware und den angeschlossenen Geräten können in diesem Listenfeld mehrere Quellen auftauchen, zum Beispiel ein DV-Camcorder oder eine im PC installierte TV-Karte, die ebenfalls als Aufnahmequelle dienen kann. Mit einer TV-Karte können Sie zum Beispiel Einzelbilder aus einer thematisch zur aktuellen Fo-

toshow passenden Reportage aufzeichnen oder auch ein analoges an die TV-Karte angeschlossenes Videogerät (Videokamera, Videorekorder) als Quelle verwenden.

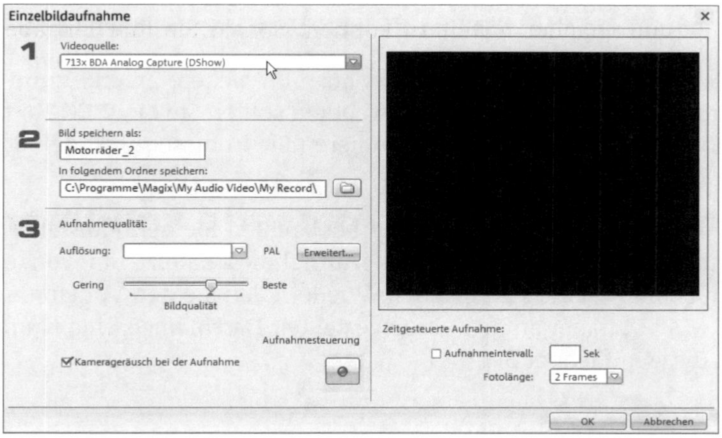

4 Im Bereich *Einzelbild speichern als* können Sie einen gewünschten Dateinamen angeben. MAGIX vergibt als Voreinstellung den Namen der aktuellen Fotoshow und nummeriert die Bilder entsprechend durch, wenn Sie mehrere Einzelbilder aufzeichnen.

Möchten Sie den Speicherort der Bilder anpassen, klicken Sie auf das gelbe Ordnersymbol hinter dem Feld *In folgendem Ordner speichern*. Dort haben Sie die Möglichkeit, zum Beispiel den Ordner mit den restlichen Fotos der aktuellen Fotoshow auszuwählen und die zusätzlich von der Videokamera erzeugten Fotos an einer zentralen Stelle aufzubewahren.

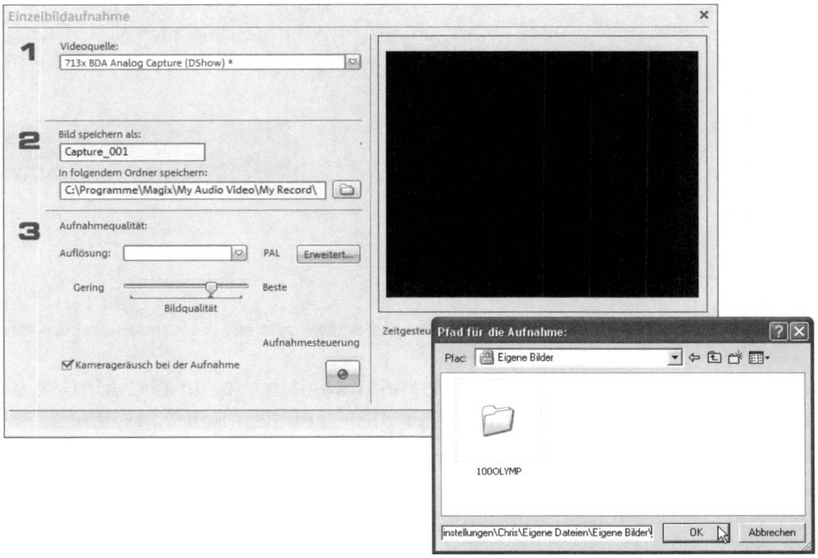

5 Im letzten Schritt können Sie nun noch Einstellungen zur Qualität des Bildes festlegen. Wenn Sie das Bild in der Fotoshow verwenden und anschließend auf DVD brennen wollen, nutzen Sie im Listenfeld *Auflösung* die Vorlage *DVD-Qualität*. Diese zeichnet das Bild in der DVD-typischen Auflösung von 720 x 576 Pixeln auf und speichert das Bild als JPEG-Datei im gewählten Ordner.

Möchten Sie das oder die erzeugten Bilder auch für weitere Zwecke, zum Beispiel den großformatigen Ausdruck, verwenden, sollten Sie die JPEG-Komprimierung möglichst gering halten. Positionieren Sie in diesem Fall den Schieberegler in Richtung *Beste*.

6 Lassen Sie das Videoband abspielen und beobachten Sie den Film über den Vorschaumonitor. Klicken Sie auf den Aufnahmeschalter, um von einer Szene einen Schnappschuss zu machen. Wiederholen Sie den Vorgang, sooft Sie wollen. MAGIX hängt an den voreingestellten Dateinamen eine Nummer und erhöht diese mit jedem Bild.

Fotoserie vom Videoband erzeugen

Eine äußerst praktische Funktion verbirgt sich hinter der Option *Zeitgesteuerte Aufnahme*. Aktivieren Sie diese Option, können Sie von einem Videoband in einem festgelegten Zeitintervall Einzelbilder erzeugen lassen. Auf diese Weise haben Sie die Möglichkeit, ohne viel Aufwand einen Querschnitt Ihrer Urlaubsreise mit Fotos zu erstellen, ohne jedes Einzelbild manuell zu erstellen.

Dies ist besonders sinnvoll, wenn Sie in einem Urlaub lediglich eine Videokamera dabei hatten, jedoch keine Fotos gemacht haben. Möchten Sie dennoch aus einem mehrstündigen Urlaubsvideo eine kurze und knackige Fotoshow erzeugen, erstellen Sie auf diese Weise im Handumdrehen eine beliebige Anzahl von Urlaubsfotos, von denen Sie dann die besten zu einer Fotoshow arrangieren.

Setzen Sie ein Häkchen vor die Option *Aufnahmeintervall* und geben Sie den gewünschten Zeitrhythmus ein. Bei einem einstündigen Video und einem Schnappschussintervall von zehn Sekunden erzeugen Sie auf diese Weise 360 Fotos, die einen schönen Ausschnitt aus Ihrer Reise bilden können.

Die Fotolänge gibt an, wie viele Frames des Videobands pro Foto benutzt werden sollen. Standardmäßig nimmt eine Kamera 25 Einzelbilder (Frames) pro Sekunde Videofilm auf. Übernehmen Sie die Voreinstellung *2 Frames*. Sollten die Bilder unscharf werden, experimentieren Sie mit anderen Werten.

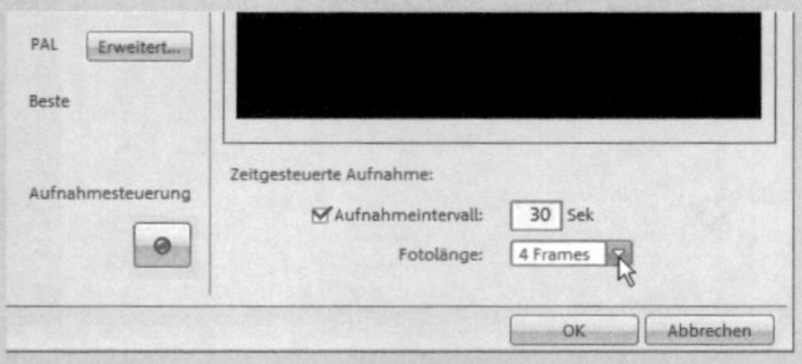

7 Haben Sie genug Schnappschüsse erstellt, klicken Sie auf *OK*. MAGIX wechselt zurück Hauptprogramm und fügt die erzeugten Schnappschüsse in das Storyboard ein. Haben Sie die Bilder im aktuell im Medienpool angezeigten Ordner gespeichert, aktualisiert das Programm auch hier die Anzeige. Alle erzeugten Fotos werden im Medienpool mit Vorschaubild angezeigt.

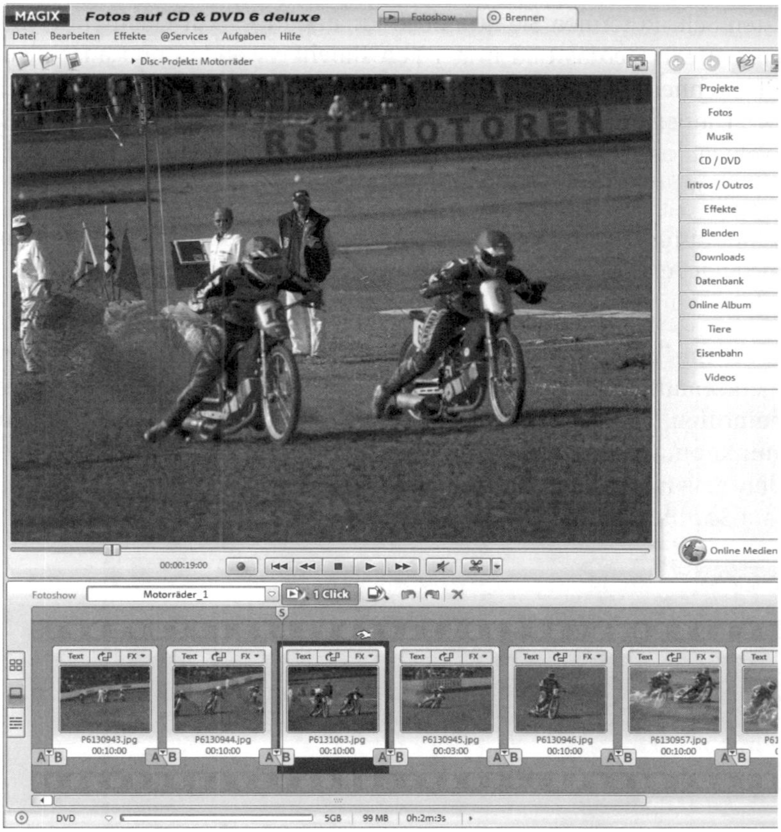

2.3 Der Berg war vernebelt? – Postkarten über den Scanner einlesen und in die Fotoshow einfügen!

Sie können Ihre Fotoshow auch ganz einfach mit den aus dem Urlaub mitgebrachten Postkarten ergänzen. Hierzu brauchen Sie lediglich einen Scanner an Ihrem PC. MAGIX bietet Ihnen die Möglichkeit, Bilder direkt über einen Scanner einzulesen.

Auf diese Weise können Sie perfekte Fotos der besuchten touristischen Attraktionen in Ihre Fotoshow übernehmen, selbst wenn der Berg oder das Nordkap mal wieder vernebelt war, oder Ihre eigenen Bilder aus anderen Gründen nichts geworden sind ...

1 Legen Sie die Postkarte in den Scanner und wählen Sie aus dem Menü *Datei* den Befehl *TWAIN Scanner/Quelle auswählen*. Markieren Sie den Scanner (möglicherweise ist auch noch eine angeschlossene Kamera aufgelistet) und klicken Sie auf *Wählen*.

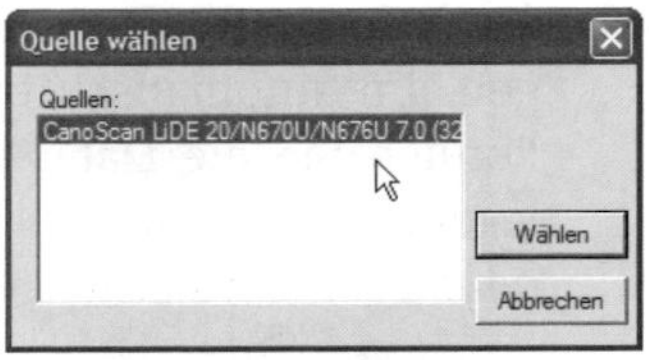

2 Rufen Sie nun aus dem *Datei*-Menü erneut *TWAIN Scanner* auf. Wählen Sie den nach der Auswahl der Quelle aktivierten Befehl *Scannen*.

3 Es erscheint das zu Ihrem Scanner mitgelieferte Scanmodul; im Beispiel ist es die mit einem Canon-Scanner mitgelieferte Software ScanGear CS. Führen Sie einen Vorschauscan durch, um die korrekte Lage der Postkarte im Scanner zu überprüfen. Nutzen Sie eine eventuell in der Scansoftware vorhandene Zoomfunktion, um den Ausschnitt der Postkarte möglichst groß darzustellen und den gewünschten Scanbereich danach genau festzulegen. Klicken Sie dann auf *Scannen*.

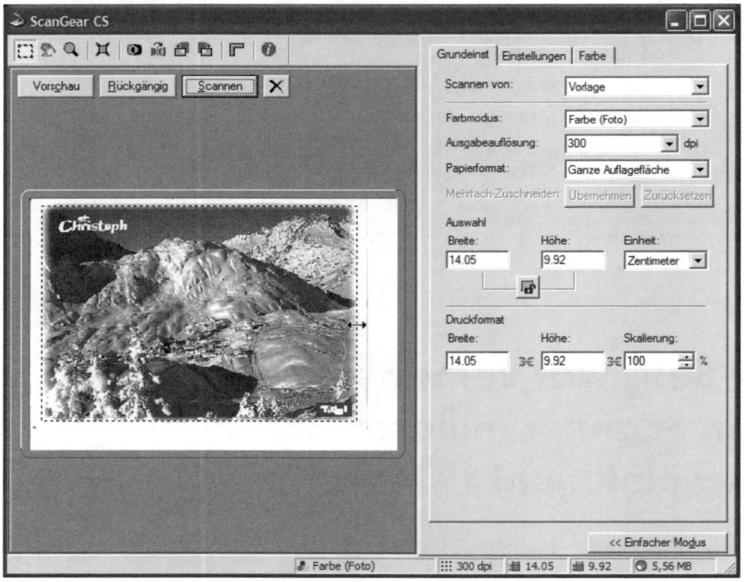

Scanauflösung und Speicherbedarf

In so gut wie allen Scantools können Sie direkt oder versteckt die gewünschte Scanauflösung einstellen. Dabei gilt: Je höher die Auflösung, umso größer die Datei. Dieser Zusammenhang hat jedoch keine Auswirkung auf den benötigten Speicherplatz auf der späteren Fotoshow-Disc. MAGIX macht aus Ihren Fotos praktisch einen Film; alle Fotodateien werden zu einem Gesamtvideo zusammengerechnet. Daher benötigt ein Bild mit höherer Scanauflösung nicht mehr Platz auf der Fotoshow-Disc und reduziert andersherum auch nicht die Zahl möglicher Fotos innerhalb einer Fotoshow.

4 Nach dem Scan wird das Bild nach MAGIX übertragen. Im automatisch erscheinenden Dialogfenster können Sie die Datei benennen und zudem festlegen, ob das Bild im komprimierten JPEG-Format oder BMP-Format gespeichert werden soll. Da die Fotos von Ihrer Digitalkamera auch im JPEG-Format vorliegen, können Sie ruhig dieses Format nehmen. Den Schieberegler für die JPEG-Qualität sollten Sie nicht niedriger als *75* einstellen, um eine optimale Fotoqualität sicherzustellen. Auf Nummer sicher gehen Sie allerdings in jedem Fall mit dem unkomprimierten BMP-Format.

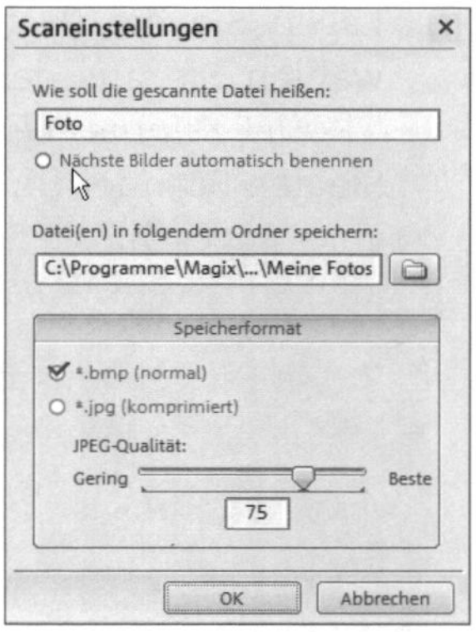

Möchten Sie mehrere Postkarten hintereinander einscannen, ist es sinnvoll, die Option *Nächste Bilder automatisch benennen* zu aktivieren. In diesem Fall werden die Scans automatisch durchnummeriert.

5 Das Foto wird am Ende der Fotoshow eingefügt. Von hier aus können Sie es an die gewünschte Stelle verschieben. Markieren Sie das Bild und drücken Sie [Alt]+[X], um die Funktion *Foto optimieren* aufzurufen, mit der Sie gegebenenfalls noch Helligkeit, Kontrast und Bildschärfe nachjustieren können.

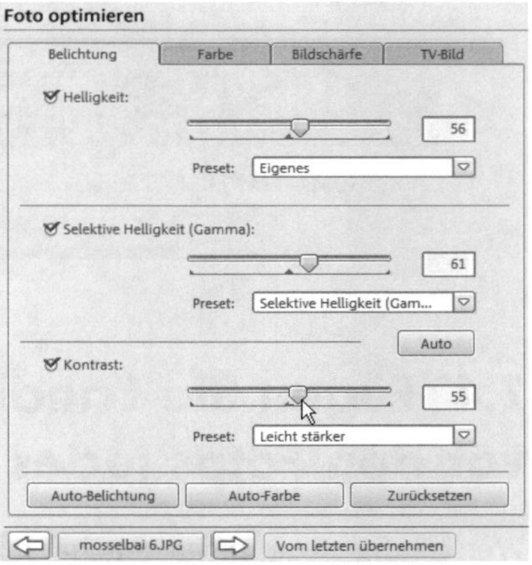

Bei Speichermangel: Standardordner für Import, Aufnahme und Temporärdateien anpassen

MAGIX legt importierte, aufgenommene und temporäre Dateien standardmäßig in einem Unterordner seines Installationsverzeichnisses *C:\Programme\MAGIX\...* ab.

Ist auf dem voreingestellten Laufwerk nicht mehr viel freier Speicherplatz verfügbar und/oder haben Sie sich auf einem anderen Laufwerk einen speziellen Ordner für temporäre Dateien angelegt, können Sie die Ordner dauerhaft wechseln. Dies hat den Vorteil, dass Sie zum Beispiel nicht bei jeder Aufnahme aus dem MAGIX-Ordner erst in Ihren eigenen Standardordner wechseln müssen, wenn Sie einen Speicherort auswählen sollen.

Wählen Sie im Hauptprogramm aus dem Menü *Datei* den Befehl *Einstellungen*. Wechseln Sie in das Register *Verzeichnisse* und nutzen Sie die gelben Ordnersymbole, um die Standardverzeichnisse entsprechend Ihren Vorgaben anzupassen.

2.4 Fügen Sie Landkarten und Satellitenfotos vor den Fotos jedes Urlaubsortes ein

Wer häufig Rundreisen macht und innerhalb kurzer Zeit verschiedene Städte oder gar Länder besucht, steht vor einer besonderen Aufgabe: Eine spannende Fotopräsentation sollte immer einige Einschnitte besitzen, damit nicht alle Bilder in einem Einheitsbrei aus Effekten und Überblendungen vermengt werden. Eine ganz einfache Möglichkeit, solche Einschnitte bei Zeit- oder Ortswechseln herzustellen, liegt in der Verwendung eines ganz charakteristischen Überblendeffekts. Dabei sollte es sich um einen ganz besonderen, immer gleichen und nur zur Signalisierung eines Orts- oder Tageswechsels exklusiv reservierten Übergangseffekts handeln. Anregungen dazu finden Sie in Abschnitt 3.10 ab Seite 92.

Eine weitere kreative Möglichkeit stellt das Einbinden eines Kartenausschnitts vor jedem neuen Ort oder gar Land dar. So erzeugen Sie einerseits einen Einschnitt, der bei langen Fotoshows weiterhin für Interesse sorgt, andererseits geben Sie Ihren Zuschauern eine sehr hilfreiche Orientierung.

1 Besorgen Sie sich zuerst Kartenausschnitte aus der gewünschten Region. Sie können diese über einen vorhandenen Scanner einlesen, wie es am Beispiel

von Postkarten auf Seite 39 beschrieben wird. Alternativ können Sie eine digitale Enzyklopädie wie die Microsoft Encarta oder Ähnliches nutzen. Bei diesen Programmen kann man aus dem Kartenmaterial beliebige Ausschnitte markieren, zoomen und in die Zwischenablage kopieren. Bei Microsoft Encarta müssen Sie z. B. nur an der gewünschten Stelle mit der rechten Maustaste in die Karte klicken und die Option *Karte kopieren* auswählen.

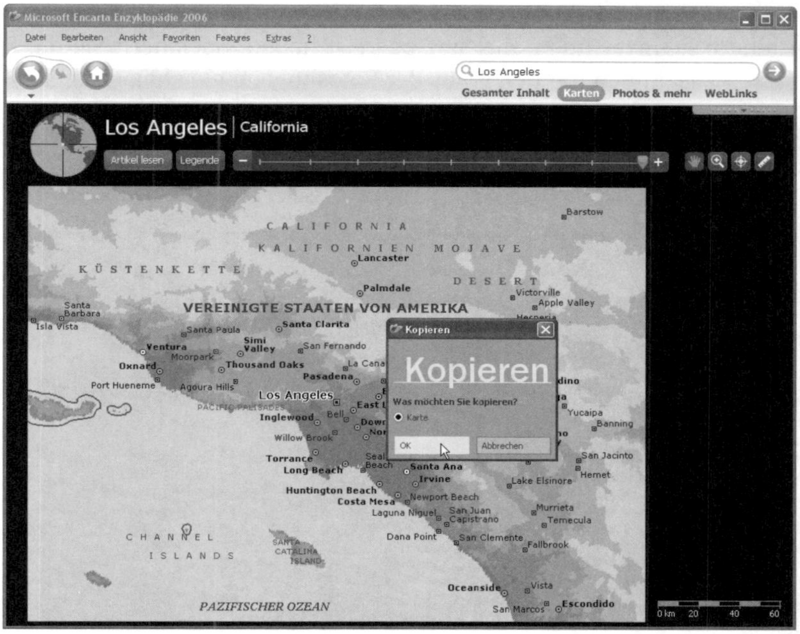

Eine weitere Alternative stellen Routenplaner wie *www.map24.com* dar, in denen Sie mehr oder weniger komfortabel zumindest eine Übersichtskarte der gewünschten Region auf den Bildschirm bringen können. Bei Karten und Atlanten im Internet haben Sie zwei Möglichkeiten. Handelt es sich um ein herkömmliches Bild, klicken Sie dieses mit der rechten Maustaste an und wählen die Option *Bild speichern unter* aus. Legen Sie das Bild dann in dem Ordner mit Ihren anderen Fotos der Fotoshow ab. Liegt die Karte nicht in einer einfachen Grafikdatei vor und/oder wird sie zum Beispiel so dynamisch zusammengebaut, dass Sie keine einzelne Datei speichern können, dann hilft folgender Umweg: Drücken Sie die [Druck]-Taste auf Ihrer Tastatur. Dadurch wird ein Bildschirmfoto angefertigt und in die Zwischenablage kopiert. Dieser Trick hilft auch bei Kartenprogrammen, die keine Exportfunktion bieten, um den gewünschten Kartenausschnitt in die Zwischenablage zu kopieren.

2 Liegt die Karte bereits als Bild vor, weil Sie diese eingescannt haben oder direkt von einer Website speichern konnten, fahren Sie mit Schritt 3 fort.

Wenn Sie die gewünschte Karte in die Zwischenablage kopiert haben, fügen Sie diese nun in ein Bildbearbeitungsprogramm wie Paint Shop Pro, Photoshop oder eine ähnliche Anwendung ein, um die Karte als separate Datei zu speichern.

Sie können dafür im Zweifel auch das im Lieferumfang von MAGIX Fotos auf CD & DVD gehörende Tool MAGIX Foto Clinic nutzen. Sie finden es im Startmenü unter *Start/Alle Programme/MAGIX/MAGIX Fotos auf CD & DVD/MAGIX Foto Clinic*. Fügen Sie die Karte aus der Zwischenablage ein. Nun können Sie auf Wunsch noch Markierungen vornehmen, um bestimmte Bereiche oder Strecken zu kennzeichnen, die Sie abgereist haben. Speichern Sie die Datei am besten zusammen mit den Fotos der Fotoshow im gleichen Ordner.

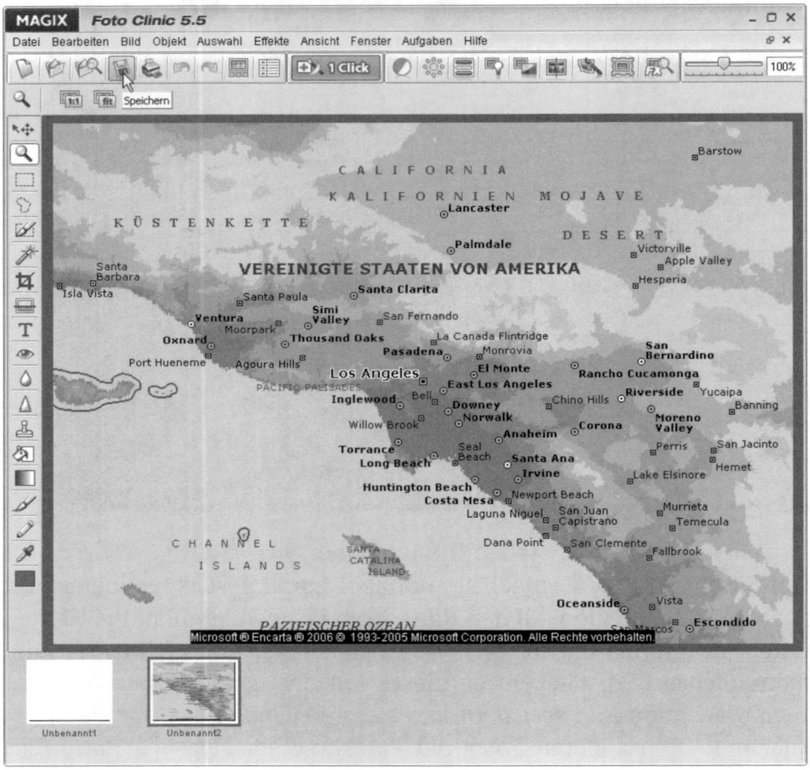

3 Da MAGIX den im Medienpool eingestellten Ordner automatisch auf neue Bilder überwacht, taucht auch die dort gespeicherte Karte als Bild in der Liste der Fotos auf. Ziehen Sie den Kartenausschnitt nun in das Storyboard vor das erste Bild eines neuen Ortes. Erhöhen Sie die Anzeigedauer des Bildes, um dem Betrachter eine gewisse Zeit einzuräumen, sich auf der Karte zu orientieren. Klicken Sie dazu doppelt auf das Zeitfeld unter dem Miniaturbild der Karte im Storyboard. Hier ist standardmäßig eine Anzeigedauer von 10 Sekunden vorgesehen bzw. die Dauer, die Sie im *Neu*-Dialog beim Anlegen des Fotoshow-Projekts definiert haben. Nutzen Sie den Schieberegler im erscheinenden Dialog, um die Anzeige auf mindestens 15 Sekunden zu erhöhen.

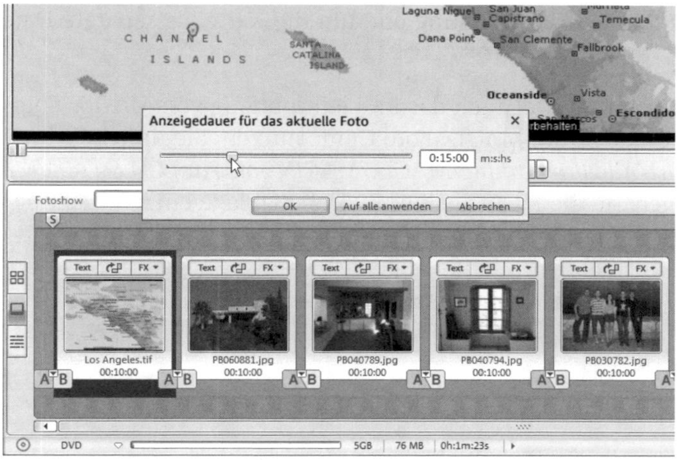

4 Sollte der gewählte Ausschnitt aufgrund des Seitenverhältnisses nicht optimal den Bildschirm füllen, können Sie den Ausschnitt nun anpassen. Klicken Sie dazu auf das *FX*-Symbol über dem Miniaturbild der Karte im Storyboard. Wählen Sie aus dem erscheinenden *Effekt*-Menü *Ausschnitt/Freie Zoomauswahl*. Nun können Sie mit der Maus einen entsprechend höheren oder breiteren Ausschnitt aufziehen, der dann den Bildschirm vollständig füllt.

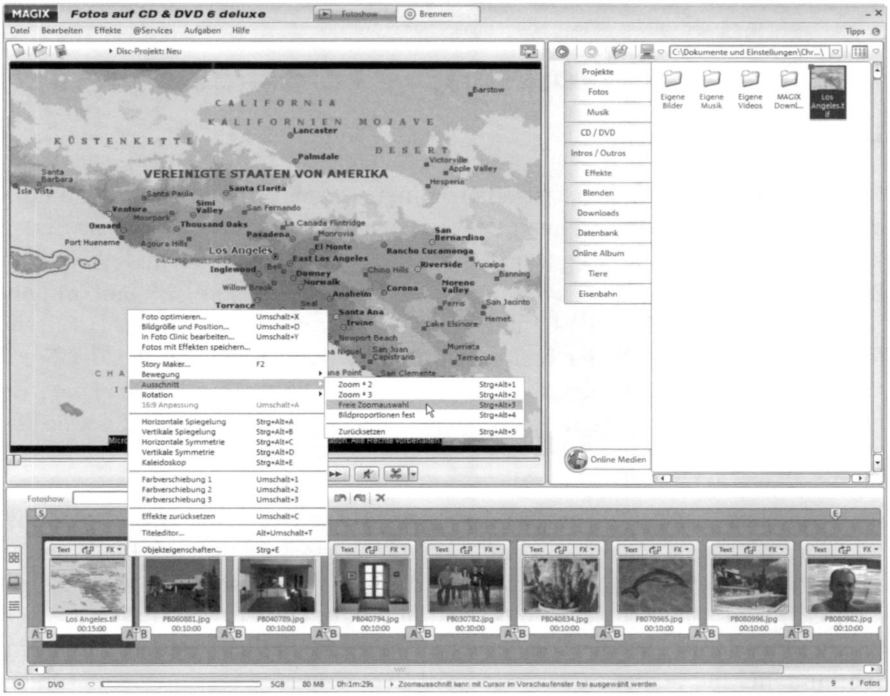

5 Wählen Sie abschließend einen passenden Überblendeffekt. Dazu bietet Ihnen das Kapitel 3 auf Wunsch eine Vielzahl an Anregungen.

Hilfe für den optimalen Zoomfaktor

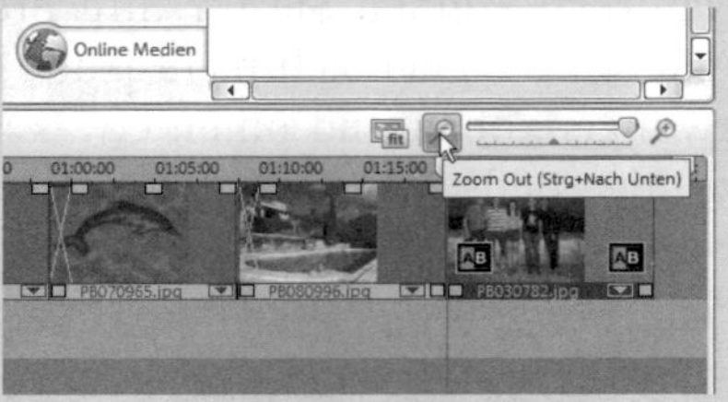

Arbeiten Sie in der Timeline-Anzeige, können Sie über das kleine Plus- und Minussymbol rechts über der Timeline den Zoomfaktor der Anzeige regulieren.

Wesentlich gezielter können Sie die Zoomfaktoren mit drei Tastenkombinationen steuern. Mit [Strg]+[3] wird der Zoomfaktor so gewählt, dass jedes Einzelbild vollständig sichtbar ist. Mit [Strg]+[2] wird die komplette Fotoshow angezeigt, sodass Sie nicht hin- und herscrollen müssen.

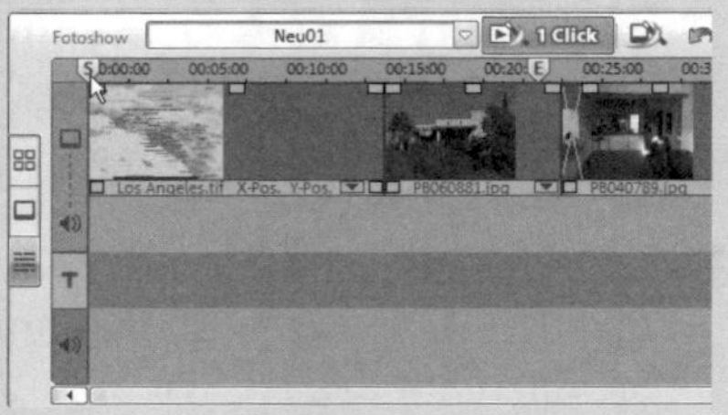

Der beste Tipp jedoch ist: Markieren Sie einen gewünschten Bereich und zoomen Sie genau auf diesen Ausschnitt. Klicken Sie dazu an der gewünschten Startposition mit der linken Maustaste in das Zeitlineal und am gewünschten Ende mit der rechten Maustaste. Dadurch werden Start- und Endmarker gesetzt, erkennbar am kleinen *S*- bzw. *E*-Symbol. Drücken Sie nun [Strg]+[1], wird der Zoomfaktor genauso gesetzt, dass der Bereich zwischen Start- und Endmarkierung vollständig sichtbar ist.

2.5 Breitbild-Workshop – Fotoshows in 16:9 erstellen

Bei vielen Fernsehern und fast allen Filmen ist das Breitbildformat heute Standard. Neue Flachbildfernseher gibt es fast nur noch im 16:9-Format und beim kommenden HDTV gibt es gar nichts anderes mehr. Wenn auch Sie bereits einen Breitbildfernseher besitzen, sollten Sie unbedingt die neuen 16:9-Funktionen von MAGIX Fotos auf CD & DVD nutzen. Das Programm unterstützt das Breitbildformat in jedem Schritt der Erstellung, Bearbeitung und sogar bei der Menüanordnung. Die Vorteile liegen klar auf der Hand: Die Auflösung der Fotos ist höher, sie werden über eine größere Fläche angezeigt und auch für die Menüs oder Texttafeln steht viel mehr Platz zur Verfügung.

Grundsätzlich unterscheidet sich die Erstellung und Bearbeitung einer Breitbildfotoshow nicht von einer Show im herkömmlichen 4:3-Format. MAGIX Fotos auf CD & DVD ist bewusst darauf ausgelegt, dass die Arbeitsschritte immer möglichst identisch sind. Gewisse Schritte oder Konfigurationen erfordern aber die richtige Einstellung, damit alles perfekt funktioniert. Diese Stellen werden in diesem Abschnitt näher betrachtet.

Die richtige Fotoauswahl

Natürlich können Sie für Ihre Breitbildshow jedes beliebige Foto verwenden. Allerdings eignet sich nicht jedes Bild dafür. Das Programm ist automatisch gezwungen, oben und unten etwas von dem Bild abzuschneiden, damit es in das richtige Bildschirmformat gebracht wird. Diesen Aspekt müssen Sie bei der Auswahl immer im Hinterkopf behalten. Befinden sich auf Ihren Fotos Objekte oder Personen sehr nahe am oberen oder unteren Rand, werden diese höchstwahrscheinlich abgeschnitten.

Fotos direkt in 16:9 aufnehmen

Viele moderne Digitalkameras bieten die Möglichkeit, Fotos direkt im 16:9-Format aufzunehmen. Dabei wird allerdings nicht der Blickwinkel vergrößert, die Kameras schneiden nur oben und unten etwas ab. Die Auflösung verringert sich also ein wenig. Wenn Sie schon beim Fotografieren wissen, dass Sie die Fotos nur an einem 16:9-Bildschirm anzeigen lassen wollen, ist das eine prima Sache. Sollen die Bilder auch für andere Zwecke verwendet werden, bekommen Sie schnell ein Formatchaos, weil die Bilder für Abzüge, Drucker etc. stark angepasst und in der Regel beschnitten werden müssen.

Es ist keinesfalls notwendig, jetzt nur Panoramabilder auszuwählen, aber eine gewisse Breite sollten die Fotos schon haben. Manche Fotos sehen einfach merkwürdig aus, wenn bei ihnen der Rahmen beschnitten wird. Obwohl das Motiv vollständig zu sehen ist, hat man das Gefühl, dass da etwas fehlt. Probieren Sie einfach ein wenig mit der 16:9-Funktion herum. Mit der Zeit werden Sie ganz schnell ein Gespür dafür bekommen, welche Fotos im Breitbildformat richtig gut aussehen und welche nicht.

- Vermeiden Sie Fotos mit Objekten oder Personen am oberen oder unteren Rand.
- Fotos im Hochkantformat eignen sich fast überhaupt nicht. Sie müssen oben und unten fast 3/4 des Bildes wegschneiden, um es bildschirmfüllend darstellen zu können.
- Nahaufnahmen eignen sich nur bedingt. Wenn sie ringsherum beschnitten werden, wirkt das oft merkwürdig.
- Der Betrachter hat in der Regel ein natürliches Gespür für Proportionen. Wird ein Bild zu stark angeschnitten, wirkt es unnatürlich, obwohl sich das oft nicht konkret begründen lässt.
- Panoramafotos oder Hochkantaufnahmen lassen sich sehr gut mit einer Kamerafahrt kombinieren. Anstatt das Foto anzuschneiden, fahren Sie mit der virtuellen Kamera von MAGIX an dem Foto lang.

Die Breitbildshow erstellen

Wenn Sie eine Fotoshow im 16:9-Format erstellen möchten, sollten Sie das gleich am Anfang des Projekts festlegen. Dadurch passt MAGIX automatisch alle Bilder und Effekte an. Sie sehen also bereits im Vorschaubildschirm alle Bilder so, wie sie später auf dem TV angezeigt werden. Es ist durchaus möglich, das auch erst zu einem späteren Zeitpunkt zu tun, aber davon ist dringend abzuraten.

- Bei allen Fotos wird sich der Bildausschnitt verändern und zeigt unter Umständen nicht mehr das an, was Sie zeigen wollten.
- Außerdem passen sich die Effekte und Überblendungen nicht immer optimal an. Ein Rahmen oder eine Animation kann plötzlich außerhalb des Bildes angezeigt werden.
- Texte und Texttafeln verschieben sich. Im schlimmsten Fall wird der Text abgeschnitten. Das ist besonders beim Abspann inakzeptabel.

1 Starten Sie wie gewohnt das Programm. Im Willkommen-Bildschirm können Sie nun eine neue Fotoshow erstellen. Aktivieren Sie hier die Option *16:9 Seitenverhältnis für aktuelles Disc-Projekt verwenden*. Vergeben Sie einen Namen für die Fotoshow und bestätigen Sie die Angaben mit *OK*.

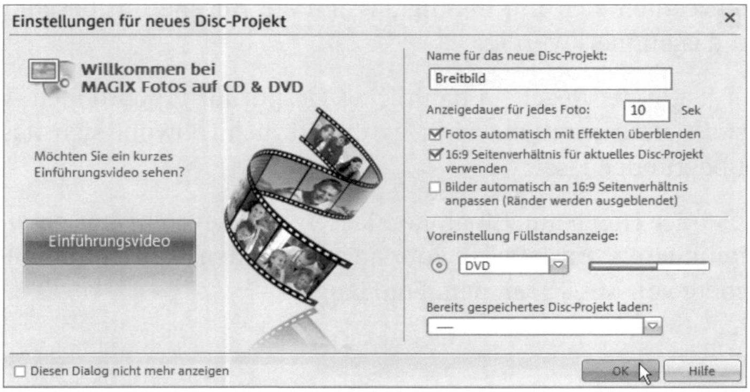

2 Der Vorschaubildschirm oben links passt sich nun automatisch an. Er besitzt die Proportionen eines Breitbildfernsehers und zeigt Ihre Fotos entsprechend an. Da die meisten Digitalkameras Fotos im Format 4:3 oder 3:2 erstellen, passen die Fotos nicht vollständig in das Breitbild hinein. MAGIX zeigt rechts und links einen schwarzen Balken.

3 Wenn Ihre Fotos bereits im 16:9-Format vorliegen, werden sie sich automatisch optimal in das Vorschaubild einpassen. Haben Ihre Fotos das Standardformat 4:3 oder 3:2, müssen sie erst noch angepasst werden. Am einfachsten erledigen Sie das über die Automatik-Funktion von MAGIX. Wählen Sie hierfür im Menü den Punkt *Datei/Disc-Projekt-Einstellungen* aus. Aktivieren Sie die Option *Bilder automatisch an 16:9 Seitenverhältnis anpassen*.

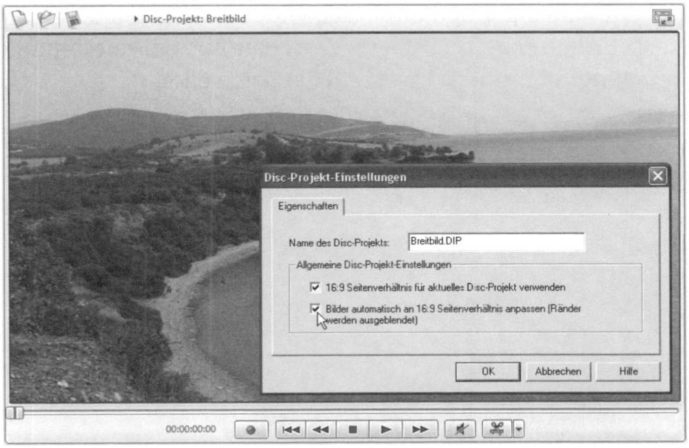

Diese Option finden Sie übrigens auch im Willkommen-Bildschirm, mit dem Sie die neue Fotoshow erstellt haben. Sie können diese Funktion also gleich am Anfang mit aktivieren, wenn Sie alle Fotos automatisch anpassen lassen möchten.

4 Die wichtigsten Schritte für die Erstellung einer Breitbildshow sind damit erledigt. Sie können nun wie gewohnt mit MAGIX Fotos auf CD & DVD arbeiten. Ihnen stehen alle Funktionen für die Bildoptimierung, Titel, Musik etc. zur Verfügung. Es gibt keinerlei Unterschiede in der Handhabung oder in den Funktionen.

Menüs für das 16:9-Bild wählen

Sobald Ihre Fotoshow mit allen Überblendungen und Effekten ausgestattet ist, können Sie wie gewohnt in das Register *Brennen* gehen und ein Menü erstellen. MAGIX bietet für Fotoshows im 16:9-Format ganz spezielle Menüs an.

1 Wählen Sie links unter den Menüvorlagen die Gruppe *16:9 (DVD, WMVHD, HD DVD)* aus. Nun haben Sie noch die Wahl zwischen animierten und statischen Vorlagen. Mit einem Doppelklick auf eine der Vorlagen wird diese wie gewohnt in das Projekt übernommen.

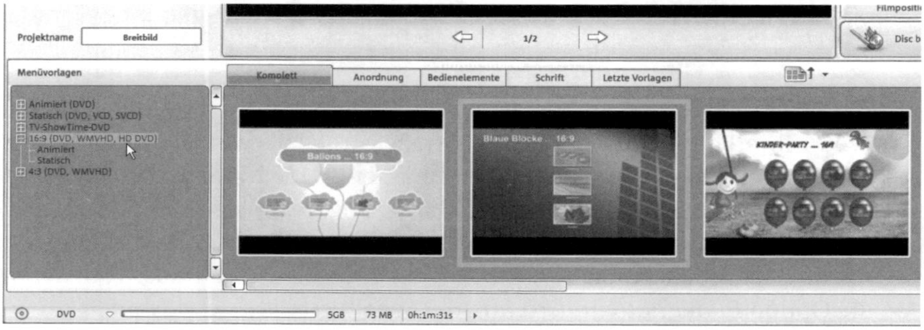

2 Das große Vorschaubild zeigt Ihnen direkt an, wie Ihre DVD mit dieser Vorlage aussehen würde. Allerdings zeigt diese Vorschau nur ein herkömmliches 4:3-Bild an. Oben und unten sind schwarze Balken zu sehen.

Natürlich wird MAGIX auch das Menü im echten 16:9-Format auf die Disc schreiben, nur mit der Vorschau klappt es noch nicht. So bekommen Sie aber einen guten Eindruck davon, wie Ihre Fotoshow auf einem herkömmlichen 4:3-Fernseher aussehen würde. Die schwarzen Balken nehmen einen Großteil des Bildes ein und sehen einfach schlecht aus. Durch die Verkleinerung ist die Bildauflösung noch geringer, als sie beim guten alten PAL-System sowieso schon ist.

Man erkennt also sofort, dass 16:9-Fotoshows nur Sinn machen, wenn man sie auch wirklich auf einem Breitbildfernseher anzeigt. Alles andere ist unsinnig, da der Bildausschnitt und somit die Bildauflösung stark sinkt.

3 Sehr nützlich ist gerade beim Breitbild die Anzeige des „TV-sicheren Bereichs“. Jeder Fernseher schneidet rundherum etwas vom Bild ab – mal mehr und mal weniger. Besonders bei 16:9-Fernsehern mit herkömmlicher Bildröhre kann das ein ganzes Stück ausmachen. Aktivieren Sie hierzu im linken Rahmen die Funktion *TV Beschnitt*. Dadurch blendet MAGIX einen Rahmen ein, der auf jeden Fall auf jedem Gerät angezeigt wird – der so genannte TV-sichere Bereich. So laufen Sie nicht Gefahr, dass Ihr Menü oder Ihr Text aus dem Bild herausragen.

So brennen Sie Ihre 16:9-Fotoshow optimal

Nachdem Ihre Fotoshow komplett erstellt und mit Menüs ausgestattet wurde, muss sie natürlich noch auf eine DVD gebrannt werden. Der Brennvorgang an sich unterscheidet sich natürlich überhaupt nicht von anderen Rohlingen, trotzdem müssen an dieser Stelle wichtige Einstellungen vorgenommen werden.

1 Klicken Sie im Register *Brennen*, in dem Sie das Menü erstellt haben, auf die Schaltfläche *Disc brennen*. Es erscheint das übliche Disc-Auswahl-Fenster. Wählen Sie hier die Option *DVD* aus.

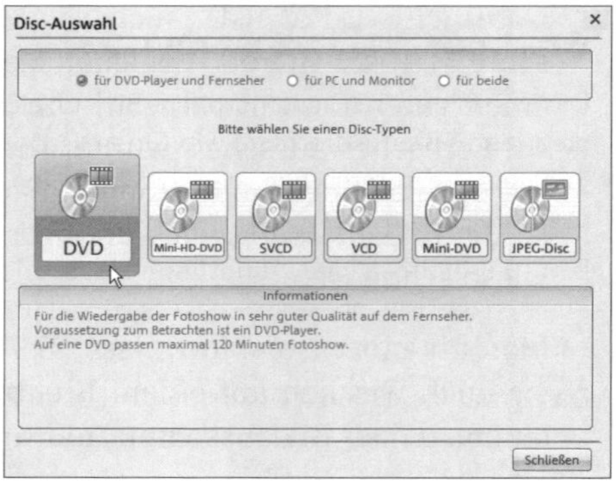

2 Nun öffnet sich das Fenster *Disc für DVD-Player brennen*. Hier wird nicht nur der Brennvorgang kontrolliert, sondern auch die Encodierung der DVD-Inhalte. Und genau dieser Vorgang muss nun auf das 16:9-Format umgeschaltet werden. Klicken Sie dafür auf die Schaltfläche *Encoder-Einstellungen*. Es öffnet sich ein neues Fenster.

Hier wählen Sie aus der Liste *Voreinstellungen* die Option *Standard DVD PAL Breitbild* aus. Dadurch werden die DVD-Inhalte nicht einfach auf den Rohling geschrieben, sondern „anamorph" gespeichert. Nur so erhalten Sie echte Breitbilder auf Ihrer DVD.

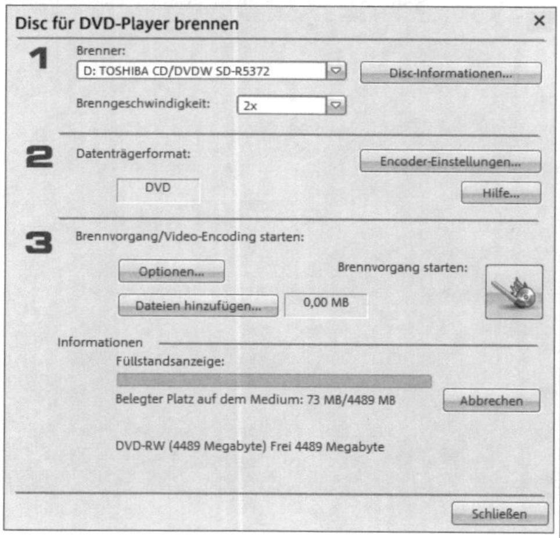

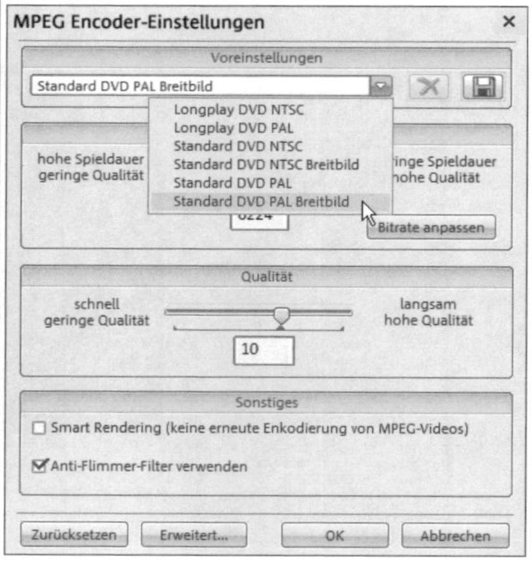

3 Schließen Sie das Fenster wieder, sodass Sie in das Hauptfenster des Brennvorgangs zurückkehren. Mit der Schaltfläche *Brennvorgang starten* brennen Sie nun Ihre DVD.

Was sind anamorphe Bilder ?

Das Verfahren der anamorphen Bildaufzeichnung dient dazu, Breitbildformate wie Cinemascope oder 16:9 auf herkömmlichen, also nicht breiten, Speichermedien unterzubringen.

Ein 16:9-Bild hat eine Auflösung von 1.024 x 576 Punkten. Da PAL aber nur 720 x 576 Punkte bietet, passt das Bild technisch nicht hinein.

Damit das doch funktioniert, wird das breite Bild einfach zusammengestaucht, bis es die Breite von 720 Punkten hat. Dadurch wirkt es gequetscht und völlig unnatürlich.

Ein 16:9-Fenseher erkennt diese anamorphe Speicherung automatisch und zieht das Bild sofort wieder auseinander. Sie sehen wieder ein Breitbild.

Auf dieselbe Weise speichert man auch Breitbildkinofilme auf einen Filmstreifen. Hier kommt diese Technik ursprünglich auch her.

2.6 Fotoshows in HDTV – das sollten Sie wissen

Wenn heute über Fernsehen gesprochen wird, kommt ganz schnell HDTV ins Spiel. HDTV steht für **H**igh **D**efinition **T**ele**v**ision und für die neue Fernsehnorm, die sich gerade durchsetzt – bzw. durchgesetzt werden soll. HDTV bietet eine deutlich höhere Bildauflösung als das PAL-Signal und auch eine deutlich bessere Signalverarbeitung. Dadurch ist das Bild sehr viel besser.

Der Sprung von PAL auf HDTV ist allerdings enorm. Herkömmliche Fernseher haben eine Auflösung von 768 x 576 Punkten – effektiv genutzt werden meist nur 720 x 576 Punkte. HDTV kennt die Auflösungen 1.280 x 720 und 1.920 x 1.080 Punkte. Hierbei spricht man meist von „720p“ und „1.080i/p“. Das Signal wird also anhand seiner Zeilenzahl identifiziert.

Die Bezeichnung „i“ oder „p“ steht dabei für „Interlaced“ oder „Progressiv“. Beim Interlaced-Verfahren wird das Bild wie bisher in zwei Halbbilder zerlegt, beim Progressiv-Verfahren werden nur Vollbilder angezeigt. Das Bild ist dadurch praktisch flimmerfrei und absolut stabil.

Alle neuen Flachbildfernseher sind bereits „HD ready“. Das bedeutet, dass sie die Formate 720p oder 1080i bzw. p darstellen können. Trotzdem hat sich HDTV derzeit noch nicht groß durchgesetzt. Das liegt vor allem daran, dass es praktisch keine Zuspieler gibt. DVD-Player, die HDTV ausgeben können, hören auf die Namen HD-DVD und Blu-ray, allerdings sind sie derzeit noch sehr teuer und nur in geringen Stückzahlen verfügbar. Spätestens mit dem Erscheinen der Playstation 3 wird sich das ändern, weil dann Spielen und TV-Gucken in HDTV zum günstigen Preis für alle verfügbar ist.

MAGIX Fotos auf CD & DVD bietet Ihnen bereits jetzt die Möglichkeit, Ihre Fotoshows in HDTV zu erstellen. Dieser Abschnitt zeigt Ihnen die Möglichkeiten und Grenzen auf.

Das richtige Videoformat

Standard-DVDs werden in dem Filmformat MPEG-2 encodiert. HDTV arbeitet mit einem neuen Filmformat, um die sehr viel größeren Datenmengen besser speichern zu können. Alle Videos und Fotos werden entweder in VC-1 oder in H.264 kodiert. Es stehen also zwei Formate zur Verfügung, die aber von allen HDTV-Playern gleichermaßen verstanden werden. VC-1 ist dabei im Grunde nichts anderes als das HD-Format von Microsoft - also WMV-HD. H.264 hingegen ist ein vollkommen neues Format, das sich teilweise an MPEG-4 anlehnt. MAGIX unterstützt von Haus aus das WMV-HD-Format und kann Ihre Fotoshow damit encodieren. H.264 unterstützt es leider nicht.

Abspielmöglichkeiten für HDTV

Das größte Problem bei HDTV stellt, wie bereits erwähnt, das Fehlen passender Zuspieler da. Rein theoretisch können Sie mit MAGIX Ihre Fotoshow direkt auf einen HD-DVD- oder Blu-ray-Rohling brennen und auf Ihrem HDTV-Fernseher angucken. Allerdings gibt es derzeit gar keine passenden Brenner für den Computer und auch die dazugehörigen DVD-Player mit HDTV-Unterstützung sind noch sehr selten. Selbst wenn Sie bereits eine Playstation 3 mit voller HDTV-Unterstützung besitzen, können Sie Ihre HDTV-Fotoshow nirgendwo drauf brennen.

MAGIX bietet zwar die Möglichkeit, eine HDTV-Fotoshow auf einen herkömmlichen DVD-Rohling zu brennen, aber leider hilft das auch nicht viel weiter. Zum einen ist die Spielzeit dann sehr kurz, zum anderen müssen Sie dafür wieder einen HDTV-fähigen DVD-Player haben ...

Unterm Strich bedeutet das, dass Ihnen die vielen HDTV-Möglichkeiten von MAGIX derzeit wenig bringen. Die einzig aktuell nutzbare Funktion besteht im Erstellen von HDTV-Fotoshows für den Computer. Sie brennen Ihre HD-Inhalte also auf einen herkömmlichen DVD-Rohling und spielen diese am Computer mit dem Windows Media Player ab Version 9 (besser aber Version 10 oder 11) ab. Alles andere funktioniert aufgrund der fehlenden Technik im Haushalt derzeit noch nicht. Zumindest ist es ein kleiner Trost zu wissen, dass man mit MAGIX zukünftig für diese Technologie gerüstet ist.

Da man diese Fotoshows im WMV-HD-Format derzeit nur am Computer abspielen kann, ist der Sinn fraglich. Genauso gut könnten Sie auch eine JPEG- oder Slideshow-Disc erstellen. Diese bieten die gleiche hohe Auflösung und können auch direkt am Computer abgespielt werden.

Das müssen Sie beim Erstellen einer HD-Fotoshow beachten

Wenn Sie sich entschieden haben, eine Fotoshow in HDTV zu erstellen, gibt es dabei nur sehr wenige Dinge zu beachten. Grundsätzlich funktioniert MAGIX auf CD & DVD bei jeder Art von Fotoshow gleich.

- Die HD-Videoformate WMV-HD und H.264 bieten fast jede Art von Bildauflösung an. Echtes HDTV ist aber genormt. Das Signal muss also entweder in 1.280 x 720 (720p) oder 1.920 x 1.080 (1080i oder p) vorliegen. Alles andere ist zwar auch hochaufgelöst, entspricht aber nicht der HDTV-Norm.
- Diese Norm der Bildgröße bedeutet, dass eine Fotoshow in HDTV immer im 16:9-Format vorliegt. Das Format 4:3 gibt es in HDTV nicht mehr!
- Das wiederum bedeutet, dass Sie Ihre HDTV-Fotoshow am besten wie eine 16:9-Präsentation erstellen. So arbeiten Sie von Anfang an im richtigen Format und Ihre Bilder werden später nicht angeschnitten oder sonst verändert. Sie können den Workshop im letzten Abschnitt (ab Seite 46) direkt als Anleitung nehmen. Nur im letzten Schritt, also beim Brennen, müssen Sie in Kapitel 8 die Besonderheiten von WMV-HD beachten. Siehe hierzu ab Seite 218.
- Aufgrund der hohen Auflösung von HDTV sollten Ihre Fotos auch entsprechend hochwertig sein. HDTV arbeitet mit 2 Megapixeln pro Videobild. Das schafft natürlich jede moderne Digitalkamera, aber auch alle anderen Fotos sollten mindestens diese Auflösung haben. Wenn Sie also Fotos einscannen oder Fotos aus der Handy-Kamera verwenden, kann das Bild unter Umständen schlecht aussehen. HDTV macht jedes Pixel und jede Schliere sichtbar. Schlechte Fotos stechen sofort ins Auge.
- Entsprechend müssen Sie bei Ausschnittvergrößerungen, leicht unscharfen Fotos oder beim Nachschärfen sehr vorsichtig sein. Alle diese Nachbearbeitungen werden bei einem herkömmlichen Fernseher praktisch unsichtbar. Auf HDTV sieht man es einem Foto aber sofort an, wenn es zu stark geschärft wurde oder wenn die Schärfe leicht daneben liegt. HDTV erfordert hohe Qualität.

Die Rechenpower nicht unterschätzen

Zuletzt sei noch erwähnt, dass man die Datenmengen von HDTV nicht unterschätzen darf. Ein Einzelbild besitzt eine Auflösung von rund 2 Megapixeln. Werden diese nun als Videofilm dargestellt, sind das 25 Bilder pro Sekunde. Das erfordert so viel Rechenkraft, dass selbst modernste Computer in die Knie gehen.

Das Ganze ist durchaus mit einem 3-D-Spiel zu vergleichen, das man in höchster Auflösung laufen lässt. Wenn Sie Ihre Fotoshows also im HD-Format WMV-HD speichern, brauchen Sie auch einen starken Computer, um sie abspielen zu können. Spezielle Grafikkarten mit HDTV-Chip kommen erst langsam in den Handel - ähnlich der MPEG-2-Beschleunigerkarten bei Einführung der DVD oder dem digitalen Videoschnitt am Computer.

Experimentieren Sie ruhig mit den HDTV-Funktionen von MAGIX herum. Das macht viel Spaß und bringt teilwese erstaunliche Ergebnisse. Wirklich Spaß macht HDTV aber erst mit einem echten HDTV-Fernseher und einem passenden HDTV-Videoplayer.

2.7 Show mit Zusatzeffekten und Fotos aus dem Online Medien Katalog aufpeppen

Manchmal benötigt man für eine vollständige Fotoshow oder für die Realisierung eines bestimmten Effekts noch ein ganz bestimmtes Bild bzw. Fotomotiv. Das kann z. B. passend zum Urlaubsland eine Länderfahne sein, eine Umrisskarte des jeweiligen Landes oder Ähnliches. Haben Sie kein passendes Bild zur Verfügung, kann Ihnen der MAGIX Online Medien Katalog weiterhelfen. Dahinter verbirgt sich eine große Bibliothek von Medienelementen wie Fotos, Videoclips oder Sounds. Diese können Sie aus MAGIX herunterladen und in Ihrer Fotoshow verwenden. Der Online Medien Katalog ist fester Bestandteil des MAGIX-Pakets, allerdings ist seine Nutzung nicht kostenlos. Sie müssen sich für den Dienst registrieren und können anschließend teilweise kostenpflichtige Medien wie Fotos oder Sounddateien herunterladen.

1 Den Medien Katalog erreichen Sie im Hauptprogramm über den Menüpunkt *@Services/MAGIX Online Medien Katalog/MAGIX Online Medien Katalog öffnen*. Beim ersten Aufruf müssen Sie den eingeblendeten *Allgemeinen Bedingungen für den MAGIX Online Medien Katalog* zustimmen.

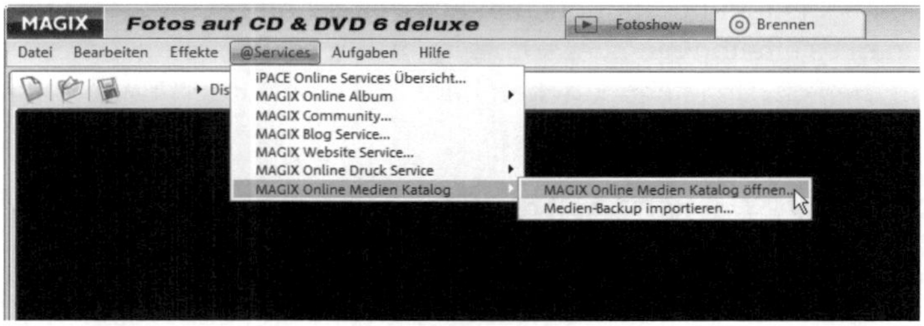

2 Jetzt öffnet sich ein separates Programmfenster, in dem Sie die gesamte Datenbank nach Medienelementen durchsuchen können. Der Katalog ähnelt in seinem Aufbau der Ordnerstruktur des Windows-Explorer. Wählen Sie eine der Hauptkategorien, zum Beispiel *Songs*, *Bilder* oder *Video*, um im rechten Bereich eine Vorschau auf die verfügbaren Elemente zu erhalten.

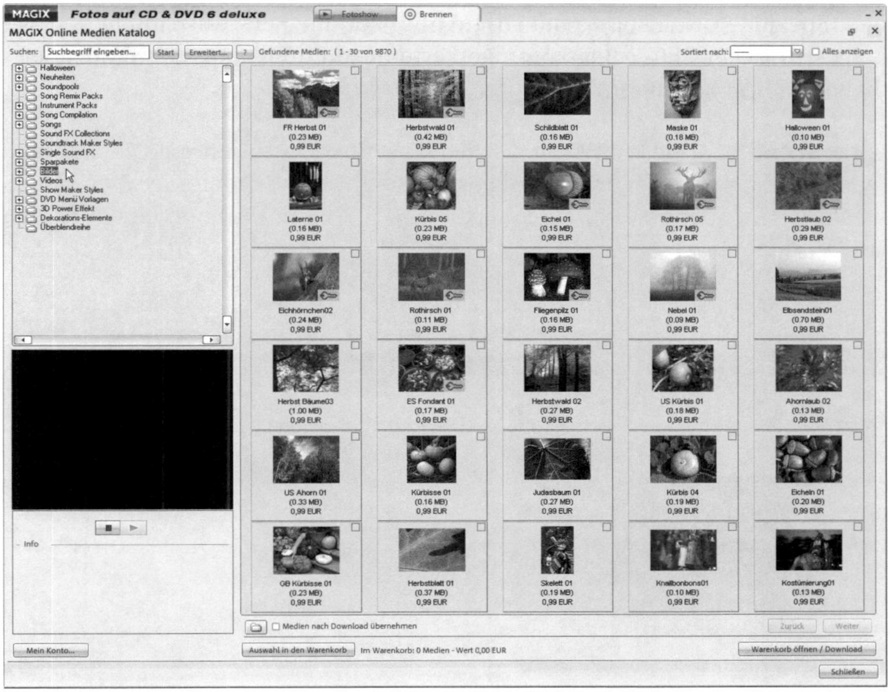

3 Die Medienelemente sind in verschiedene Unterrubriken sortiert, sodass Sie gezielt nach Sounds, Bildern oder Videoclips zu einem bestimmten Thema stöbern können. Alternativ steht Ihnen über dem Rubrikenbaum ein Suchfeld zur Verfügung. Geben Sie hier ein passendes Stichwort ein und lassen Sie sich vom Programm passende Medienelemente anzeigen.

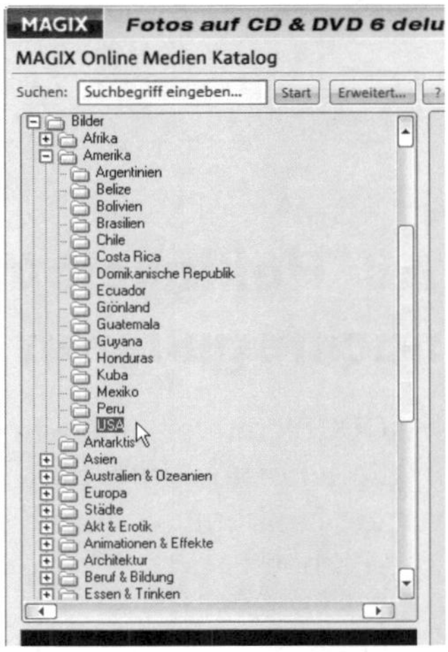

4 Anhand des Vorschaufensters können Sie Bilder und Videoclips anschauen und sich Klänge probeweise anhören. Entspricht ein Element Ihren Vorstellungen, markieren Sie es und klicken auf die Schaltfläche *Auswahl in den Warenkorb* am unteren Bildschirmrand. Mehrere Elemente können Sie vorher bei gedrückter [Strg]-Taste markieren und dann in einem Rutsch in den Warenkorb packen.

5 Haben Sie für den Moment ausreichend Elemente gesammelt, klicken Sie auf *Warenkorb öffnen/Download*. Bei der ersten Nutzung des MAGIX Online Medien Katalog müssen Sie sich für den Service registrieren lassen. Klicken Sie dazu im eingeblendeten Fenster auf *Infos & Anmeldung*. Haben Sie bereits eine Registrierung bei MAGIX mit einer E-Mail-Adresse und einem Passwort, können Sie diese nutzen. Geben Sie anschließend gegebenenfalls noch Ihre Adress- und Bankdaten an, danach kann der Download beginnen. Wurden die gewählten Elemente heruntergeladen, werden sie automatisch entpackt und installiert.

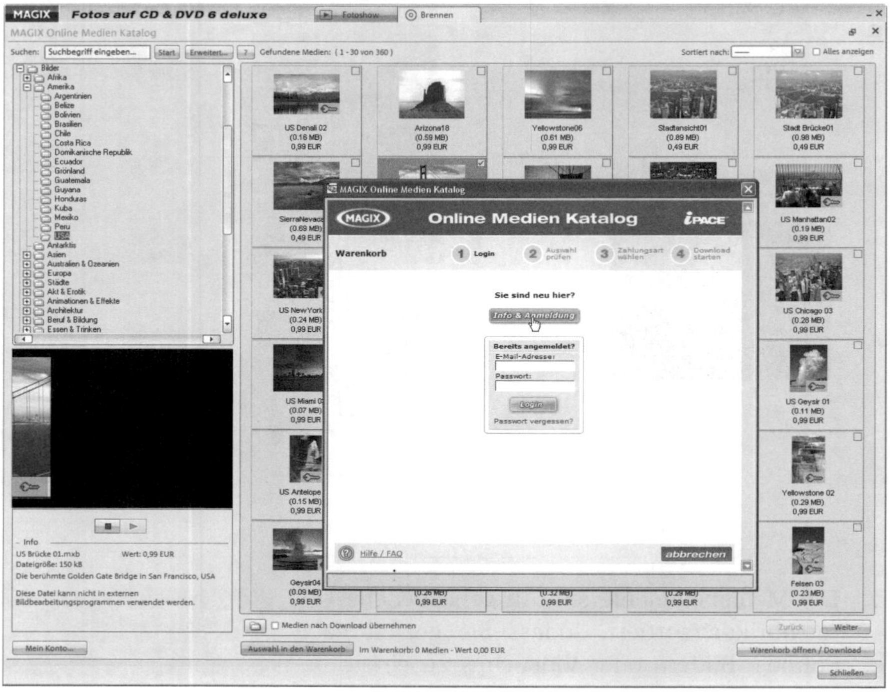

2.8 Helligkeit und Kontrast von Bildern nachregulieren

MAGIX bietet verschiedene Möglichkeiten, Ihre Bilder zu optimieren, bevor sie in die Fotoshow integriert werden. Dabei geht es vor allem um qualitätsverbessernde Funktionen, zum Beispiel das Anpassen von Helligkeit, Kontrast, Schärfe und Farben.

Derartige Funktionen finden Sie an verschiedenen Stellen im Programm. Eine Möglichkeit zur Nachbearbeitung stellt die Funktion *Foto optimieren* dar. Sie bietet Ihnen unterschiedliche Optimierungsmethoden, die im folgenden Abschnitt vorgestellt werden.

1 Um die Funktion *Foto optimieren* aufzurufen, klicken Sie im Storyboard bei dem gewünschten Foto auf die *FX*-Schaltfläche. Diese beiden Buchstaben stehen für die Kurzform des so ausgesprochenen englischen Worts „Effects“. Wählen Sie im erscheinenden Kontextmenü den oberen Befehl *Foto optimieren* aus. Alternativ können Sie die Funktion auch jederzeit aufrufen, indem Sie ein Bild im Storyboard markieren und [Umschalt]+[X] drücken.

2 Der Dialog *Foto optimieren* erscheint und präsentiert im ersten Register *Belichtung* verschiedene Schieberegler zum Anpassen der Bildhelligkeit und der Kontrastverhältnisse. Testen Sie verschiedene Einstellungen, bis Sie die optimale Kombination der Regler gefunden haben. Probieren Sie gegebenenfalls auch die Funktion *Auto-Belichtung* und *Auto-Farbe*.

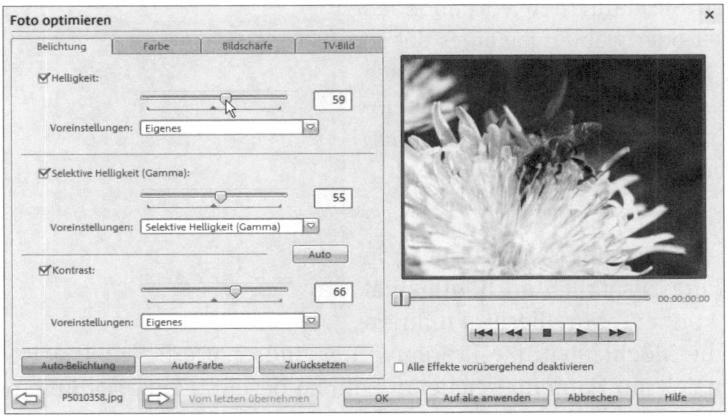

2.9 Besser als das Original? – Sattere Farben und schärfere Bilder

Natürlich können Sie auch die Farbe und Bildschärfe einer Aufnahme nachträglich korrigieren. Sie finden diese Funktion ebenfalls im *FX*-Menü eines Fotos unter dem Befehl *Foto optimieren*.

1 Wechseln Sie in das Register *Farbe*. Hier können Sie zunächst den Farbton des Bildes verändern, indem Sie den Markierungspunkt innerhalb des Farbspektrums in die gewünschte Richtung verschieben. Alternativ können Sie über die drei Schieberegler *Rot*, *Grün* und *Blau* den Anteil einzelner Farben auch separat regulieren.

Zusätzlich können Sie über den mittleren Regler die Farbsättigung anpassen und somit blassen Bildern mehr Farbkraft verleihen.

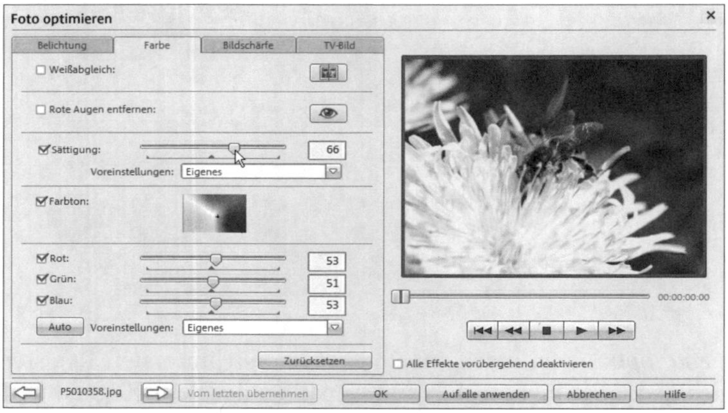

2 Als Nächstes wechseln Sie in das Register *Bildschärfe*. Hier können Sie bei Bedarf die Bildschärfe des gewählten Fotos erhöhen. Nutzen Sie dafür den vorhandenen Schieberegler oder wählen Sie eines der so genannten Presets. Dabei handelt es sich um Vorlagen für bestimmte Schärfeeinstellungen, zum Beispiel *Weichzeichnen*, *Bild schärfen* oder *Rauschen unterdrücken*.

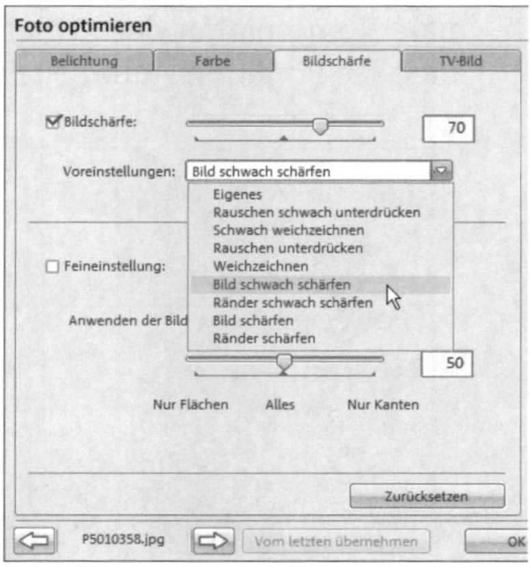

Testen Sie, ob Ihre Fotos mit der Option *Feineinstellung* zusätzlich an Bildqualität gewinnen können. Mit dieser Funktion haben Sie die Möglichkeit, die Erhöhung der Bildschärfe beispielsweise nur oder tendenziell auf Kantenbereiche im Foto zu beschränken. Dadurch erreichen Sie, dass die Kanten zwischen verschiedenen Gegenständen und Flächen klarer herausgehoben werden, ohne dass das ganze Bild durch eine zu starke „Schärfung“ mit einem Rauschen versehen wird.

Doppelklick setzt Regler zurück

Haben Sie in den verschiedenen Registern mit den Reglereinstellungen experimentiert und möchten diese zurücksetzen, müssen Sie sie nicht mühsam mit der Maus austarieren. Ein Doppelklick genügt, um jeden Regler wieder in seine Mittelposition zurückzusetzen.

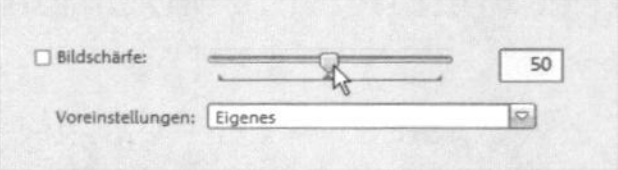

3 In diesem Fenster können Sie die Schärfe einzelner Fotos individuell steuern. Sie haben aber auch die Möglichkeit, die Bildschärfe für die gesamte Fotoshow mithilfe eines „Mastereffekts“ zu erhöhen. Das ist z. B. sinnvoll, wenn Ihre Fotos bei der Wiedergabe über Ihren Fernseher oder Beamer mit etwas mehr Schärfe oder Weichzeichnung insgesamt besser aussehen. Dabei legen Sie die letzte Funktion also global für alle Bilder fest.

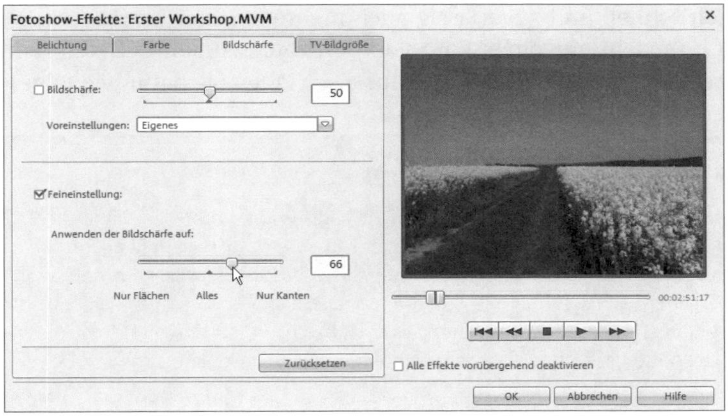

Rufen Sie dazu im Menü den Punkt *Effekte/Effekteinstellungen Fotoshow* auf. Nun öffnet sich ein ähnliches Fenster wie im letzten Schritt, allerdings gelten diese Einstellungen automatisch für die gesamte Fotoshow.

Das Markieren mehrerer Elemente ist in der Storyboard-Anzeige nicht möglich

Obwohl MAGIX Fotos auf CD & DVD ein leistungsfähiges Programm ist, hat es doch eine Reihe von Schwachpunkten. Ein Manko liegt zum Beispiel darin, dass es sich an verschiedenen Stellen nicht so verhält, wie es der Anwender erwarten würde. Zum Beispiel können Sie im Storyboard nicht mehrere Elemente auf einmal markieren, um diese dann geschlossen zu verschieben oder zu löschen. Dies ist nur im Übersicht-Modus oder in der Timeline-Anzeige möglich.

Wechseln Sie in diesem Fenster in das Register *Bildschärfe*. Über den Regler *Bildschärfe* können Sie die gewünschte Einstellung nun vornehmen und über das Vorschaufenster begutachten.

Der Regler darunter ermöglicht Ihnen die Feineinstellung. Möchten Sie vor allem die Konturen von Fotos stärker herausarbeiten, können Sie den Schieberegler etwas weiter rechts in Richtung *Nur Kanten* positionieren.

2.10 Kein Problem: rote Augen entfernen

Ein typisches Problem beim Fotografieren stellt der bekannte Rote-Augen-Effekt dar. Einige Geräte versuchen dem mit einer Vorblitzfunktion entgegenzuwirken, oftmals hilft das aber nur begrenzt. Um das Problem nachträglich zu beheben, können Sie das Zusatzprogramm MAGIX Foto Clinic verwenden. Es entfernt rote Augen zuverlässig aus allen Blitzfotos. Sie finden das Programm MAGIX Foto Clinic im Startmenü unter *Start/Alle Programme/MAGIX/MAGIX Fotos auf CD & DVD/MAGIX Foto Clinic*.

Damit lassen sich schnell und zuverlässig auch mehrere Bilder korrigieren. Möchten Sie hingegen nur ein einzelnes Foto von den roten Augen befreien, können Sie das auch direkt aus dem Storyboard heraus tun. Gehen Sie dafür wie folgt vor:

Wie entsteht der Rote-Augen-Effekt?

Trotz Vorblitz tauchen die roten Augen immer wieder auf. Wie kommt das, wie entsteht der Rote-Augen-Effekt, vor allem in dunklen Umgebungen? Die Ursache ist schnell erklärt: In dunklen Umgebungen sind die Pupillen des menschlichen Auges besonders weit geöffnet, um möglichst viel des spärlichen Lichts aufnehmen zu können. Die dahinter liegende Netzhaut ist ein sehr stark durchblutetes Gewebe. Wenn unerwartet viel Licht in das Auge und auf die Netzhaut fällt, reflektiert diese das Licht – das gut durchblutete Gewebe leuchtet rot zurück.

Ein Vorblitz führt dazu, dass das Auge praktisch „vorgewarnt" wird und sich die Pupillen durch die vorausgehende Lichtreizung verengen, um eine Blendung zu verhindern. Der letzte und für die Auslösung effektive Blitz trifft dann auf weniger geweitete Pupillen; der Rote-Augen-Effekt fällt geringer aus – verschwindet jedoch selten.

Was können Sie tun? Sorgen Sie für eine möglichst gute Ausleuchtung, wenn Sie fotografieren. Lassen Sie, soweit möglich, die Porträtierten kurz direkt in eine Lichtquelle schauen. Dieser Effekt hält jedoch nur kurz an, denn das Auge passt sich mit einer kurzen Verzögerung sofort wieder an die Umgebungsbeleuchtung an.

Um trotz Blitz den Rote-Augen-Effekt zu minimieren, sollte der Blitz möglichst weit von der Kameralinse entfernt sein. Grund dafür ist das einfache physikalische Grundprinzip, das die meisten bereits in der Schule gelernt haben: Einfallwinkel = Ausfallwinkel. Ein nicht in der Kamera integrierter, sondern zum Beispiel aufgesteckter oder sogar extern aufgestellter Blitz (wie in Fotostudios) lässt das Blitzlicht von oben in die Pupille fallen. Das reflektierte Licht fällt dann im gleichen Winkel nach unten aus und nicht direkt in die Kamera.

1 Markieren Sie das gewünschte Foto im Storyboard Ihrer Fotoshow. Nun klicken Sie auf das *FX*-Symbol des Fotos und wählen den Menüpunkt *Foto optimieren* aus. Wechseln Sie im erscheinenden Dialogfenster in das zweite Register mit dem Namen *Farbe*.

2 Aktivieren Sie die Funktion *Rote Augen entfernen* und klicken Sie anschließend auf das Symbol mit dem Auge daneben. Nun erscheint eine kurze Erklärung, die beim ersten Benutzen der Funktion erscheint. Klicken Sie diese mit der Schaltfläche *OK* weg.

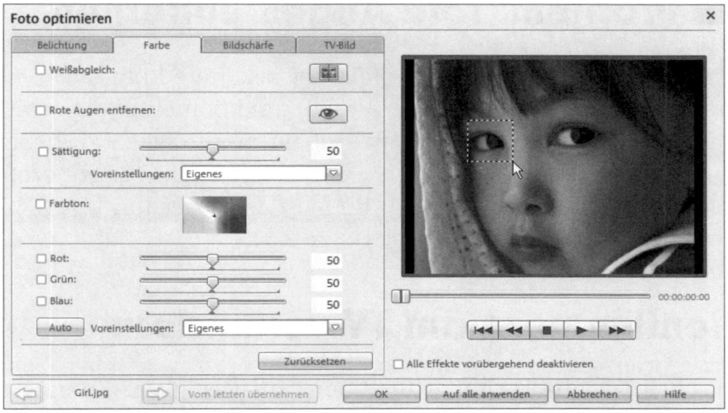

3 Ziehen Sie nun um das betroffene Auge mit der Maus ein Rechteck. Das Programm reduziert sofort das rote Leuchten der Augen. In besonders hartnäckigen Fällen können Sie diese Funktion auch mehrfach hintereinander auf das gleiche Auge anwenden. Sie müssen allerdings vor jedem Schritt erneut auf das Rote-Augen-Symbol klicken. Wiederholen Sie den Vorgang für das zweite Auge.

4 Wenn Sie mit dem Ergebnis zufrieden sind, klicken Sie auf die Schaltfläche *OK* und schließen damit das Fenster. Sie können den Vorgang nun mit anderen problematischen Fotos wiederholen.

Für ganz genaue Retuschen: MAGIX Foto Clinic

Die oben beschriebene Variante ist der schnellste Weg, rote Augen aus Ihren Fotos zu entfernen, führt aber nicht immer zum optimalen Ergebnis. Wesentlich mehr Einstellungsmöglichkeiten zum Umfang und Ausmaß der Korrektur können Sie in der MAGIX Foto Clinic nutzen.

Öffnen Sie das Programm über *Start/Alle Programme/MAGIX/MAGIX Fotos auf CD & DVD/MAGIX Foto Clinic*. Über *Datei/Öffnen* laden Sie nun Ihr Foto in das Programm. Nutzen Sie die Zoomfunktion, um möglichst nah an die roten Augen heranzukommen.

Klicken Sie nun in der Werkzeugleiste auf das Augensymbol. Über die Menüs am oberen Rand können Sie die Einstellungen anpassen. Nun „zielen" Sie mit dem Fadenkreuz in die Mitte der Pupille.

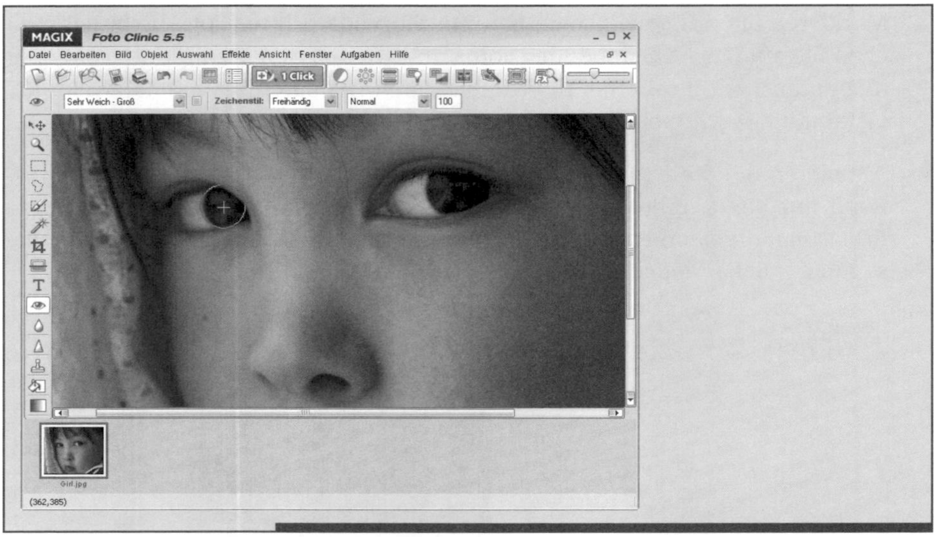

2.11 Zeilenflimmern am TV verhindern

Neben den typischen Nachbearbeitungsfunktionen für Helligkeit, Kontrast und Schärfe verfügt die *Foto optimieren*-Funktion über einige spezielle Optionen zur Verbesserung der Bildanzeige am Fernseher.

Wenn Sie von einer Videoquelle Standbilder angefertigt und als Fotos für Ihre Fotoshow gespeichert haben, kann es bei der Anzeige dieser Fotos am TV zu einem so genannten Zeilenflimmern kommen. Dies können Sie mit der entsprechenden Funktion von MAGIX unterdrücken.

1 Markieren Sie dazu ein gewünschtes Bild im Storyboard und klicken Sie auf das *FX*-Symbol rechts über dem jeweiligen Bild. Wählen Sie aus dem erscheinenden Kontextmenü den Befehl *Foto optimieren*.

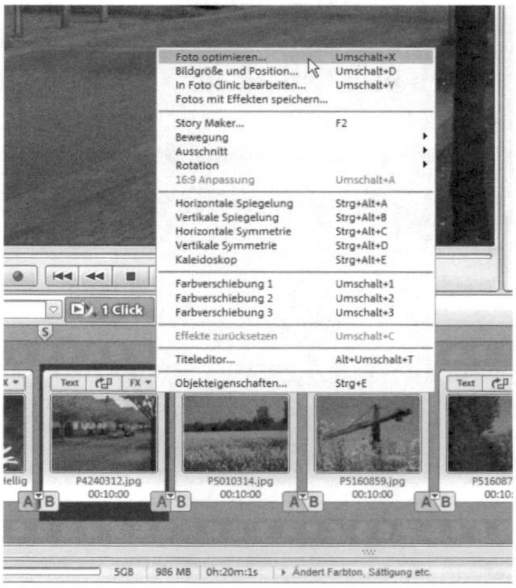

Vorschau des Originalbildes ohne Foto Cleaning-Veränderungen

Haben Sie in den Registern verschiedene Einstellungen mit den Schiebereglern angepasst, ist es vor der endgültigen Übernahme dieser Änderungen sinnvoll, das Ergebnis noch einmal mit dem Ausgangszustand zu vergleichen.

Aktivieren Sie dazu die Option *Alle Effekte vorübergehend deaktivieren* unter dem Vorschaufenster im *Foto optimieren*-Dialog.

Durch An- und Abwahl dieser Option können Sie direkt zwischen beiden Varianten umschalten und so überprüfen, ob Ihre Bearbeitung den subjektiven Qualitätseindruck tatsächlich verbessert hat. Ist dies der Fall, können Sie die Einstellungen insgesamt mit einem Klick auf *OK* übernehmen und den *Foto optimieren*-Dialog damit schließen.

2 Nun öffnet sich wieder das Bearbeitungsfenster *Foto optimieren*. Wechseln Sie hier in das Register *TV Bild*. Aktivieren Sie nun die Option *Anti-Flimmer-Filter* mit einem Haken.

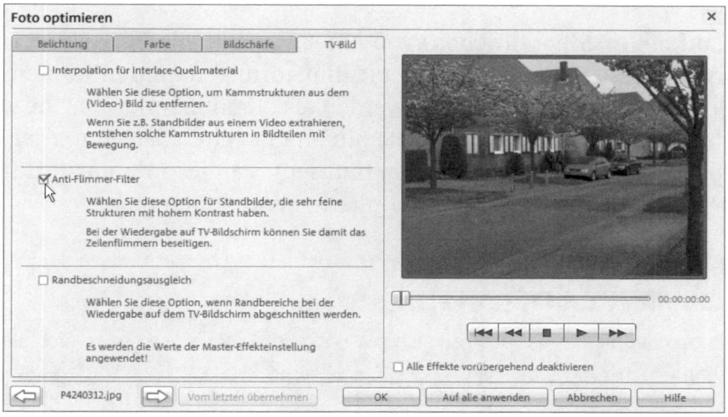

3 Mit der Schaltfläche *OK* übernehmen Sie die Einstellung und kehren zum Hauptprogramm von MAGIX zurück.

Effekte für mehrere Bilder einstellen

Die im Fenster *Foto optimieren* vorgenommenen Einstellungen beziehen sich grundsätzlich auf das Bild, für das Sie *Foto optimieren* aufgerufen haben. Über die Pfeilsymbole am unteren linken Rand des Fensters haben Sie jedoch die Möglichkeit, durch die einzelnen Fotos der Fotoshow zu schalten und so nacheinander alle Bilder der aktuellen Fotoshow zu bearbeiten.

Nützlich ist dabei in vielen Fällen die Schaltfläche *Vom letzten übernehmen*. Damit erreichen Sie, dass die beim vorherigen Bild vorgenommenen Anpassungen auch auf das Folgebild übernommen werden. Das ist insbesondere dann sinnvoll, wenn Sie Fotos aufgrund ungünstiger Lichtverhältnisse in einer Situation nachbearbeitet haben und in dieser Situation mehrere Fotos in Folge geschossen haben.

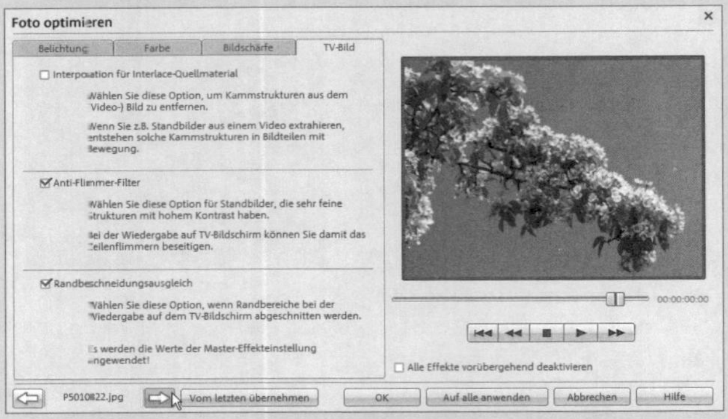

2.12 Bildfehler bei Kamerastandbildern beheben

Wenn Sie, wie auf Seite 35 beschrieben, von einer Videoquelle Einzelbilder aufzeichnen, enthalten diese Schnappschüsse oft Bildstörungen an den Kanten verschiedener Bildelemente. Diese Störungen werden als „Kammstrukturen" bezeichnet, da dabei oftmals lang gezogene parallele Linien entstehen. *Die Funktion Foto optimieren* enthält ein spezielles Werkzeug, mit dem Sie diese Kammstrukturen und mögliche Unschärfen durch Interpolation reduzieren können.

Interlace, Halbbilder und Kammstrukturen

Die Ursache, warum Standbilder von Videoquellen wie VHS, DV-Camcordern oder auch direkt aus dem Fernsehen in der Regel eine relativ schlechte Qualität haben und Fehler wie die genannten Kammstrukturen aufweisen, liegt in der Fernsehtechnik. Bilder im Fernsehen werden nicht als ein Einzelbild, sondern als Zusammensetzung von zwei Halbbildern übertragen und angezeigt.

Jedes TV-Bild besteht aus einer Reihe von Zeilen. Diese Zeilen enthalten wiederum einzelne Bildpunkte. Fernsehgeräte zeigen nicht ein vollständiges Bild auf einmal, sondern „füllen" zuerst die Zeilen mit ungeraden Zeilennummern, danach die geraden Zeilennummern. Es werden also wechselnd die geraden und ungeraden Bildschirmzeilen aktualisiert, was im Normalfall aus zwei Gründen nicht weiter auffällt: Erstens ist das menschliche Auge zu träge, um die schnell wechselnde Zeilenaktualisierung einzeln festzustellen. Zweitens führt das typische Nachleuchten von Bildröhren dazu, dass die beiden Halbbilder praktisch zu einem Bild verschwimmen. Das Problem ist nun, dass beim Erzeugen eines Standbildes eigentlich zwei Halbbilder fotografiert werden müssen, die sich jedoch im Zeitablauf schon weiterentwickeln, d. h., zwei Halbbilder passen bei bewegten Bildern nie exakt zusammen.

Die europäische PAL-Fernsehnorm, die auch im deutschsprachigen Raum gültig ist, sieht im Fernsehen 25 Einzelbilder pro Sekunde vor, d. h. 50 Halbbilder pro Sekunde. In der Praxis bedeutet dies, dass das zweite Halbbild bereits die Situation um 1/50 Sekunde später darstellt. Aus diesem Grund entstehen bei bewegten Bildern Verzerrungen, die umso größer sind, je stärker die Bilder wechseln bzw. je schneller die Bildbewegung ist.

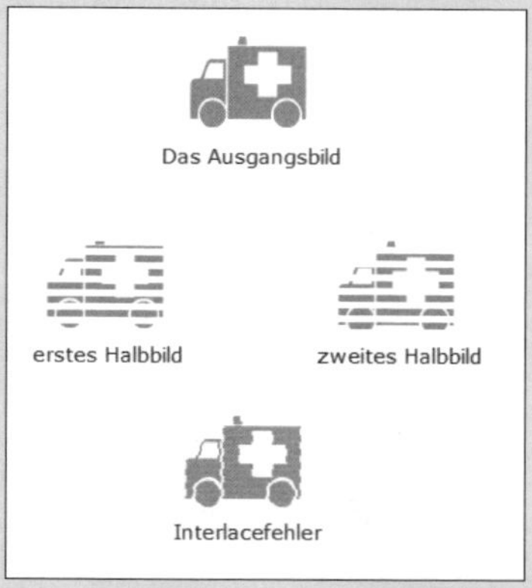

1 Klicken Sie das betroffene Bild im Storyboard an, um es zu markieren. Rufen Sie dann das *FX*-Menü über dem jeweiligen Bild auf und wählen Sie aus dem Kontextmenü den Befehl *Foto optimieren*.

2 Wechseln Sie in das Register *TV Bild* und aktivieren Sie die Option *Interpolation für Interlace-Quellmaterial*. Sie können den Effekt der Funktion unmittelbar im Vorschaufenster feststellen. Je ausgeprägter die Bildstörung dabei im Quellmaterial ist, umso größer ist der Qualitätsgewinn beim Einschalten der Interpolation.

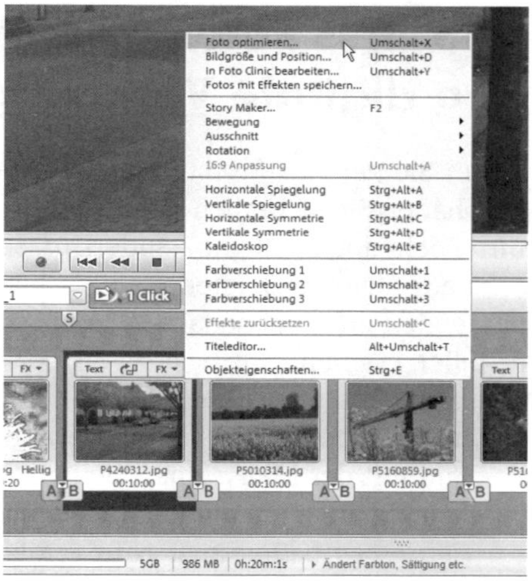

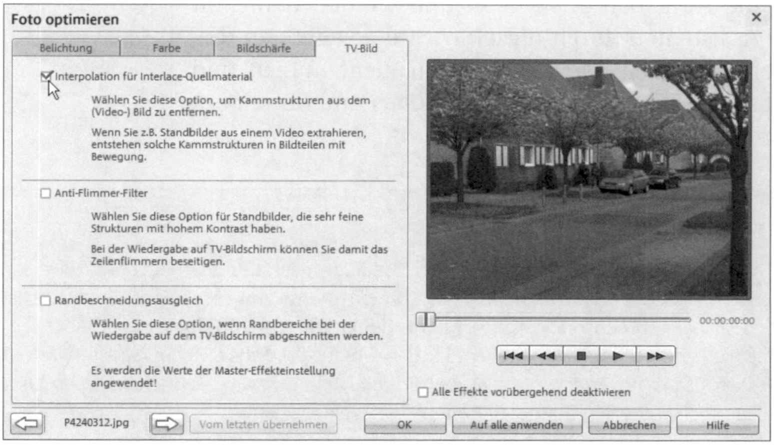

3 Klicken Sie auf *OK*, um den Effekt für das gewählte Foto zu übernehmen und den *Foto optimieren*-Dialog zu schließen. Sie können den Vorgang für alle weiteren TV-Standbilder wiederholen.

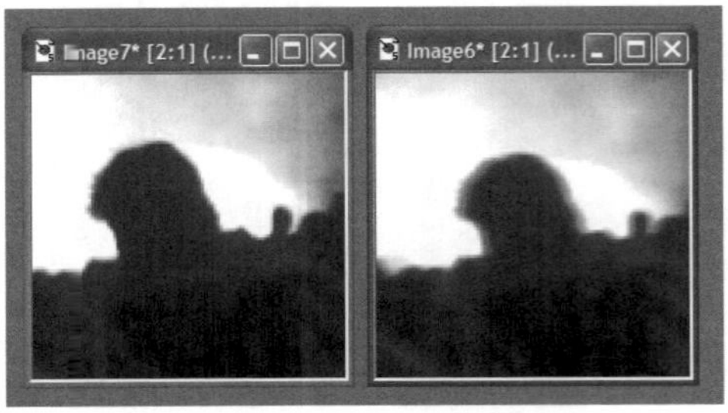

Im Zoom zeigt sich, dass die Aktivierung der Option Interpolation für Interlace-Quellmaterial *zu einer verbesserten Bildqualität und vor allen Dingen Schärfe führt (links mit Effekt, rechts das Originalbild).*

2.13 Aus Fotos Gemälde machen – Ihre digitale Vernissage

Wenn Sie gern Landschaften, Naturmotive und klassische Bauwerke fotografieren, haben Sie sicherlich bereits eine kleine Sammlung solcher Fotos. Sie können Ihre Fotos doch mal ganz anders präsentieren. Diese Art von Motiven eignet sich sehr gut für eine Darstellung als Gemälde. MAGIX Foto Clinic bietet hierfür die passende Funktion, sodass Sie ganz schnell aus Ihren Fotos gemäldeartige Bilder erstellen können.

1 Im Storyboard markieren Sie zunächst das gewünschte Bild mit der Maus. Anschließend klicken Sie auf das *FX*-Symbol über dem Bild und wählen den Punkt *In Foto Clinic bearbeiten* aus. Nun erfolgt direkt eine Abfrage, was Sie mit diesem Foto tun möchten. Sie können verschiedene Aufgaben auswählen und werden dann mit einem Assistenten durch diese Schritte geleitet. An dieser Stelle möchten wir diese Option nicht nutzen und wählen den Punkt *Keine Vorauswahl* aus und öffnen mit *Foto Clinic starten* das Programm.

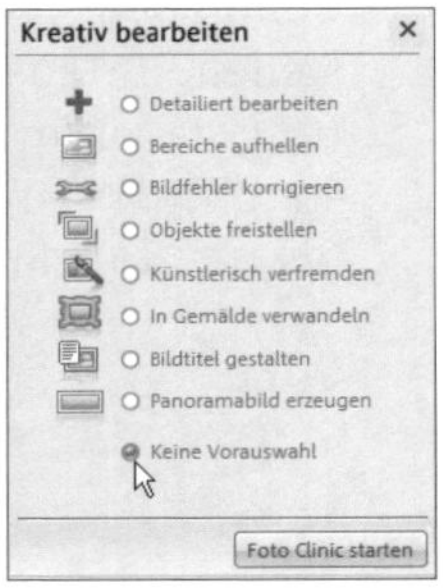

Gratis-Update für Foto Clinic

Wenn Sie das Werkzeug Foto Clinic an dieser Stelle zum ersten Mal aufrufen, wird Ihnen MAGIX nun ein Gratis-Update anbieten. Sie können dieses Angebot über die Schaltfläche *MAGIX Foto Clinic* annehmen und gelangen dann direkt zur MAGIX-Homepage. Möchten Sie das Angebot nicht oder erst später nutzen, klicken Sie auf die Schaltfläche *Später erinnern*. Mit der Option *Diesen Dialog nicht mehr anzeigen* wird diese Meldung ganz abgeschaltet. Das Update können Sie natürlich weiterhin über die Homepage beziehen.

2 Sie gelangen nun in das Hauptfenster von Foto Clinic. Wählen Sie aus dem Menü den Punkt *Effekte* und dann den Befehl *Kunstfilter/Gemälde* aus. Der damit standardmäßig erzielte Effekt lässt das Bild wie mit Öl auf Leinwand gemalt erscheinen. Wie stark der Effekt wirkt, können Sie über die verschiedenen Regler beeinflussen. Spielen Sie ein wenig mit den Registern *Pinsel*, *Papier*, *Richtung* etc. herum.

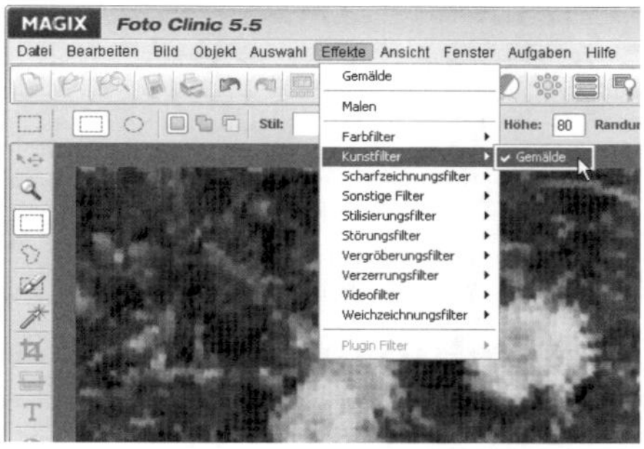

3 Im Register *Voreinstellungen* können Sie über die Liste *Gespeicherte Einstellungen* mit verschiedenen Vorlagen experimentieren. Im Beispiel wird die Vorlage *Pastell* verwendet. Probieren Sie ruhig verschiedene Effekte aus und machen Sie nach und nach aus Ihren Fotomotiven Gemälde. Das Ergebnis wird eine „Fotoshow" der ganz besonderen Art!

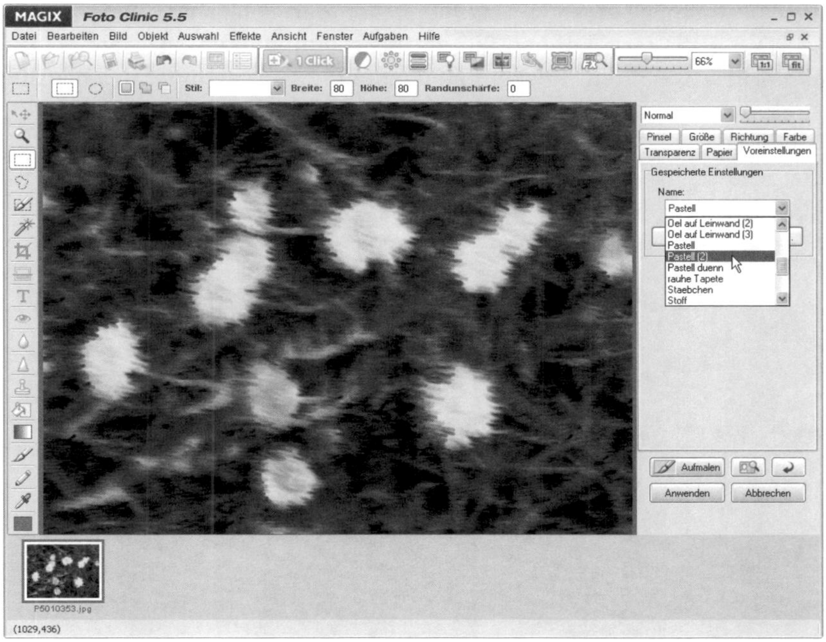

4 Möchten Sie das Ergebnis in einer separaten Datei speichern und das Original unverfälscht erhalten, wählen Sie nun *Datei/Speichern unter* und geben einen neuen Dateinamen oder Speicherort an. Darf das Bild ruhig mit den Veränderungen gespeichert werden, weil Ihr Arbeitsordner sowieso nur Kopien enthält, können Sie das Programm auch direkt schließen. MAGIX Foto Clinic fragt dann nach, ob Sie die Datei speichern wollen. Bejahen Sie dies. In diesem Fall aktualisiert MAGIX das veränderte Bild in der Fotoshow automatisch.

Haben Sie das Bild hingegen unter einem neuen Dateinamen gespeichert, müssen Sie dieses Bild nun einfügen und das andere aus der Fotoshow entfernen.

2.14 Flecken auf der Kameralinse retuschieren

So was Ärgerliches! – Da hatten Sie so ein schönes Motiv fotografiert, doch im Nachhinein stellen Sie fest, dass ein Wasserfleck oder Fingerabdruck auf der Linse war. Ist Ihnen das auch schon einmal passiert? Mit MAGIX Foto Clinic können Sie den Fehler in den meisten Fällen in wenigen Schritten beheben. So geht's:

1 Rufen Sie MAGIX Foto Clinic direkt aus dem Startmenü über *Start/Alle Programme/MAGIX/MAGIX Fotos auf CD & DVD/MAGIX Foto Clinic* auf und laden Sie das betroffene Bild über *Datei öffnen*. Ist das entsprechende Bild bereits Teil einer Fotoshow und Sie stellen den Fehler erst in MAGIX Fotos auf CD & DVD fest, können Sie die Bearbeitung auch aus dem Hauptprogramm heraus starten. Klicken Sie dazu auf das *FX*-Symbol des betroffenen Fotos im Storyboard und wählen Sie *In Foto Clinic bearbeiten* aus.

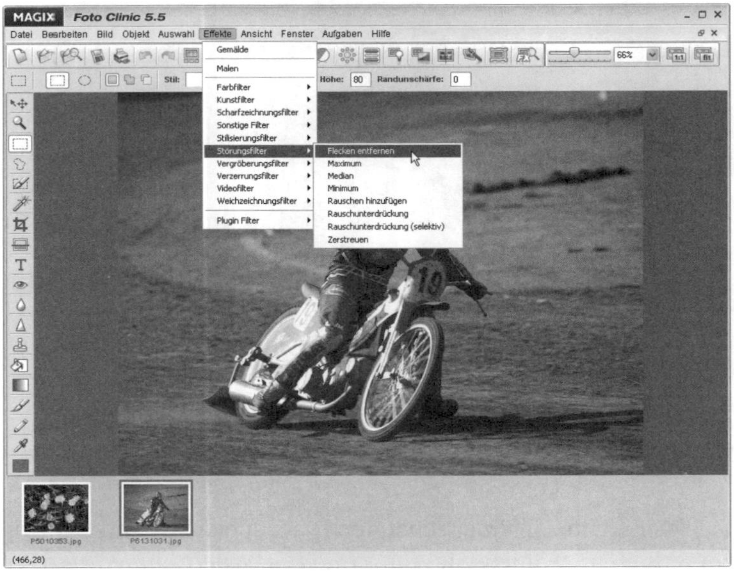

2 Wurde das Bild in MAGIX Foto Clinic geladen, wählen Sie *Effekte/Störungsfilter/Flecken entfernen* aus. Der Cursor verwandelt sich in ein „Fadenkreuz“, mit dem Sie auf die betroffene Stelle klicken können. Bei Bedarf können Sie die Ausmaße und die Intensität des Effekts über die am rechten Fensterrand von Foto Clinic eingeblendeten Optionen anpassen. Interessant sind hier vor allem die Schieberegler *Radius* und *Grenzwert*, mit denen Sie einstellen, in welchem Umkreis um die Stelle, auf die Sie klicken, der Effekt angewendet werden soll. Mit der Schaltfläche *Anwenden* werden die Korrekturen in dem Bild endgültig vorgenommen.

3 Wenn alle Bildstörungen entfernt wurden, können Sie das Programm schließen und bestätigen die Abfrage, ob die Datei gespeichert werden soll. Zurück in MAGIX Fotos auf CD & DVD, wird das veränderte Bild nach einem Moment automatisch aktualisiert. Möchten Sie das bearbeitete Bild als separate Datei speichern, um das Original unverändert zu erhalten, können Sie das Bild in MAGIX Foto Clinic natürlich auch über *Datei/Speichern unter* unter einem neuen Dateinamen ablegen. In diesem Fall müssen Sie die neue Datei jedoch manuell der Fotoshow hinzufügen.

2.15 Auf alt getrimmt: Old-Style-Look mit Sepiatönung

Mit MAGIX Fotos auf CD & DVD können Sie auch sehr einfach eine stimmungsvolle Präsentation Ihrer alten Familienbilder machen. Wenn Sie noch richtig alte Fotos besitzen, die Sie gern auf einer DVD archivieren wollen, bietet sich ein Effekt an, mit dem Sie Fotos einen Extrahauch von „damals" geben können: die Sepiatönung. Ein solcher Effekt ist schnell zugewiesen.

1 Im Storyboard markieren Sie zunächst das gewünschte Foto mit der Maus. Nun klicken Sie doppelt auf das Foto, sodass sich das Fenster *Story Maker* öffnet.

2 Klicken Sie im Bereich *Optimieren* auf die 1-Klick-Optimierung *Altes Foto*. Schon wird die Färbung des gewählten Bildes auf ein ausgeblichenes Rotbraun verändert, das der in vielen Bildbearbeitungsprogrammen vorhandenen Sepiatönung ähnelt. Dieser Effekt wird vor allem durch die Reduktion

der Farbsättigung erreicht, d. h., die Bilder „bleichen“ künstlich aus und verlieren an Farbbrillanz.

3 Wollen Sie den Farbton nachregulieren, klicken Sie auf *Erweitert*. Sie gelangen zum Dialog *Foto optimieren*. Wechseln Sie in das Register *Farbe*. Hier können Sie zum einen den Farbanteil der einzelnen Farben *Rot*, *Grün* und *Blau* anpassen, was aber aufgrund der reduzierten Farbsättigung nur wenig bringt. Nutzen Sie daher besser das Farbfeld über den Schiebereglern. Mit nur einem Klick können Sie hier zum Beispiel den Rotstich des Effekts *Altes Foto* mehr in Richtung eines Brauntons verschieben, was meist dem aus anderen Bildverarbeitungsprogrammen bekannten Sepiaeffekt noch etwas näher kommt.

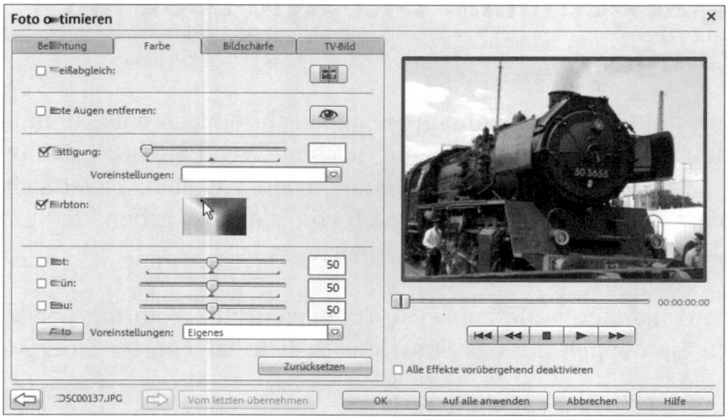

4 Möchten Sie den Effekt für alle Bilder der Fotoshow übernehmen, klicken Sie auf die Schaltfläche *Auf alle anwenden*, andernfalls einfach auf *OK* und *Schließen*. Sie gelangen nun zurück in das Hauptfenster.

2.16 Typisch Digitalkamera: Blaustich von Bildern entfernen

Ein typisches Manko vieler kompakter Digitalkameras stellt die unzureichende Farbbalance dar. Die Fotos haben einen leichten bis schweren Blaustich. Der zu hohe Blauanteil und der in Relation dazu zu geringe Rotanteil lässt die Bilder kühl und im schlimmsten Fall künstlich bis steril wirken. Zum Glück bietet MAGIX Fotos auf CD & DVD eine Funktion, mit der Sie den Blaustich Ihrer Bilder entfernen können.

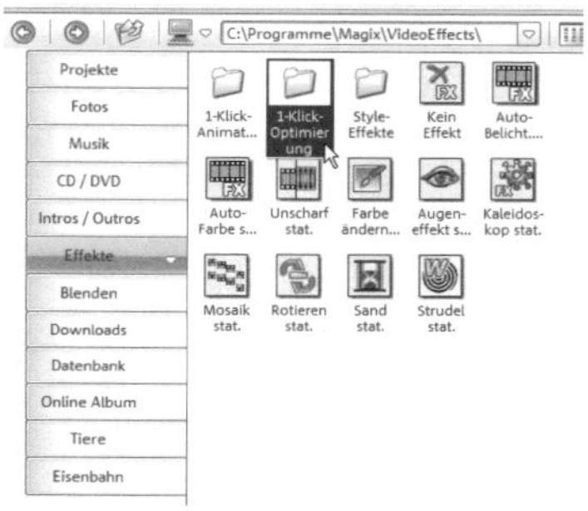

1. Markieren Sie im Storyboard das zu korrigierende Foto und wechseln Sie im Mediapool in die Rubrik *Effekte*.
2. Öffnen Sie den Unterordner *1-Klick-Optimierung* und dann den dort vorhandenen Unterordner *Farbe*.
3. Jetzt klicken Sie auf den Effekt *Blaustich löschen*. Sie sehen den Effekt sofort auf dem Vorschaubildschirm. Sind Sie mit dem Ergebnis nicht zufrieden, können Sie den Effekt direkt im Anschluss über *Bearbeiten/Rückgängig* wieder ungeschehen machen. Wollen Sie den Filter zu einem späteren Zeitpunkt rückgängig machen und haben Sie in der Zwischenzeit weitere Fotos bearbeitet oder andere Effekte genutzt, funktioniert dies nicht mehr. Öffnen Sie in diesem Fall das *FX*-Menü des betreffenden Bildes und wählen Sie *Effekte zurücksetzen*.
4. Hilft alles nichts, können Sie den Blaustich auch durch manuelle Regelung ausgleichen. Klicken Sie im Storyboard auf das *FX*-Menü über dem jeweiligen Bild und wählen Sie die Funktion *Foto optimieren* aus. Wechseln Sie hier in das Register *Farbe*. Nun reduzieren Sie über den untersten Schieberegler den Blauanteil. Bei Bedarf können Sie unter *Farbton* zusätzlich den Farbmarkierer ein wenig in Richtung Gelb und Rot verschieben, um das blaustichige Bild etwas wärmer wirken zu lassen.

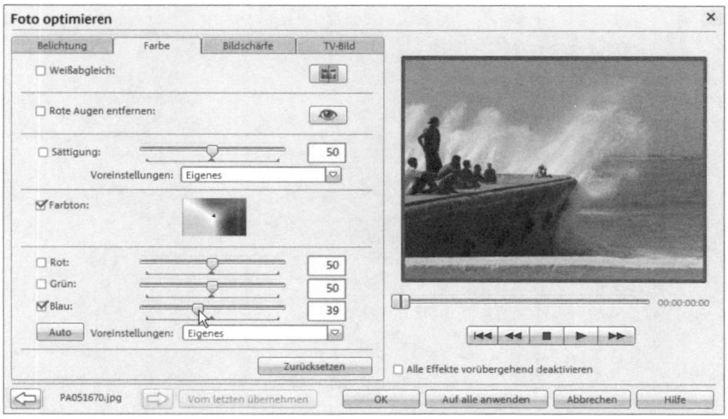

3. Rasante Fotoshow mit Tempo! – Perfekte Schnitte gegen Langeweile

Haben Sie im ersten Kapitel die gewünschten Fotos von der Festplatte, von angeschlossenen Videoquellen, aus dem Internet oder über einen Scanner in das Programm geladen und erste Nachbearbeitungen an einzelnen Bildern vorgenommen, geht es nun an das Arrangieren der Fotoshow.

Dabei gilt es, in der Zusammenstellung die gewünschte Reihenfolge der Bilder festzulegen, gegebenenfalls Fotos und kurze Videoclips zu mischen, die optimalen Einstellungen für die Fotoshow zu definieren und vor allem: atemberaubende und professionelle Übergänge zwischen den Fotos einzurichten.

3.1 Korrekte Reihenfolge: Fotos und Filme in die Diashow einfügen

Nun, da im Ergebnis des vorangegangenen Kapitels alle gewünschten Fotos und gegebenenfalls kurze Videoclips im Medienpool von MAGIX vorhanden sind, geht es darum, die Fotoshow zu arrangieren.

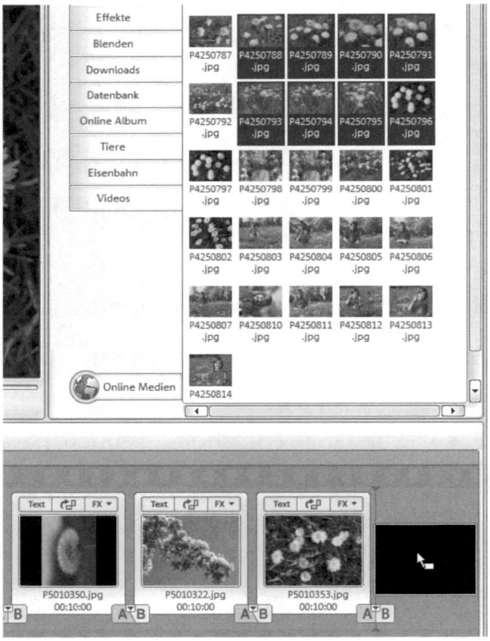

1 Ziehen Sie die gewünschten Elemente aus dem Medienpool in das Storyboard. Möchten Sie mehrere Fotos in einem Rutsch in das Storyboard einfügen, müssen Sie diese vorher markieren. Halten Sie dazu die [Strg]-Taste gedrückt und klicken Sie auf alle gewünschten Elemente im Medienpool, um diese zur Markierung hinzuzufügen. Ziehen Sie dann die Markierung geschlossen in das Storyboard.

2 Sie können die Reihenfolge der einzelnen Elemente jederzeit verändern, indem Sie ein Foto oder einen Videoclip im Storyboard anklicken und dieses/diesen zwischen zwei andere Elemente schieben. Das Programm fügt das gewählte Element an dieser Stelle ein und verschiebt die nachfolgenden Fotos bzw. Videos nach hinten.

Einen ganzen Fotoordner in das Storyboard einfügen

Wenn Sie wie auf Seite 33 beschrieben einen Standardordner für Ihre Fotos eingerichtet haben und dieser weitere Unterverzeichnisse enthält, können Sie diese Unterverzeichnisse als Ganzes in das Storyboard übernehmen. Dies spart Ihnen das manuelle Einfügen der einzelnen Bilder. Ziehen Sie einfach das Symbol des gewünschten Unterordners in das Storyboard.

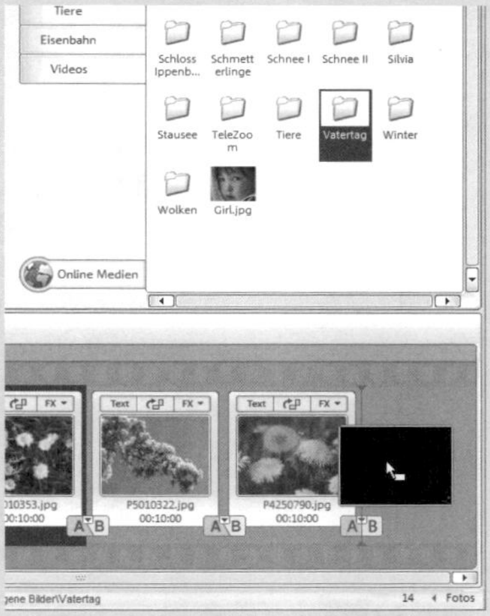

Mehrere Fotos auf einmal einfügen

Möchten Sie mehrere aufeinander folgende Dateien markieren, klicken Sie die erste an, halten die [Umschalt]-Taste gedrückt und klicken dann auf die letzte Datei der Folge. Alle zwischen der ersten und letzten Datei liegenden Fotos werden mit markiert. Ziehen Sie dann die Markierung geschlossen in das Storyboard.

3.2 „Mischen impossible?" – Kurze Filme aus Kompaktbildkameras mit Fotos mixen

Die meisten aktuellen digitalen Fotokameras erlauben es, auch kurze Videoclips aufzuzeichnen. Die mögliche Länge dieser Videoclips hängt dabei maßgeblich von der verwendeten Speicherkarte und dem noch verfügbaren Speicherplatz ab. Insgesamt weisen Videoaufnahmen von solchen Kameras meist eine eher bescheidene Qualität auf. Dies liegt vor allem an der relativ geringen Videoauflösung und leicht ruckelnden Bildern. Im Gegensatz zu echten Videokameras, die einen Film aus 25 fps (**f**rames **p**er **s**econd, Einzelbilder pro Sekunde) zusammensetzen, zeichnet eine gängige Fotokamera den Film mit deutlich weniger Einzelbildern auf, um den Speicherbedarf für das Videomaterial möglichst gering zu halten.

Dennoch können solche Videoclips eine Menge Spaß bereiten und genügen allemal, um bei einem einmaligen Event eine tolle Grundstimmung festzuhalten. Haben Sie in einer solchen Situation eine tolle Kurzaufnahme gemacht, können Sie diese in die Fotoshow integrieren.

1 Kopieren Sie, sofern noch nicht geschehen, den gewünschten Videoclip in den aktuell benutzten Fotoordner. MAGIX überwacht diesen Ordner im Hintergrund permanent, sodass neue Medienelemente in diesem Ordner auch automatisch im Medienpool aufgelistet werden.

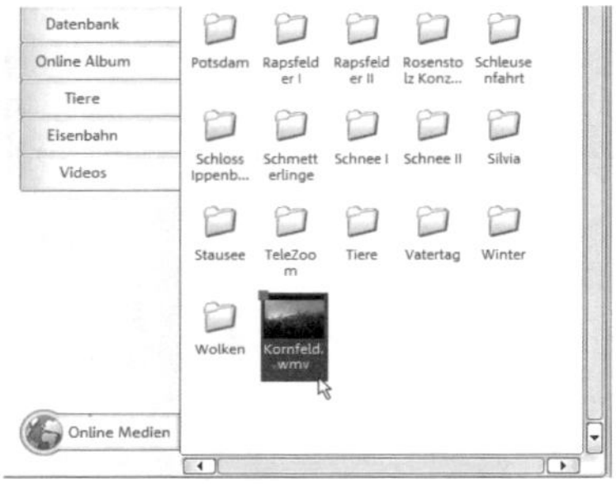

Suchen Sie den Videoclip in der Medienpool-Liste und ziehen Sie ihn an die gewünschte Position im Storyboard der Fotoshow.

2 Der Videoclip gliedert sich wie ein normales Foto in die Fotoshow ein. Den Unterschied erkennen Sie lediglich an dem unterschiedlichen Rahmen sowie der eingeblendeten Tonspur unter dem Vorschaubild.

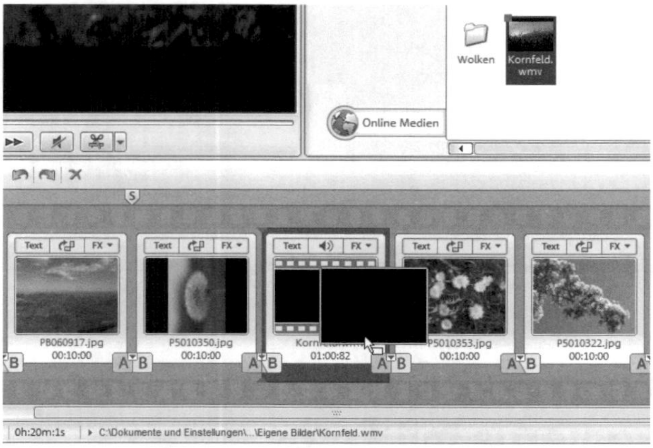

3 Sie können den Clip nun wie ein normales Foto innerhalb des Storyboards positionieren und gewünschte Effekte einstellen.

Wechsel zwischen Storyboard und Timeline

MAGIX Fotos auf CD & DVD verfügt über zwei grundlegende Ansichtsmodi für Ihre Fotoshows: das Storyboard und die Timeline. Sie wechseln zwischen beiden Anzeigen, indem Sie auf die Schaltfläche *Timeline am linken unteren Rand des Programmfensters* klicken.

Im Storyboard, der Standardanzeige, werden alle Elemente als Vorschaubild angezeigt. Dabei nehmen sie in der Anzeige immer gleich viel Platz ein, egal ob es sich um einen mehrsekündigen Videoclip oder ein einfaches Foto handelt. Auch eine individuell gewählte längere Anzeigedauer eines Fotos wirkt sich nicht auf die Anzeige aus.

Im Gegensatz dazu steht die Timeline-Anzeige. In dieser Zeitleistenanzeige erscheinen die einzelnen Elemente der Fotoshow wie in einem Videoschnittprogramm als einzelne Clips. Die Länge dieser Clips variiert mit der jeweils gewählten Anzeigedauer. Dadurch können Sie direkt erkennen, wie lang ein Element angezeigt wird.

Außerdem enthält die Timeline-Anzeige vier Spuren. Die erste Spur enthält die Fotos bzw. Videoclips, die zweite ist eine Tonspur (für den Originalton der Videoclips), die dritte Spur listet Texteffekte auf und die vierte Spur nimmt Hintergrundmusik auf.

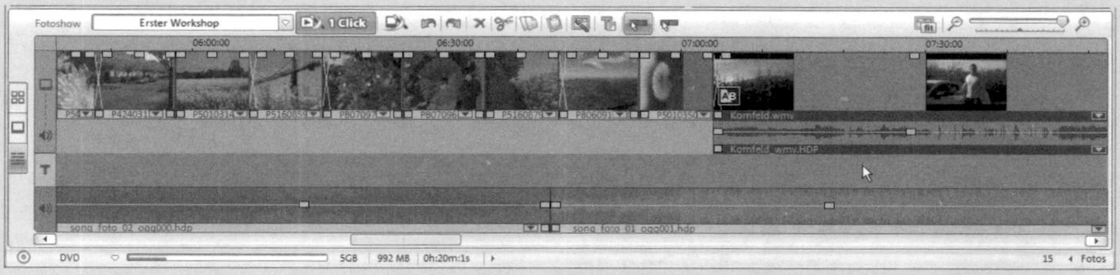

3.3 Überlange Fotoshows trennen, parallel bearbeiten und gemeinsam brennen

Manchmal stellt man nach dem Einfügen und Arrangieren einer Show fest, dass diese insgesamt doch sehr lang wird. Dies passiert insbesondere, wenn Sie die Bildanzeigedauern vergrößern, um neben den Ein- und Ausblendeffekten noch eine ausreichende Zeit einzustellen, um sich das Foto als Ganzes anschauen zu können. Für diesen Fall bietet MAGIX die Funktion, eine Fotoshow zu zerteilen.

1 Markieren Sie das gewünschte Bild in der Fotoshow, bei dem die Fotoshow getrennt werden soll.

2 Klicken Sie auf das Symbol *Zerschneiden* am rechten unteren Rand des Vorschaubildschirms. Wählen Sie aus dem sich öffnenden Menü den Befehl *Fotoshow trennen*. Alternativ können Sie diese Funktion auch über die Tastenkombination [Alt]+[T] aufrufen.

3 Das Programm schneidet die Fotoshow hinter dem gewählten Foto ab und kopiert den Rest in eine neue Fotoshow. Diese erreichen Sie über das Listenfeld *Fotoshow* unter dem Vorschaubildschirm. Wenn Sie dieses Listenfeld öffnen, sehen Sie, dass das Programm eine weitere Show erzeugt hat. An den ursprünglichen Namen wurde dabei der Index *01* angehängt.

4 Sie können über das Listenfeld nun jederzeit zwischen den beiden Fotoshows hin- und herwechseln. Das Foto, an dem Sie die ursprüngliche Fotoshow getrennt haben, erscheint dabei automatisch als Anfangsbild der zweiten Fotoshow.

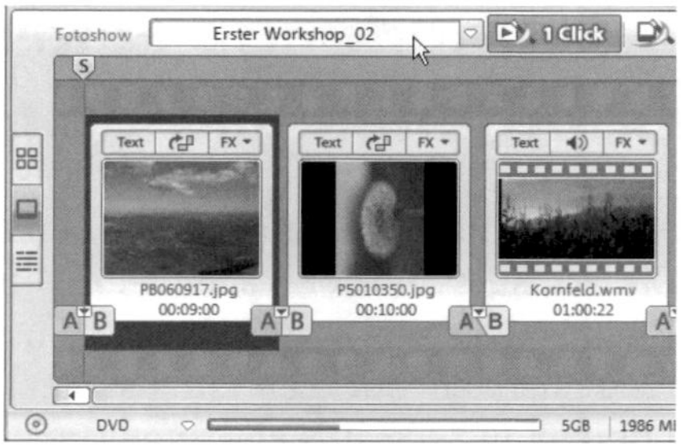

3.4 Atemberaubende Übergänge! – Bild-im-Bild-Effekte, Kreuzblende & Co.: Fotos arrangieren und überblenden

Haben Sie die gewünschten Fotos und gegebenenfalls Videoclips in der Fotoshow arrangiert, geht es nun um das Kernstück: Bringen Sie Leben in die Präsentation und setzen Sie gezielt peppige Überblendungen ein. Hierin liegt mitunter eine der Stärken von MAGIX – Ihre Fotos werden wie ein spannender Film präsentiert, und nicht einfach hintereinander weggeklickt. Hierbei können Sie für jedes Foto oder für jede Art von Fotoserie die passenden Übergänge festlegen. Diese können hart und actionreich sein oder auch weich und harmonisch.

1 Sofern Sie beim Anlegen eines neuen Fotoshow-Projekts die Option *Fotos automatisch mit Effekten überblenden* aktiviert haben, hat MAGIX allen Übergängen bereits einen einfachen Kreuzblendeneffekt zugewiesen. Damit gewinnt Ihre Bildpräsentation schon einen grundlegenden Showcharakter, da nicht mehr jedes Bild einfach nacheinander angezeigt wird, sondern alle Bilder weich ineinander übergehen. Auf Dauer wird jedoch die Standardüberblendung schnell eintönig.

Möchten Sie den Übergang zwischen zwei Bildern anpassen, klicken Sie im Storyboard auf das Symbol *A/B* zwischen zwei Bildern.

2 Wählen Sie aus dem erscheinenden Menü einen neuen Effekt, zum Beispiel *Fliegen*. Damit wird das erste Bild gekippt, „fliegt" aus dem Bildschirm und gibt die Sicht auf das zweite Bild dahinter frei.

3 Probieren Sie für den Übergang vom zweiten zum dritten Foto nun zum Beispiel die Überblendung *Zoomen*. Dabei wird das dritte Foto von oben links langsam vertikal in das Bild eingeschoben, bis es das zuvor sichtbare Foto komplett überdeckt.

4 Probieren Sie auch mal den Effekt *Iris/Viele Flächen*.

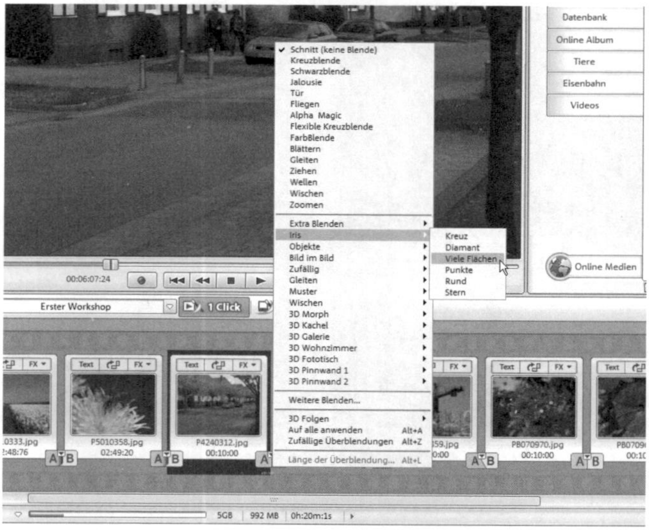

5 Damit wird das neue Bild aus der Mitte des vorherigen Fotos mit unterschiedlicher Randtransparenz eingeblendet.

Bild im Bild/Rotation

Extra Blenden/Schachbrett

Muster/Oval 1

Gleiten/Morphen 1

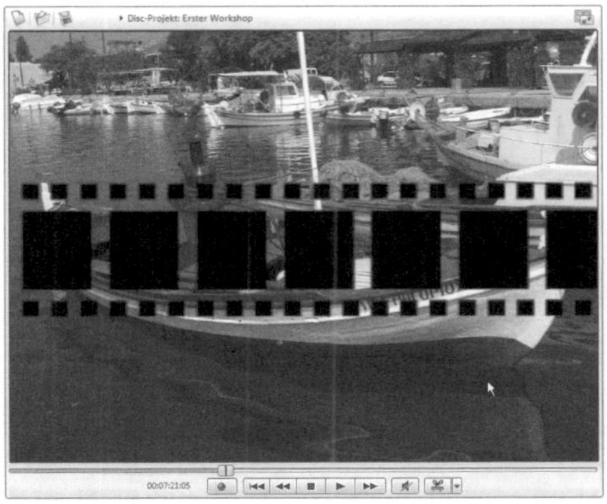

Objekte/Filmstreifen

Extra Blenden/Rund

3.5 Fotoshow als Musikvideo? – Schnellere Schnitte bringen Tempo in die Sache

Wer hin und wieder Musiksender im Fernsehen beobachtet und einmal genauer auf die Machart der einzelnen Musikclips achtet, wird eine Gemeinsamkeit feststellen, die fast alle Clips teilen: Die Videos sind unglaublich schnell geschnitten, Szenen wechseln rasant, und selbst die gleiche Szene wird in verschiedenen, im Takt weniger Sekunden wechselnden Perspektiven gezeigt. Übertragen auf die Gestaltung Ihrer Fotoshow bedeutet dies, dass Sie für möglichst kurze Blenden sorgen und gegebenenfalls auch harte Schnitte einsetzen müssen, wenn Sie ähnlich rasante Shows erzeugen wollen. Das kann bei entsprechenden Fotos zu einer sehr spannenden Show führen, eignet sich aber auf keinen Fall für jede Fotoserie. Haben Sie z. B. ein actionreiches Autorennen fotografiert, können solche Schnitte das Ganze deutlich aufpeppen. Beim romantischen Sonnenuntergang führt das allerdings nur zu Hektik und Unruhe und kann die Wirkung Ihrer Bilder schnell verderben. Achten Sie also immer auf die passende Fotoserie.

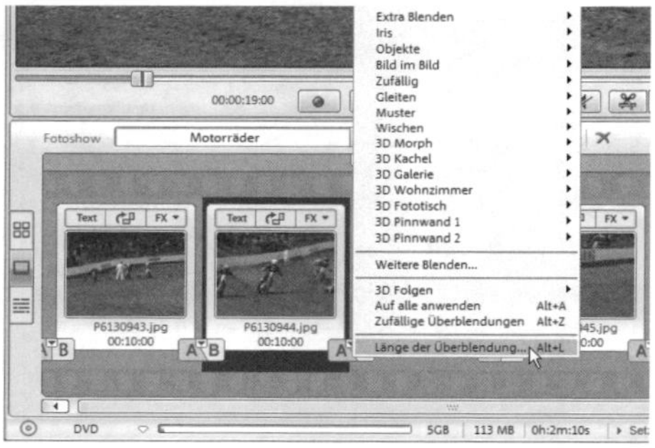

1 Um die Dauer einer Überblendung zu verkürzen, klicken Sie auf das Überblendsymbol zwischen den zwei betroffenen Fotos. Wählen Sie aus dem erscheinenden Menü den Befehl *Länge der Überblendung*. Wie im Menü angegeben, können Sie dafür auch die Tastenkombination Alt+L (für **L**änge) drücken. In diesem Fall stellen Sie jeweils die Überblendung des aktuell markierten Fotos zum folgenden Foto ein.

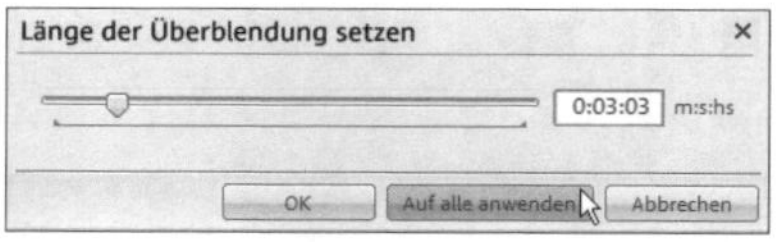

2 Es erscheint ein kleines Dialogfenster, in dem Sie die Dauer der Überblendung über einen Schieberegler anpassen können. Klicken Sie auf *OK*, um die gewählte Dauer nur für den aktuellen Übergang zu verwenden. Möchten Sie für die gesamte Fotoshow durchgängig etwas kürzere Überblendungen verwenden, klicken Sie *Auf alle anwenden* an.

3 Um etwas mehr Dynamik in eine Musikclip-ähnliche Fotoshow zu bringen, sollten Sie hin und wieder auch einmal einen harten Schnitt einsetzen. Gerade die standardmäßige Kreuzblende ist zwar als Effekt sehr schick; eine solche weiche Blende werden Sie in einem Musikvideo jedoch selten oder aber nur mit einer wirklich blitzschnellen Überblendung erleben. Um an einer Stelle die gewählte Überblendung zu Gunsten eines harten Schnitts zu deaktivieren, klicken Sie auf das Überblendsymbol und wählen aus dem Menü *Schnitt (keine Blende)*.

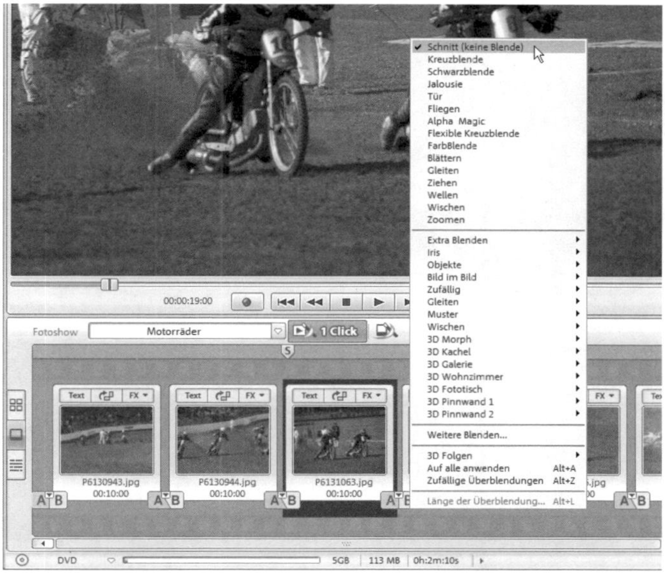

4 Reduzieren Sie außerdem die Anzeigedauer einzelner Fotos, können Sie den Effekt des rasanten Bildwechsels noch verstärken. Klicken Sie dazu doppelt auf das Zeitfeld unter dem gewünschten Foto im Storyboard. Reduzieren Sie die Anzeige über den Schieberegler im sich öffnenden Dialog auf 2 oder 3 Sekunden.

3.6 Zufällige Überblendungen für alle Übergänge – schnell und komfortabel

Bei einer Fotoshow mit sehr vielen Bildern kann es mitunter mühselig werden, für alle Fotos manuell Übergänge festzulegen. Nutzen Sie in diesem Fall die Funktion *Zufällige Überblendungen*. Sie finden diesen Befehl am Ende jedes Menüs, über das Sie einzelne Überblendungen auswählen.

1 Klicken Sie bei einem beliebigen Foto im Storyboard auf das Überblendsymbol. Wählen Sie aus dem erscheinenden *Effekt*-Menü den Eintrag *Zufällige Überblendungen*.

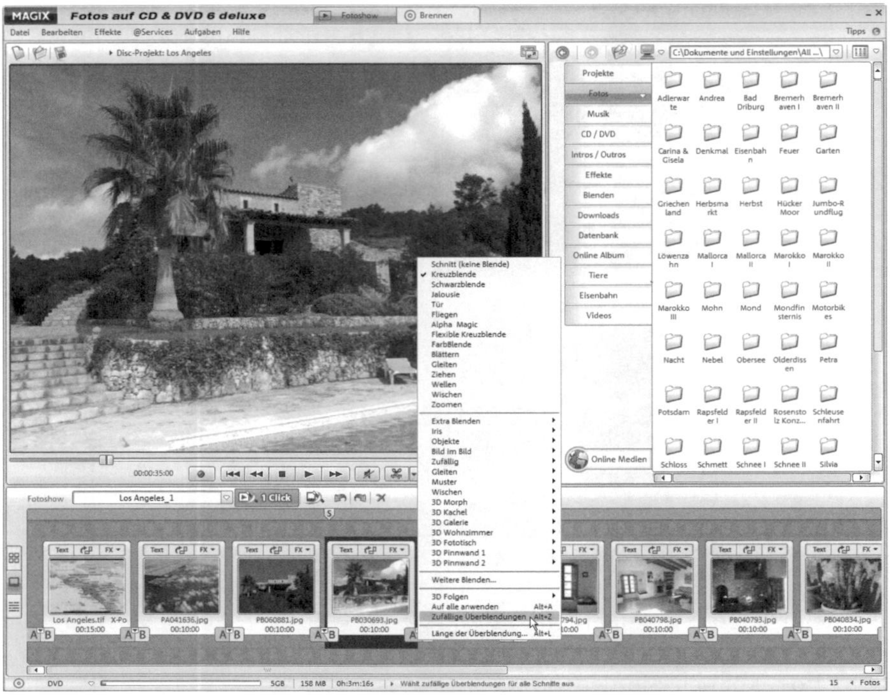

2 MAGIX weist nun allen Übergängen nach dem Zufallsprinzip eine der verfügbaren Blenden zu. Sind Sie damit nicht zufrieden, können Sie entweder einzelne Blenden manuell umstellen oder rufen Sie die Funktion einfach noch ein zweites Mal auf, um den Zufallsgenerator noch einmal arbeiten zu lassen.

3.7 Zeigen Sie es Ihren Liebsten – Fotos auf einem dreidimensionalen Herz fliegen lassen

MAGIX Fotos auf CD & DVD verfügt über den Fotoshow-Style *Lovestory*, mit dem Sie Fotos Ihrer/Ihres Liebsten im Handumdrehen angemessen arrangieren können. Ein besonderer Effekt auch für manuell zusammengestellte Fotoshows bietet sich mit der 3-D-Morphblende *Herz*.

1 Um diesen Effekt zu nutzen, klicken Sie auf das Überblendsymbol zwischen den beiden gewünschten Fotos. Wählen Sie aus dem erscheinenden *Effekt*-Menü den Eintrag *3D Morph/Herz* aus.

2 Da die einsekündige Überblenddauer für den Effekt viel zu kurz ist, klicken Sie erneut auf das Überblendsymbol und wählen *Länge der Überblendung*. Wie im Menü angegeben, erreichen Sie diese Funktion auch, wenn Sie das Bild vor dem Effekt markieren und dann Alt+L klicken.

3 Nutzen Sie den Schieberegler, um die Überblendung von 1 Sekunde auf zum Beispiel 5 Sekunden zu erhöhen. Klicken Sie auf *OK*, um die neue Einstellung zu übernehmen.

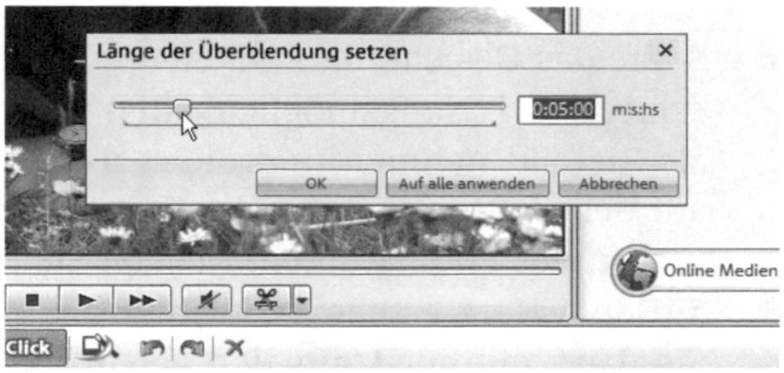

4 Klicken Sie doppelt auf das Feld der Anzeigedauer, das direkt unter dem Miniaturbild des Fotos im Storyboard die standardmäßige Bildanzeigedauer von 10 Sekunden zeigt. Erhöhen Sie den Wert leicht, um das Foto auch vollständig präsentiert zu bekommen und nicht fast die vollständige Anzeigedauer mit der Überblendung zu belegen.

5 Prüfen Sie den Effekt, indem Sie die Fotoshow an der bearbeiteten Stelle über das Vorschaufenster abspielen. Regulieren Sie gegebenenfalls die Effekt- oder Bildanzeigedauer. In einigen Fällen kann es sinnvoll sein, ein anderes Folgebild zu verwenden, falls sich dies optisch nicht so recht mit dem Herzeffekt vertragen möchte.

6 Sollte das Gesicht der Person auf dem Herz zu sehr verzerrt sein, gibt es verschiedene Lösungsmöglichkeiten. Zum einen können Sie das Personenbild als Zielbild nehmen und nicht als Startbild. Dann werden z. B. die Blumen auf dem Foto zu einem Herz. Zum anderen können Sie einen anderen Ausschnitt des Fotos wählen. Klicken Sie dazu auf das *FX*-Symbol des Fotos, das auf dem Herz erscheint. Wählen Sie *Ausschnitt/Freie Zoomauswahl*. Ziehen Sie dann mit der Maus den gewünschten Ausschnitt auf und testen Sie den Herzeffekt erneut über die Vorschau. Variieren Sie den Ausschnitt, bis der Effekt Ihren Erwartungen entspricht.

Da Ihr Foto bei der freien Zoomauswahl automatisch an den Bildschirm angepasst wird, kann es bereits hier zu Verzerrungen kommen. Wählen Sie in diesem Fall die Option *Bildproportionen fest*. Dann besitzt Ihr Auswahlrahmen immer das richtige Seitenverhältnis.

3.8 Perfekt für Bilder aus dem Winterurlaub: Skifahrer auf 3-D-Schneemann projizieren

MAGIX bietet eine Reihe von interessanten 3-D-Morphblenden. Für viele Themen und Fotoserien ist etwas dabei, z. B. auch für Ihren Winterurlaub oder Winterfotos im Allgemeinen. Mit dem Schneemanneffekt können Sie ein Bild auf einen sich Kugel für Kugel aufbauenden und rotierenden Schneemann projizieren und diesen Schneemann dann aus dem Bild fliegen lassen, während im Hintergrund bereits das nächste Foto als Vollbild angezeigt wird.

1 Klicken Sie auf das Überblendsymbol zwischen zwei gewünschten Fotos. Wählen Sie aus dem erscheinenden Menü *3D Morph/Winter* aus.

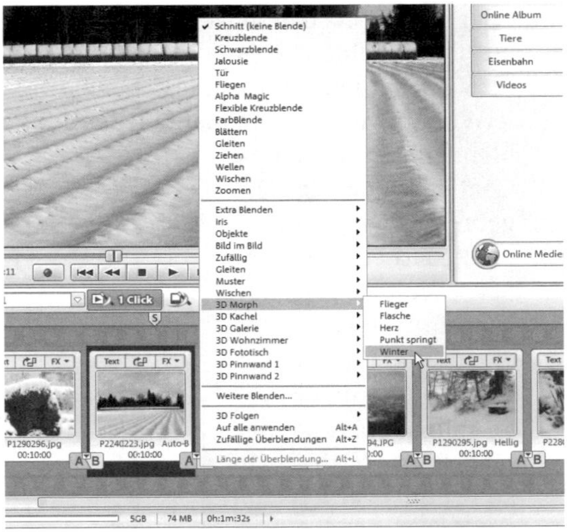

MAGIX spielt den gewählten Effekt automatisch im Vorschaubildschirm ab. Dabei werden Sie feststellen, dass der Aufbau des Schneemanns, die Rotation und das Ausfliegen des Objekts viel zu schnell geschieht, um wirklich wahrgenommen zu werden. Aus diesem Grund empfiehlt es sich, die Überblenddauer für diesen konkreten Effekt deutlich zu erhöhen.

2 Klicken Sie dazu erneut auf das Überblendsymbol und wählen Sie dieses Mal den Menüeintrag *Länge der Überblendung* aus. Wie im Menü angegeben, können Sie in Zukunft auch einfach die Tastenkombination Alt+L drücken, um die Funktion ohne Umweg über das Menü aufzurufen.

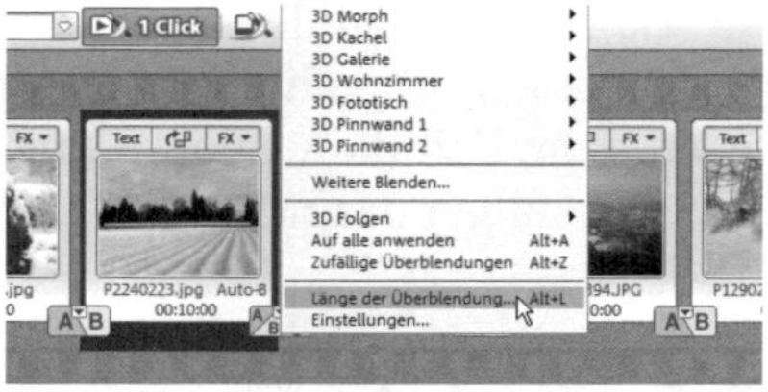

3 Es erscheint ein kleines Dialogfenster, in dem Sie die Standardlänge der Überblendung von 1 Sekunde erhöhen können. Für eine 3-D-Morphblende wie den Schneemanneffekt empfiehlt sich mindestens eine Überblendzeit von 6 Sekunden, es sei denn, Sie wünschen eine äußerst rasante Fotoshow.

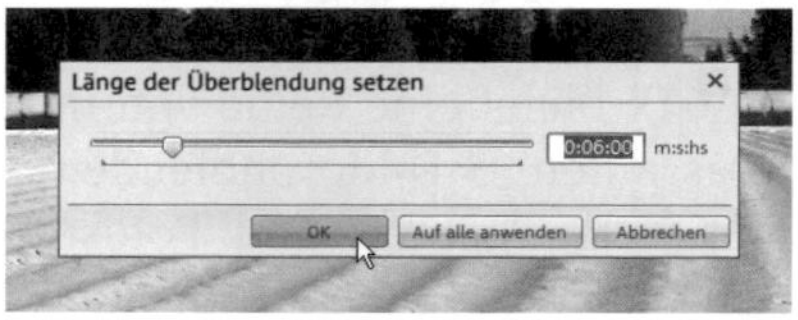

4 Da bei einer verlängerten Überblenddauer die reine Anzeige des Fotos zu kurz kommt, ist es in den meisten Fällen sinnvoll, auch die Anzeigedauer des Fotos zu erhöhen. Klicken Sie dazu doppelt auf die Anzeigedauer des Fotos im Storyboard. Im erscheinenden Dialog können Sie die Anzeigedauer von standardmäßig 10 Sekunden nun zum Beispiel auf 12 oder 13 Sekunden erhöhen. Klicken Sie dann auf *OK*.

5 Testen Sie den Effekt nun noch einmal über den Vorschaubildschirm. Ein Klick auf die Schaltfläche *Vollbild* oben rechts im Vorschaufenster lässt Sie dabei die volle Wirkung dieses dreidimensionalen Überblendeffekts genießen. Gefällt Ihnen das Ergebnis? Fügen Sie es bei Bedarf einfach noch bei weiteren Übergängen ein. Dabei ist aber ein wenig Vorsicht geboten – übermäßig viele Animationen können schnell überfrachtet wirken und werden mit der Zeit langweilig.

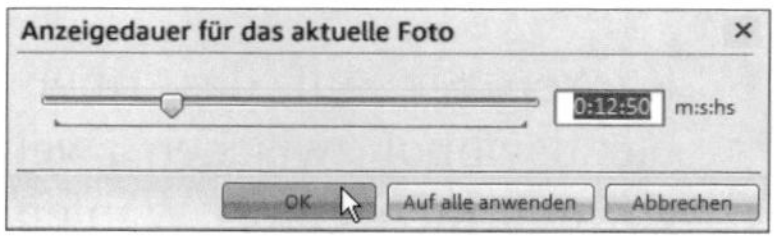

3.9 Achtung Ball! – Bringen Sie Sportfotos ins Rollen

Wer viel Sport treibt, hat oft auch eine stattliche Sammlung von Fotos seines Hobbys – sei es Fußball, Handball, Tennis oder Golf. Für die Präsentation von Fotos rund um Ballsportarten bietet sich die 3-D-Morphblende *Punkt springt* an. Damit können Sie ein Bild auf einer rotierenden Kugel (mit etwas Fantasie ist das dann ein Ball) aus dem Bild schweben lassen und so effektvoll zum nächsten Foto überleiten.

1 Um zwischen zwei Bildern eine Blende in Form eines einrollenden Balls zu realisieren, klicken Sie auf das Überblendsymbol zwischen den beiden Bildern im Storyboard. Wählen Sie aus dem *Effekt*-Menü den Eintrag *3D Morph/Punkt springt* aus. MAGIX weist den Effekt zu und spielt den Ausschnitt der Blende automatisch im Vorschaufenster ab.

2 Um den Effekt als solchen tatsächlich zu erkennen und ein wenig länger auf dem Bildschirm genießen zu können, sollten Sie die standardmäßige Länge der Überblendung erhöhen. Klicken Sie dazu erneut auf das Überblendsymbol und wählen Sie die Option *Länge der Überblendung* aus.

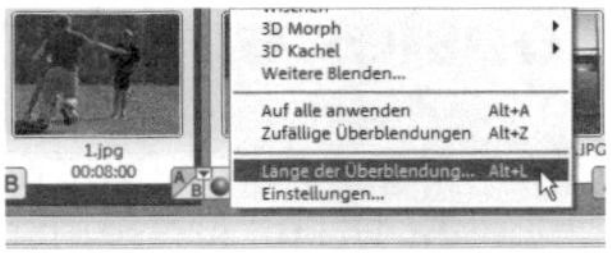

3 Erhöhen Sie mit dem Schieberegler im eingeblendeten Fenster die Dauer des Effekts von standardmäßig 1 Sekunde auf mindestens 4 Sekunden.

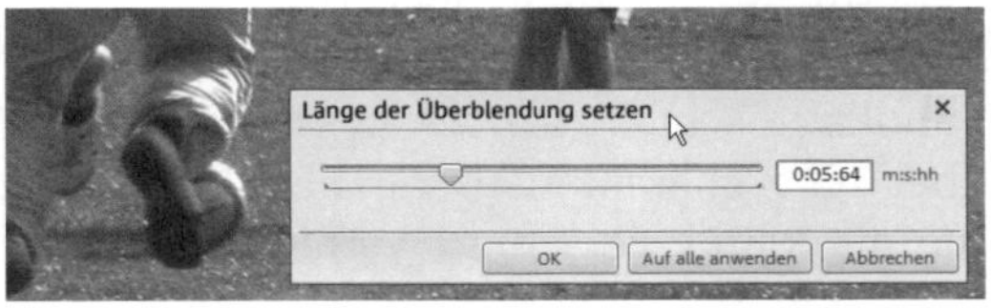

4 Testen Sie den Effekt über das Vorschaufenster. Sollte durch die verlängerte Überblendung jetzt die reine Anzeige des Fotos zu kurz ausfallen, können

Sie die Anzeigedauer erhöhen, indem Sie doppelt auf das Zeitfeld unter dem Bild im Storyboard klicken.

3.10 Der nächste Tag der Rundfahrt: erstes Bild des Tages über ein sich öffnendes Fenster einblenden

Wenn Sie eine Fotoshow von einer längeren Urlaubsreise machen, sollten Sie neue Tage, bestimmte Reiseabschnitte oder wichtige Ortsänderungen deutlich hervorheben. Dies kann ein Titeleffekt oder eine Landkarte sein. Fast noch besser ist aber eine charakteristische Blende, die als klarer Einschnitt vermittelt, dass nun ein neuer Abschnitt beginnt. Eine recht auffällige und effektvolle Überblendung stellt dabei der Fenstereffekt dar.

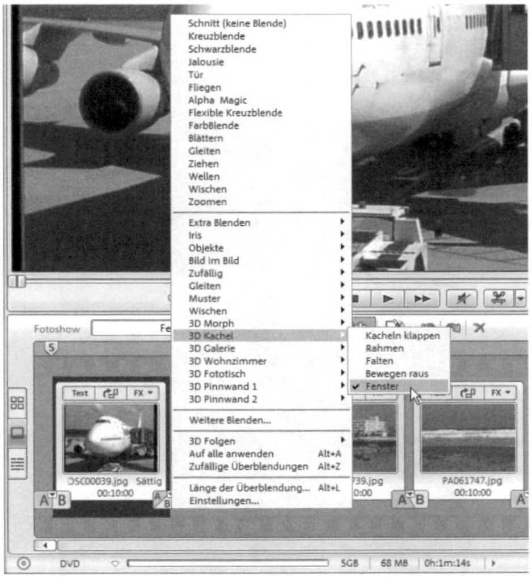

1 Klicken Sie auf das Überblendsymbol zwischen zwei Bildern, zwischen denen Sie den Fenstereffekt einfügen wollen. Wählen Sie aus dem sich öffnenden *Effekt*-Menü den Eintrag *3D Kachel/Fenster*. Der Effekt wird zugewiesen und automatisch im Vorschaubildschirm abgespielt.

2 Wie bei den meisten komplexeren Überblendeffekten ist die standardmäßige Überblendungsdauer von 1 Sekunde viel zu wenig. Klicken Sie deshalb erneut auf das Überblendsymbol und wählen Sie *Länge der Überblendung*. Erhöhen Sie die Effektdauer auf zum Beispiel 4 Sekunden.

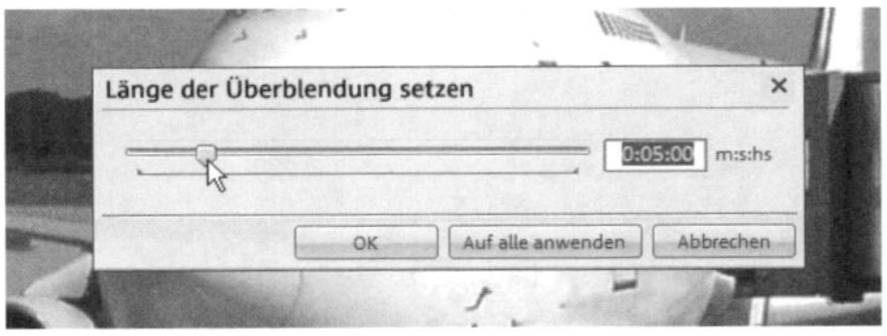

Einheitliche Effekte für gleichartige Blenden

Die Zuweisung des Fenstereffekts für jeweils das erste Foto eines neuen Tages oder eines neuen Ortes innerhalb einer Rundreise ist ein ansprechendes Beispiel für ein grundsätzliches Prinzip: Es empfiehlt sich, die Überblendeffekte nicht allzu wahllos über die Fotoshow zu verteilen, sondern eine gewisse Struktur in die Auswahl der Überblendungen zu bringen.

Weisen Sie bestimmten Einschnitten wie Tageswechseln oder Ortswechseln eine ganz bestimmte Überblendung zu. Die dazwischen liegenden Fotos sollten dann über eine weniger auffällige Blende verbunden werden, eine einfache Kreuzblende genügt für viele Bilder. Zwar sind die vielen verschiedenen Effekte sehr verlockend, für eine professionell wirkende Präsentation gilt es jedoch, sich auf wenige Effekte zu beschränken und diese konsequent nach einem gewissen Muster einzusetzen.

3 Überprüfen Sie den Effekt, indem Sie den Startmarker auf das erste Foto setzen und die Wiedergabe über den Vorschaubildschirm starten.

Sind Sie zufrieden? Weisen Sie dann den Effekt allen anderen Tages- oder Ortswechseln in der Fotoshow zu. Dadurch machen Sie auf konsequente Art und Weise deutlich, wann jeweils ein neuer Tag oder Abschnitt in einer längeren Urlaubsfotoshow beginnt.

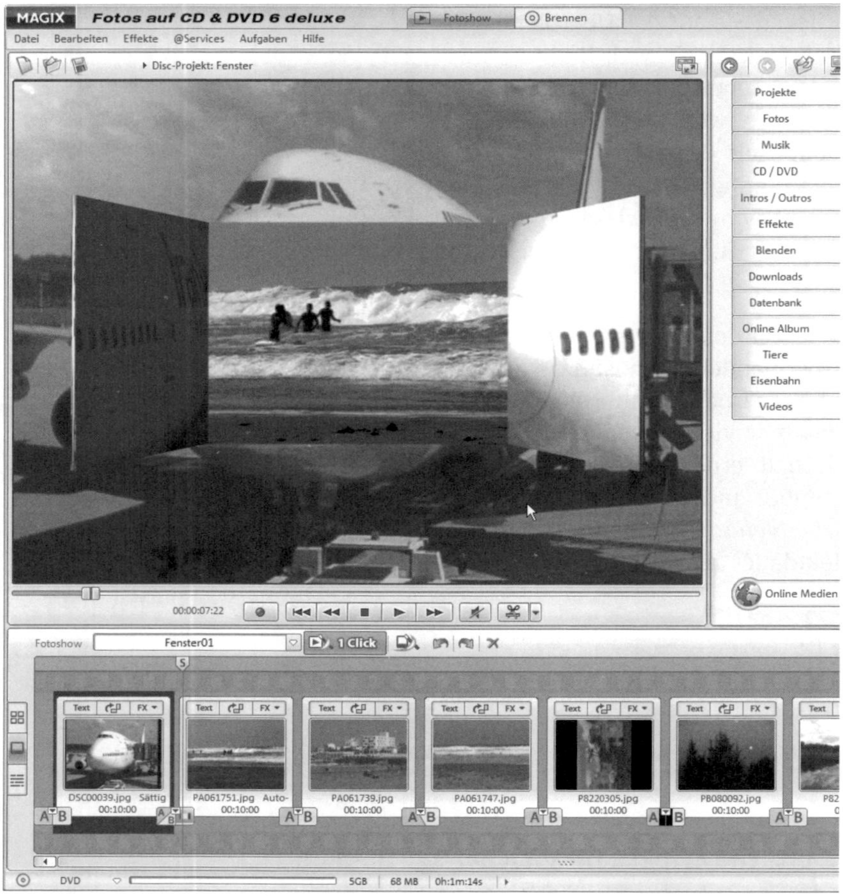

3.11 Welleneffekte für die Fotos vom Badeurlaub

Ob an der Ostsee, am Ballermann oder in der Karibik - der Badeurlaub gehört immer noch zu den beliebtesten Urlaubszielen. Wenn viele Fotos mit Strand und Meer zu sehen sind, sollten im Idealfall auch die Effekte diesem Thema Rechnung tragen. Nutzen Sie den Welleneffekt von MAGIX zur Überblendung von Fotos mit Wasseraufnahmen - so werden Bilder und Effekte stimmig.

1 MAGIX verfügt über zwei verschiedene Welleneffekte. Um einen ersten zu realisieren, klicken Sie auf das Überblendsymbol zwischen den zwei gewünschten Fotos und wählen aus dem *Effekt*-Menü den Eintrag *Objekte/Wellen* aus.

Das Programm spielt dann die Fotoshow an der gewählten Stelle sofort ab, sodass Sie einen unmittelbaren Eindruck von der Wirkung des Effekts bekommen.

2 Um den Effekt nicht nur für eine blitzschnelle Überblendung zu nutzen, sondern etwas länger wirken zu lassen, klicken Sie auf das Überblendsymbol und wählen im erscheinenden Menü den Eintrag *Länge der Überblendung* aus. Erhöhen Sie dann die Standarddauer der Überblendung um einige Sekunden.

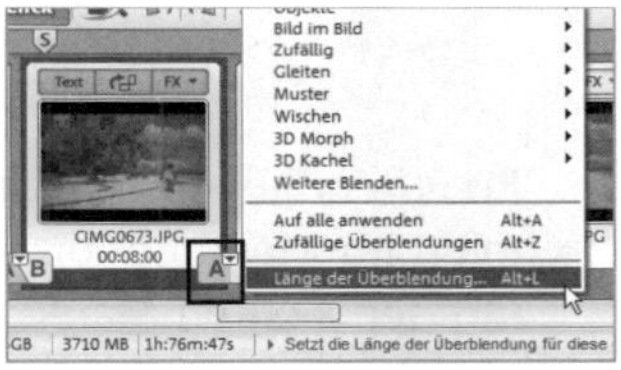

3 Testen Sie den Effekt am Vorschaubildschirm. Passen Sie gegebenenfalls das erste oder zweite Foto an, sodass die beiden gut mit dem Effekt harmonieren. Die Wirkung hängt vom jeweiligen Motiv ab, vor allem, welche Bildinformationen beim ersten Bild am oberen und unteren Rand übrig bleiben und welche beim zweiten Bild in der Mitte zu sehen sind.

3.12 Tricky: MAGIX Fotos auf CD & DVD als Videoschnittprogramm „missbrauchen"

Die vorangegangenen Abschnitte haben bereits verdeutlicht, dass MAGIX Fotos auf CD & DVD sehr gut in der Lage ist, auch Videoclips in eine Fotoshow zu integrieren. Der Clou dabei ist, dass es sich keineswegs nur um die niedrigauflösenden Videoclips von digitalen Fotokameras handeln muss. Das Programm akzeptiert problemlos auch hochwertige AVI-Videos, wie sie von einem DV-Camcorder auf den Computer überspielt werden können, oder auch MPEG-Videodateien aus anderen Quellen.

Abgesehen von den eingeschränkten Möglichkeiten, Videomaterial aufzunehmen, können Sie ansonsten mit dem Programm verschiedene Videoclips zu einem Film montieren, diese vertonen, Untertitel und Textkommentare hinzufügen oder Audiokommentare aufzeichnen. Für einen raschen Zusammenschnitt und das Hinzufügen von Hintergrundmusik eignet sich das Programm also sehr gut.

1 Erstellen Sie am besten eine Verknüpfung zu dem Ordner mit Ihren Videodateien im Medienpool. Klicken Sie dazu eine der Schaltflächen im Medienpool mit der rechten Maustaste an, zum Beispiel auf *Fotos* oder *Musik*. Wählen Sie aus dem Kontextmenü den Befehl *Verknüpfung erstellen*. Wechseln Sie in den gewünschten Ordner und klicken Sie auf *Öffnen*.

2 Nun klicken Sie auf das Symbol *Timeline*, das Sie am linken Rand des Programmfensters finden, um die Zeitleistenanzeige zu aktivieren. Diese macht bei längeren Videoclips mehr Sinn als das Storyboard, da Sie so einzelne Szenen des Videos erkennen können und gezielt an bestimmte Positionen im Film springen können.

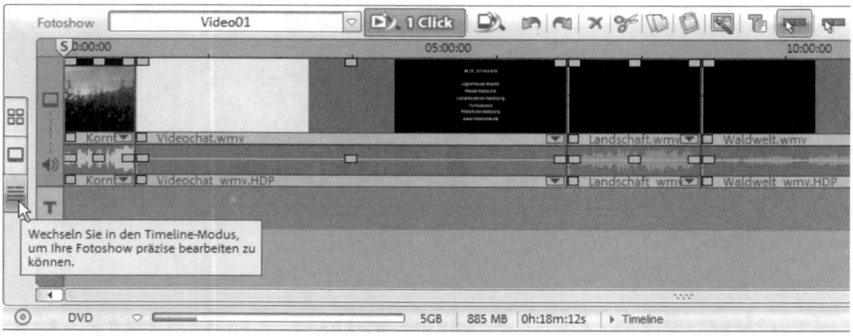

3 Ziehen Sie die erste gewünschte Videodatei in die Zeitleiste. Sofern bereits andere Fotos in der Fotoshow vorhanden sind, können Sie den Film an das Ende setzen oder an passender Stelle zwischen zwei Fotos schieben.

Zoomfaktor der Anzeige ändern

Gerade wenn Sie einen längeren Videoclip im Programm arrangieren, benötigen Sie eine bei der reinen Fotozusammenstellung seltener genutzte Funktion: den Anzeigezoom. Mit den beiden kleinen Plus- und Minussymbolen rechts über der Zeitleiste können Sie den Zoomfaktor der Anzeige erhöhen und wieder reduzieren.

Vergrößern Sie bei einem Videofilm in der Timeline-Anzeige den Zoomfaktor, können Sie gezielter einzelne Szenen ansteuern, da nun mehr Vorschaubilder angezeigt werden.

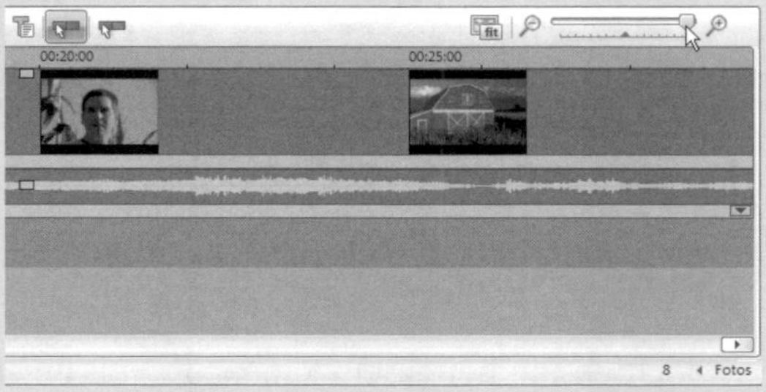

4 Es ist problemlos möglich, mit MAGIX Fotos auf CD & DVD nun Teile des importierten Videofilms herauszuschneiden und die verbleibenden Teile ineinander zu blenden. Positionieren Sie dazu den Marker an der gewünschten Schnittstelle, indem Sie in das Zeitlineal über der Bildspur klicken. Eine vertikale rote Linie visualisiert den gewählten Schnittpunkt, und auch im Vorschaufenster sehen Sie die konkrete Position.

Klicken Sie auf das Symbol *Zerschneiden* rechts unter dem Vorschaubildschirm und wählen Sie die Option *Objekt zerschneiden* aus.

5 Das Programm macht aus der einen Videodatei nun zwei Elemente in der Zeitleiste, die Sie getrennt voneinander bearbeiten können.

Möchten Sie bei einem Videoclip von einer bestimmten Position an alles bis zum Anfang oder alles bis zum Ende wegschneiden? Kein Problem – setzen Sie hierfür die Markierung wieder an die gewünschte Stelle und wählen Sie nun aus dem Menü des *Zerschneiden*-Symbols den Befehl *Objektanfang entfernen* oder *Objektende entfernen*.

6 Haben Sie auf diese Weise zum Beispiel einen Teil des ersten Videoclips entfernt, gilt es nun, den Übergang zum zweiten Videoteil zu gestalten. Am einfachsten geht dies, indem Sie den zweiten Videopart in der Timeline-Anzeige anklicken und nach links schieben. Das Programm erzeugt automatisch eine Kreuzblende.

Mit einem Klick auf das *A/B*-Symbol können Sie jederzeit auch einen anderen Überblendeffekt auswählen.

4. Wie im richtigen Film: tolle Titelintros, Textkommentare und Untertitel

Mit den Anleitungen und Vorschlägen der letzten Kapitel können Sie Ihre Fotos nun ganz leicht zu einer Fotoshow montieren und mit professionellen Überblendungen versehen. Jetzt können Sie Ihre Fotoshow noch erweitern, indem Sie einzelne Szenen mit Untertiteln und Textkommentaren versehen.

Richtig eingesetzt, bringen Untertitel und Textkommentare die nötige Würze in Ihre Fotoshow. Blenden Sie einen kurzen Text ein, um einen neuen Ort zu beschreiben, ganz bestimmte Bauwerke zu benennen oder andere Hintergrundinformationen zu geben. So erhält Ihre Fotoshow einen informativen Charakter und der Zuschauer lernt, die Bilder mit den Ortsnamen zu verbinden, und kann sich besser auf Ihrer Fotoreise orientieren.

4.1 Für den Anfang: Introtitel mit Effekt

Texteffekte lassen sich auf verschiedene Weisen einfügen. Am einfachsten beginnen Sie mit einem Titel bzw. einem Intro zu Beginn Ihrer Fotoshow. Dieser Titel läutet die Fotopräsentation ein und besteht typischerweise aus einem Namen, dem Ort oder der Zeit der gemachten Fotos, zum Beispiel „Indian Summer - Herbst 2006“ oder Ähnliches.

1 Um ein Titelintro zu erstellen, markieren Sie das erste Foto der Fotoshow und wählen direkt darüber die Schaltfläche *Text*.

2 Dadurch öffnet sich der Titel-Editor und präsentiert als Hauptelement des Dialogfensters einen schwarzen Kasten. Hier können Sie den gewünschten Introtext eingeben.

3 Klicken Sie auf die Schaltfläche *Vorschau*, um den Introeffekt im Vorschaubildschirm des Hauptprogramms vorgeführt zu bekommen.

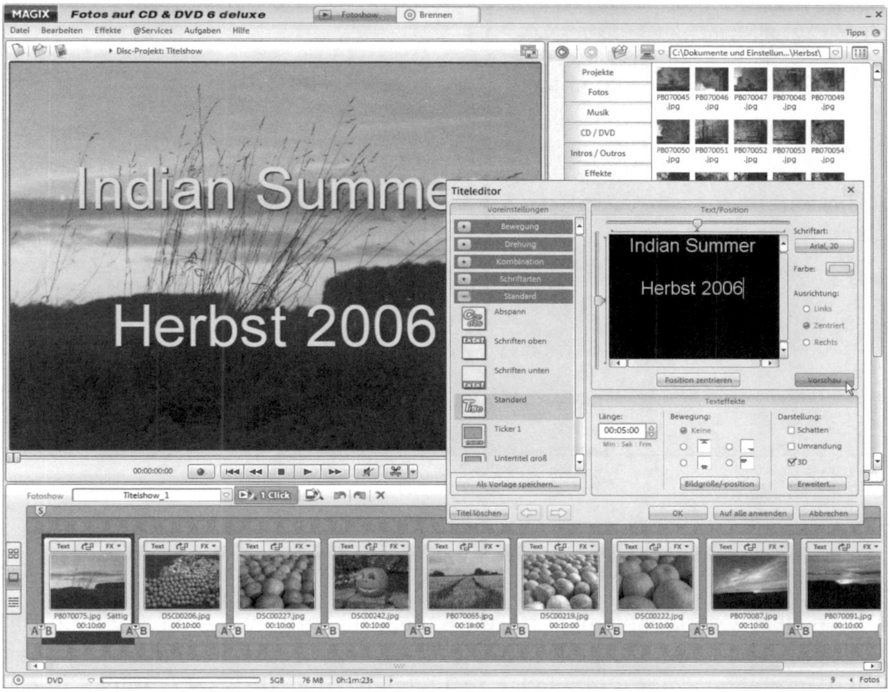

4 Möchten Sie die Schriftart oder Schriftgröße des Introtextes anpassen, markieren Sie den gewünschten Textpart und klicken auf die Schaltfläche *Schriftart* neben dem schwarzen Textkasten.

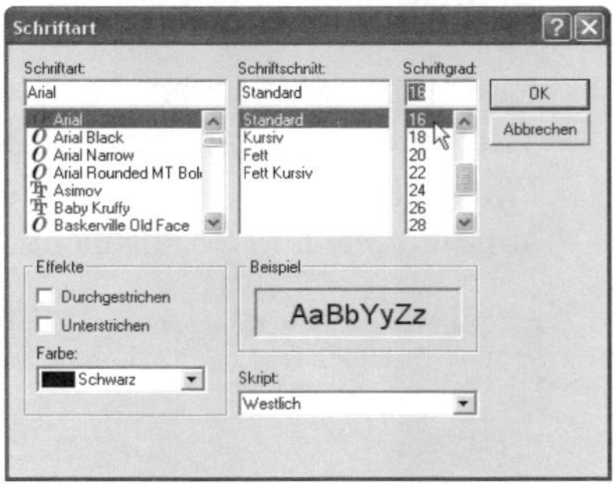

Über die Schaltfläche *Farbe* darunter können Sie im Anschluss daran auch die Textfarbe ändern.

5 Wählen Sie die gewünschten Schrifteinstellungen und klicken Sie anschließend auf die Schaltfläche *OK*. MAGIX passt die Anzeige im Textkasten und in der Vorschau automatisch an.

Nutzen Sie Vorlagen für Ihre Textkommentare

Die schnellste Art, im Titel-Editor einen professionellen Texteffekt einzurichten, ist die Nutzung der Voreinstellungen. Dabei handelt es sich um Vorlagen für Effekte, geordnet nach den Kategorien *Bewegung, Drehung, Kombination, Schriftarten* und *Standard.*

Über das Plussymbol vor diesen Kategorien können Sie die einzelnen Vorlagen einblenden und auswählen. Im rechten Teil des Dialogfensters haben Sie in den Bereichen *Text/Position* und *Texteffekte* die Möglichkeit, die Vorlagen entsprechend Ihren Vorstellungen anzupassen.

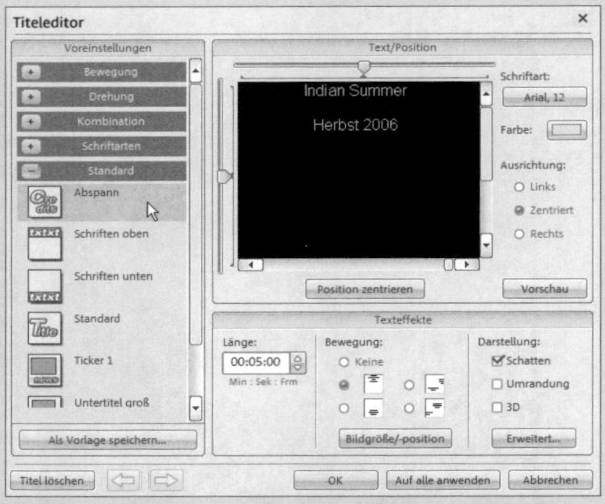

4.2 Bewegungseffekte für Ihre Titel einrichten

Neben den verschiedenen Vorlagen haben Sie im Titel-Editor die Möglichkeit, Bewegungseffekte für Ihre Titel selbst festzulegen. Auf diese Weise können Sie Textkommentare ein- und wieder ausblenden, rollende Titel einfügen und Laufschrift im Muster eines Börsentickers oder ähnliche Effekte realisieren.

1 Um einem statischen Text Bewegungseffekte zuzuweisen, wählen Sie im Titel-Editor am einfachsten eine der vier Bewegungen im Bereich *Text-Effekte/Bewegung*. Wählen Sie eine der vier Bewegungsarten und klicken Sie auf die *Vorschau*-Schaltfläche, um den Effekt zu testen.

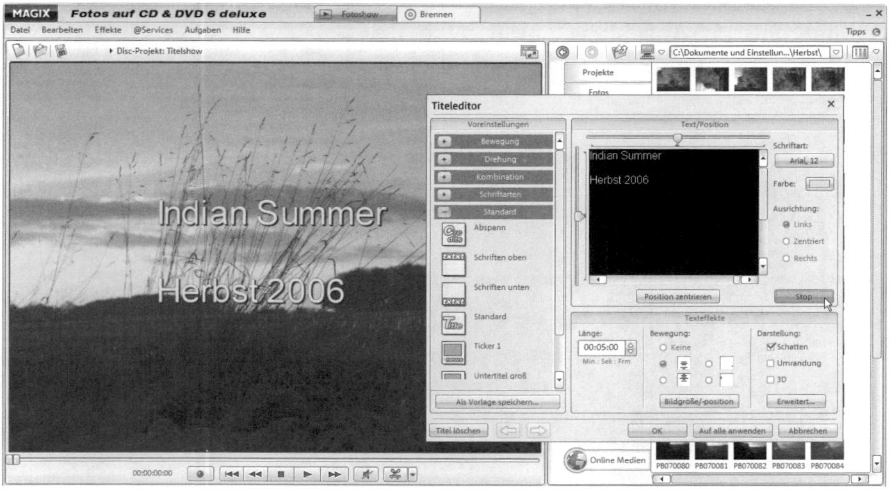

2 Die Geschwindigkeit der Textbewegung regeln Sie über die Effektlänge. Nutzen Sie das Feld *Länge*, um die Dauer der Bewegung in Sekunden festzulegen. Je höher der Wert, umso langsamer scrollt der gewählte Text über das Bild.

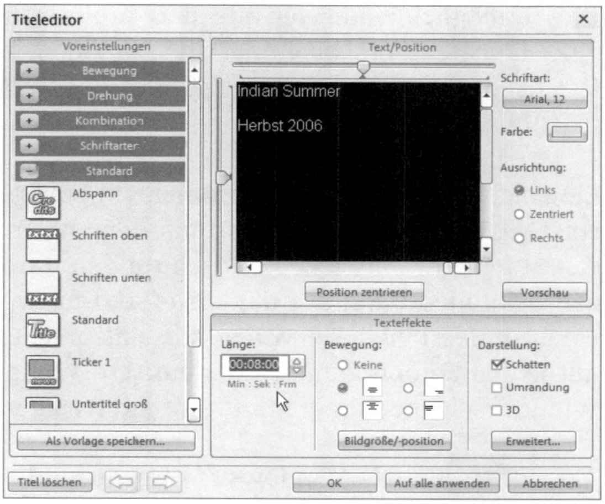

Eigene Texteffekte als Vorlage speichern

Haben Sie eine Effektvorlage wunschgemäß angepasst, können Sie diese als neue Vorlage speichern, um sie zu einem späteren Zeitpunkt wieder abrufen und erneut verwenden zu können. Klicken Sie dazu im Fenster *Titel-Editor* auf die Schaltfläche *Als Vorlage speichern*. Geben Sie im erscheinenden Dialogfenster einen Dateinamen für die Vorlage ein und speichern Sie diese mit einem Klick auf *OK*.

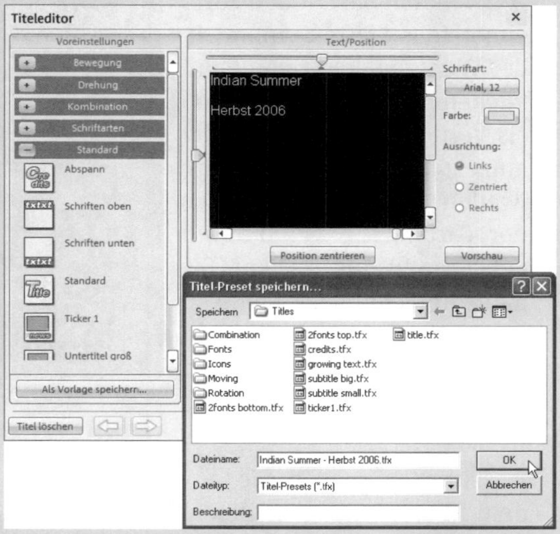

4.3 Schwarzbilder, in die Schrift/Texte eingesetzt werden sollen, schnell und einfach erzeugen

Ein auch aus der Videobearbeitung bekannter und nützlicher Effekt ist die Arbeit mit Schwarzbildern. Dabei fügen Sie zwischen zwei Fotos oder Videoszenen ein schwarzes Bild ein. Die erste Szene wird langsam in das schwarze Bild ausgeblendet, die neue Szene aus dem Schwarz heraus wieder eingeblendet.

Dies ermöglicht, auf elegante und professionelle Weise gezielt Einschnitte in einer längeren Fotoshow oder auch in einem Film zu setzen, zum Beispiel beim Wechseln des Ortes, des Tages oder der Veranstaltung, von der Sie Fotos gemacht haben.

Ein solches Schwarzbild können Sie im Folgenden auch benutzen, um zum Beispiel die Fotoshow nicht sofort mit dem ersten Bild anfangen zu lassen, sondern erst auf einem schwarzen Bildschirm den Introtitel einzublenden und nach einigen Sekunden dann auf das erste Foto zu wechseln. Dies gibt Ihrer Fotoshow einen professionellen Einstieg. Ein entsprechend einfarbig schwarzes Bild kann mit jedem Fotoprogramm ganz einfach erzeugt werden. Das geht auch mit dem Windows-eigenen Programm Paint mit wenigen Mausklicks.

1 Öffnen Sie das Windows-Startmenü und wählen Sie *Alle Programme/Zubehör/Paint* aus.

2 Aktivieren Sie das Füllwerkzeug, indem Sie auf den Farbeimer (das vierte Symbol) in der Werkzeugleiste von Paint klicken. Überprüfen Sie, ob als Vordergrundfarbe Schwarz eingestellt ist. Falls nicht, wählen Sie diese Farbe aus der Farbpalette am unteren Fensterrand aus. Klicken Sie dann an beliebiger Stelle in das leere Blatt, um es durchgehend mit schwarzer Farbe zu füllen.

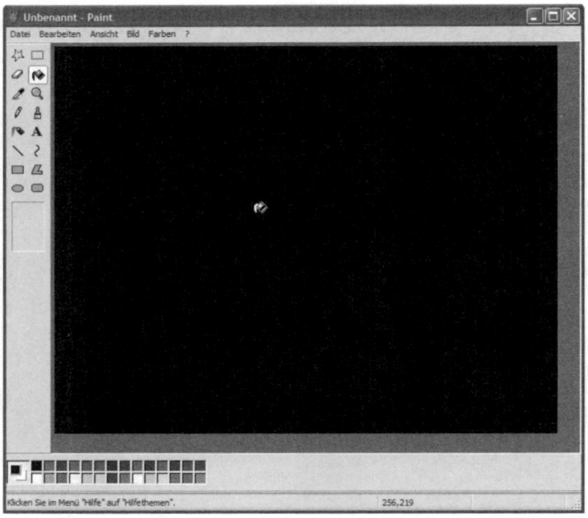

3 Anschließend rufen Sie aus dem Menü *Datei* den Befehl *Speichern unter* auf. Wechseln Sie in den Ordner, in dem auch die Fotos der aktuell bearbeiteten Fotoshow liegen. Geben Sie einen Dateinamen ein, zum Beispiel „Schwarz", und klicken Sie auf *Speichern*. Schließen Sie Paint und kehren Sie zurück zu MAGIX Fotos auf CD & DVD.

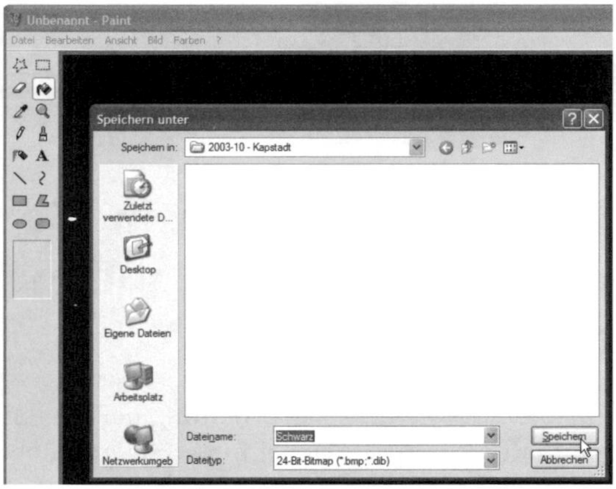

4 Das Programm überwacht den gewählten Ordner mit Ihren Fotos permanent im Hintergrund, sodass die neu erzeugte Bilddatei automatisch in den Medienpool aufgenommen ist.

Die Anzeige der Fotos im gewählten Ordner ist standardmäßig alphabetisch nach den Dateinamen sortiert. Je nach Benennung Ihrer Fotos finden Sie die Datei *Schwarz.bmp* an entsprechender Stelle unter den Vorschaubildern.

Ziehen Sie die Datei an den Anfang der Fotoshow in das Storyboard.

5 Um den bereits im ersten Abschnitt dieses Kapitel erstellten Introeffekt nun vom ersten Foto hin zum Schwarzbild zu verschieben, klicken Sie am linken unteren Rand des Programmfensters auf die Schaltfläche *Timeline*. MAGIX wechselt daraufhin von der bisher benutzten Storyboard-Anzeige hin zu einer Zeitleistenanzeige.

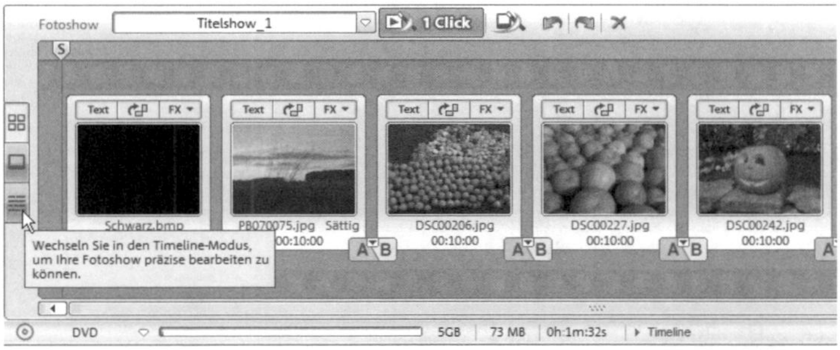

6 In der Timeline-Anzeige sehen Sie die Fotoshow anhand von vier Spuren: der Foto/Video-Spur, der Originaltonspur, der Texteffekte-Spur und einer separaten Musikspur. Die Originaltonspur enthält zum Beispiel den Ton eines Videofilms. Die Musikspur wiederum enthält Hintergrundmusik, wie Sie sie zum Beispiel in Kapitel 6 in die Fotoshow einfügen werden.

Greifen Sie in der Texteffekte-Spur, erkennbar am *T*-Symbol vor der Spur, den Introtexteffekt und ziehen Sie ihn unter das eingefügte Schwarzbild.

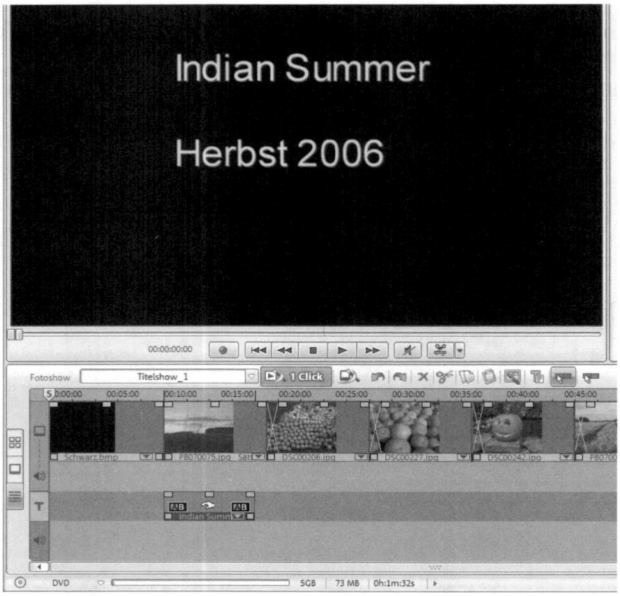

7 Um das erste Foto langsam in das Schwarzbild einzublenden, klicken Sie das Foto an und ziehen es nach links. MAGIX fügt automatisch eine Kreuzblende ein. Die folgenden Bilder wandern entsprechend mit. Nutzen Sie die Vorschaufunktion, um die Überblendung von Schwarzbild, Introtext und erstem Foto zu überprüfen. Passen Sie gegebenenfalls noch die Anzeigelängen des Schwarzbildes und Texteffekts an – fertig!

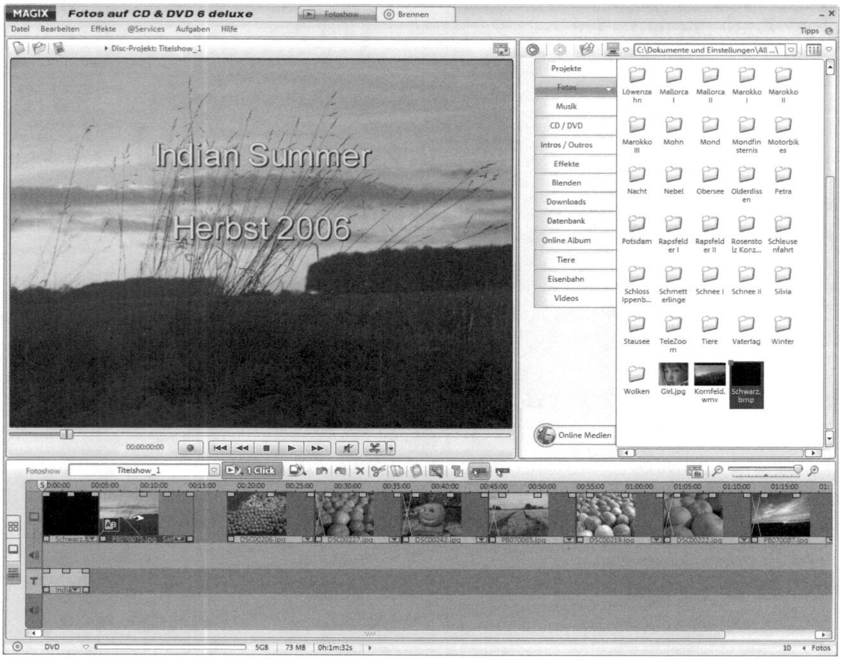

Fotoshow auf Vollbild wiedergeben

Sie können die aktuell bearbeitete Fotoshow jederzeit mit einem Druck auf die [Leertaste] oder den Wiedergabeschalter unter dem Vorschaubildschirm im Vorschaufenster abspielen. Um einen möglichst guten Gesamteindruck einer längeren Sequenz zu bekommen, empfiehlt es sich, die Wiedergabe auf Vollbild zu schalten. Klicken Sie dazu auf die Schaltfläche *Vollbild* direkt rechts über dem Vorschaufenster oder drücken Sie die Tastenkombination [Strg]+[H].

4.4 Kein Kommentar? – Untertitel und Textkommentare einbauen

MAGIX Fotos auf CD & DVD bietet für die Text- und Titelerstellung eine Reihe wirklich professioneller Effekte an. Viele davon finden Sie in herkömmlichen Fotoshow-Programmen nicht und können diese auch nicht so individuell anpassen. Mit MAGIX können Sie Ihre Texteinblendungen vollständig selbst definieren und gestalten oder auf eine Reihe von Vorlagen zurückgreifen, um schnell zu ansehnlichen Ergebnissen zu kommen.

1 Um einem Bild einen Untertitel oder Textkommentar hinzuzufügen, klicken Sie im Storyboard auf die *Text*-Schaltfläche links oben über dem jeweiligen Foto.

2 Der Titel-Editor wird geladen. Hier können Sie Text eingeben, formatieren und die Effekteinstellungen vornehmen. Klicken Sie in den schwarzen Bildschirm und überschreiben Sie den Standardtext *Titel* mit dem gewünschten Textkommentar.

3 Wählen Sie in der Rubrik *Voreinstellungen* eine der gewünschten Vorlagen und testen Sie verschiedene Effekte, bis Sie einen passenden gefunden haben.

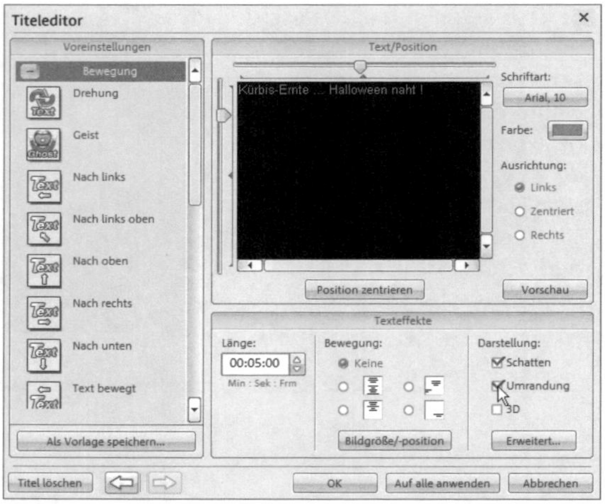

4 Im unteren Bereich *Text-Effekte* des Dialogfensters *Titel-Editor* haben Sie die Möglichkeit, selbst Einblendanimationen auszuwählen und darüber hinaus *Schatten, Umrandung* oder *3D* des Textes zu aktivieren. Möchten Sie diese Einstellungen im Detail konfigurieren, klicken Sie auf die Schaltfläche *Erweitert* rechts unten.

Es erscheint ein entsprechendes Dialogfenster, in dem Sie die Farbe und Breite von Schatten, Umrandung und 3-D-Vertiefung anpassen können. Klicken Sie auf *OK*, wenn Sie alle Einstellungen vorgenommen haben.

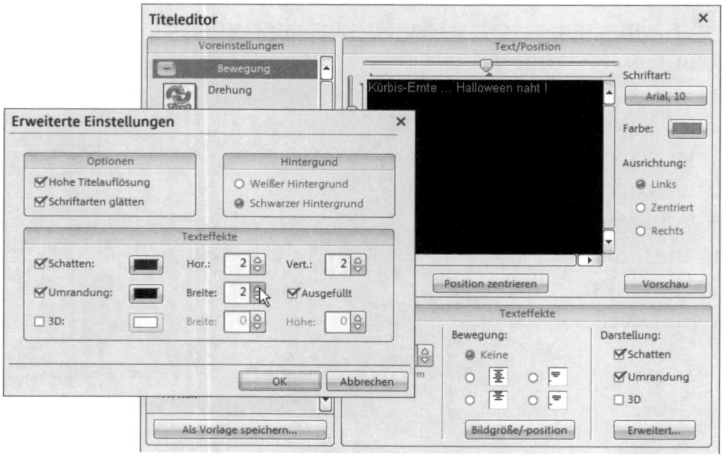

5 Beeindruckende Effekte finden Sie auch unter *Voreinstellungen/Schriftarten* am linken Rand des Dialogfensters *Titel-Editor*. Testen Sie hier die verschiedenen Vorlagen.

6 Haben Sie einen passenden Effekt gefunden, kann es sein, dass die Voreinstellung eine zu große Schriftart für einen längeren Textkommentar aufweist. Klicken Sie in diesem Fall am rechten Fensterrand auf die Schaltfläche unter *Schriftart*. Es erscheint ein Dialogfenster, in dem Sie sowohl die Schriftart als auch die Schriftgröße anpassen können. Klicken Sie anschließend auf die Schaltfläche *OK*.

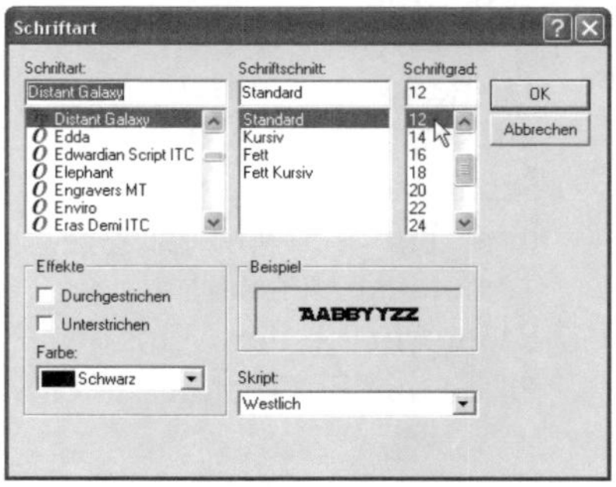

7 Über und links neben dem schwarzen Fenster zur Texteingabe befinden sich zwei Schieberegler. Über diese Regler verschieben Sie die Position des Textkommentars auf dem Bildschirm. Der Text im Editorfenster bleibt davon unberührt, im großen Vorschaubildschirm links sehen Sie aber sofort, wie sich jede Reglereinstellung auf die Position des Textes auswirkt.

8 Je nach gewähltem Foto müssen Sie möglicherweise eine andere Textfarbe als Weiß wählen, um eine optimale Lesbarkeit des Textes auf dem Hintergrund sicherzustellen. Um die Textfarbe zu ändern, klicken Sie auf die Schaltfläche *Farbe* neben dem schwarzen Texteingabefenster.

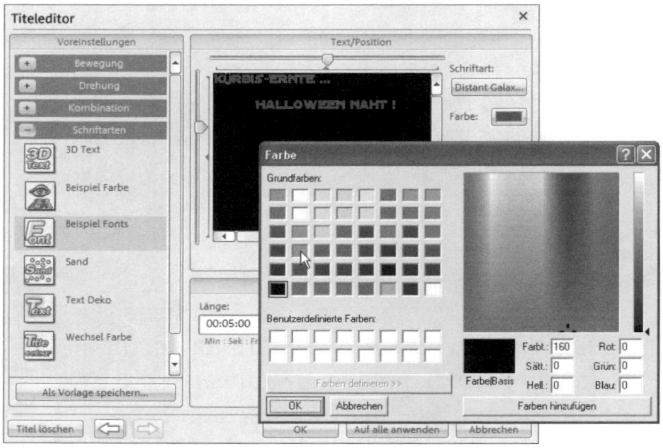

Es erscheint der Windows-typische Farbauswahldialog. Wählen Sie eine Farbe und klicken Sie auf *OK*.

Zwischen allen Textkommentaren in der Fotoshow umschalten

Wenn Sie sich einmal im Titel-Editor befinden, müssen Sie zum Bearbeiten der einzelnen Texteffekte nicht nach jedem Bild in das Storyboard zurückkehren und von dort den nächsten Effekt bearbeiten.

Mit den beiden Pfeil-Schaltflächen *Vorheriger Effekt* und *Nächster Effekt* am unteren Rand des Titel-Editors können Sie nacheinander alle Texteffekte auswählen und nachträglich anpassen.

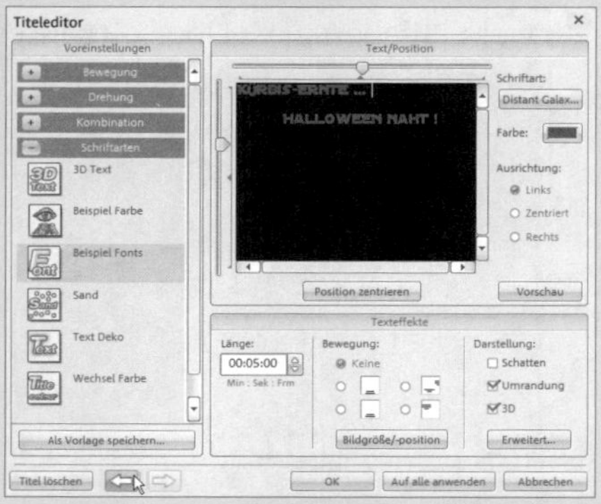

4.5 Wie beim Film: der richtige Abspann

Wenn Ihre Fotoshow ein gutes Intro besitzt, benötigt sie natürlich auch einen vernünftigen Abspann.Diesen können Sie ähnlich dem Abspann von Filmen im Kino gestalten, indem Sie hier einige Bemerkungen über die Hauptdarsteller, Fotografen etc. hinterlassen und der Fotoshow so das Flair eines professionellen Kinofilms geben.

1 Klicken Sie dazu beim letzten Bild der Fotoshow im Storyboard auf die *Text*-Schaltfläche, um den Text-Editor zu öffnen.

2 Wählen Sie unter *Voreinstellungen/Standard* die Vorlage *Abspann* aus. Geben Sie im schwarzen Textfenster den gewünschten Abspanntext ein.

3 Möchten Sie die Standardformatierungen des Titeleffekts *Abspann* ändern, markieren Sie den gewünschten Textbereich im schwarzen Textfenster. Klicken Sie dann neben dem Textfenster auf die Schaltfläche *Schriftart*.

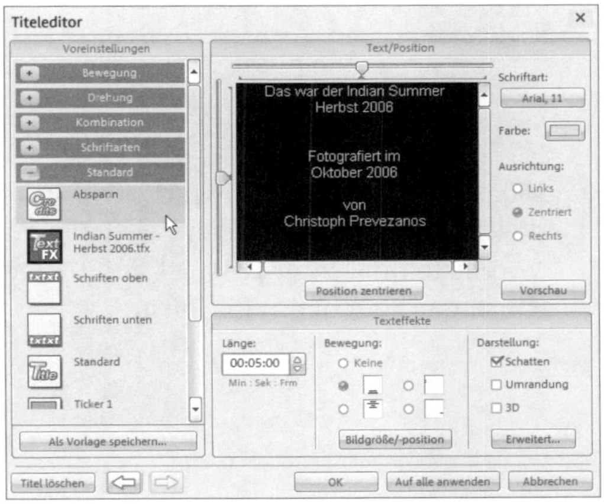

4 Es erscheint das Dialogfenster *Schriftart*, in dem Sie die Schriftart, Schriftmerkmale sowie die Schriftgröße wählen können. Klicken Sie auf *OK*, wenn Sie die gewünschten Formateinstellungen vorgenommen haben.

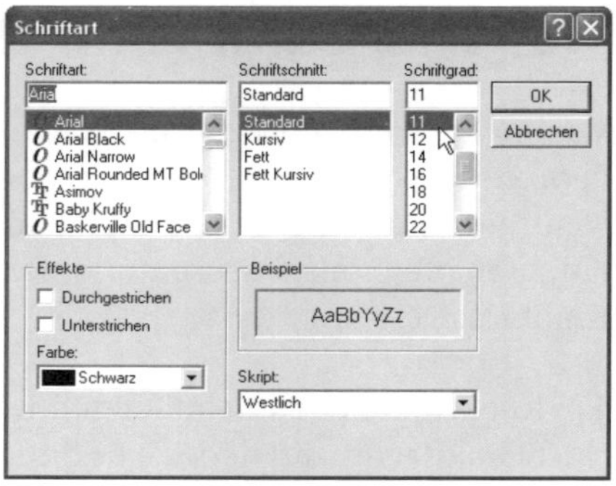

5 Möchten Sie die voreingestellte Zentrierung des Textes ändern, wählen Sie rechts neben dem Textfenster *Ausrichtung* die gewünschte Einstellung *Links* oder *Rechts*.

Die Ausrichtung nach links bedeutet jedoch nicht, dass der Filmabspann unbedingt am linken Bildschirmrand verläuft. Nutzen Sie den Schieberegler über dem schwarzen Textfenster, um die Position des gesamten Textblocks weiter in die Mitte zu verschieben. Der Abspann läuft dann schon zentral durch das Bild, nur die Zeilenanfänge sind linksbündig angeordnet.

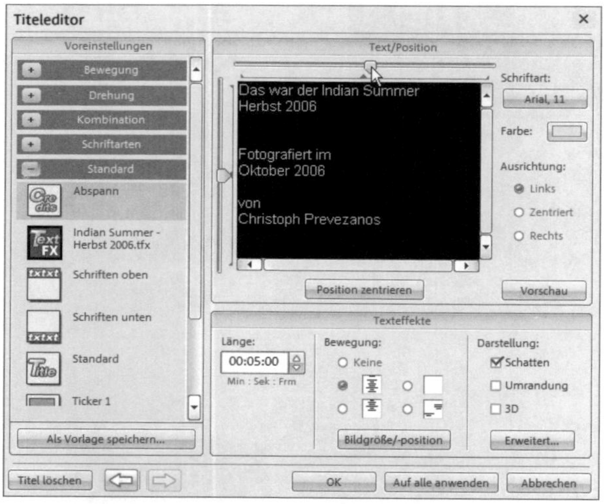

6 Möchten Sie die Geschwindigkeit anpassen, mit der der Textabspann über den Monitor läuft, nutzen Sie dafür die Einstellung *Länge*. Erhöhen Sie die Voreinstellung zum Beispiel auf 10 Sekunden, rollt der Text wesentlich geruhsamer über den Bildschirm.

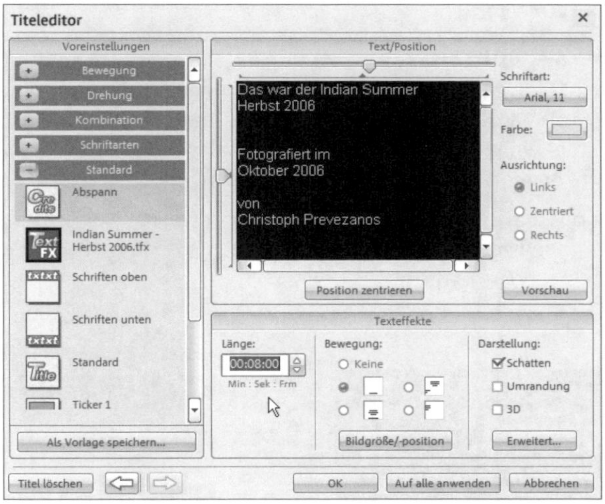

7 Im Bereich *Text-Effekte* haben Sie zu guter Letzt die Möglichkeit, den Text mit einem Schatten, einer Umrandung und/oder einem 3-D-Effekt zu versehen. Der Schatten empfiehlt sich besonders dann, wenn Ihr Textabspann über ein sehr detailliertes und farbenfrohes Bild läuft. Dadurch hebt sich der Text besser ab und ist leichter zu lesen.

Klicken Sie auf die Schaltfläche *Erweitert*, um die Darstellungseffekte im Detail zu konfigurieren, zum Beispiel die Farbe und Größe des Schattens einzustellen.

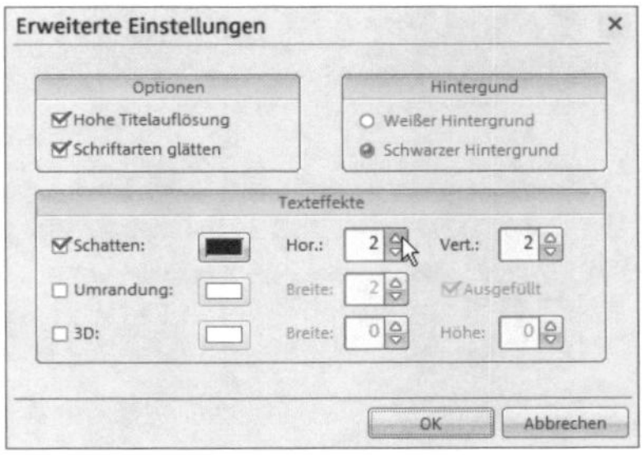

8 Haben Sie alle Einstellungen vorgenommen? Klicken Sie auf die Schaltfläche *Vorschau*, um sich das Ergebnis im Vorschaubildschirm anzusehen. Klicken Sie dann auf *OK*.

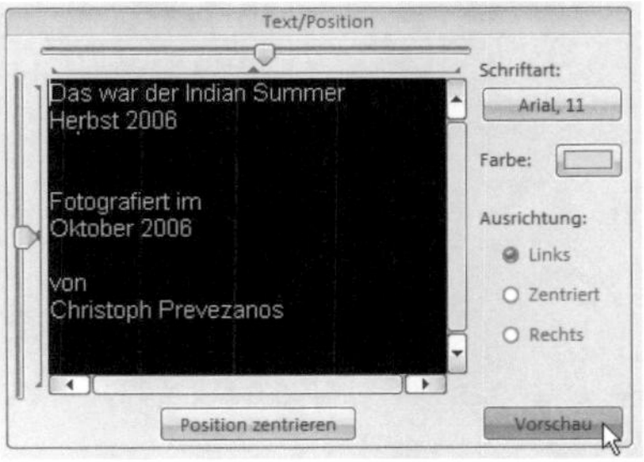

Ticker im Schnellverfahren einrichten

Neben dem beschriebenen Titel-Editor mit all seinen Möglichkeiten und Vorlagen haben Sie auch eine ganz einfache und schnelle Möglichkeit, einem Foto einen Titel als Nachrichtenticker zuzuweisen. Klicken Sie doppelt auf ein Bild im Storyboard. Es erscheint der Story Maker. Am unteren Rand des Dialogfensters können Sie direkt einen Titel eingeben.

Möchten Sie den Titel jedoch noch anpassen, d. h. Schriftart und Schriftgröße ändern, müssen Sie wie gewohnt den Titel-Editor benutzen. Klicken Sie dafür auf die gleichnamige Schaltfläche *Titel-Editor* neben dem Eingabefeld für den Titeltext.

5. Aus der Trickkiste: Spektakuläre Effekte veredeln die Show!

Mit den bisherigen Kapiteln haben Sie Ihre Fotos arrangiert und die Übergänge professionell gestaltet. Nun können Sie der Fotoshow den letzten optischen Schliff geben. Nutzen Sie die von MAGIX bereitgestellten Profi-Effekte, um noch mehr Dynamik in die Präsentation Ihrer Bilder zu bringen.

Simulieren Sie Kamerafahrten durch Ihre Fotos, führen Sie nachträgliche Zooms durch, spiegeln und rotieren Sie Bilder und nutzen Sie effektvolle Farbverschiebungen und 1-Klick-Optimierungen. Dieses Kapitel zeigt Ihnen, wie es geht.

5.1 Wie im Video: per Kamerafahrt durchs Foto

Mit der Vielzahl an Überblendmöglichkeiten und Effekten können Sie aus Ihren Fotos ganz einfach einen temporeichen Film machen. Besonders für Landschaftsfotos und Panoramabilder eignet sich der Schwenkeffekt in MAGIX, der eine Art Kamerafahrt durch das Bild simuliert. Dabei wird nicht das ganze Foto angezeigt, sondern nur ein Teil, welcher vergrößerte Bild über den Monitor läuft, entsteht der Eindruck einer Filmsequenz und eines Kameraschwenks. Die folgende Schritt-für-Schritt-Anleitung erläutert Ihnen, wie Sie vorgehen müssen.

1 Als Erstes wählen Sie im Storyboard das gewünschte Foto aus, z. B. eine Landschaft. Mit einem Doppelklick auf das Foto öffnet sich wie gewohnt der Story Maker.

2 Der Story Maker unterteilt sich in fünf Bereiche: die Bereiche *Optimieren, Dekorieren, Kamerafahrt, Animation* und *Blenden*. Klicken Sie auf das Symbol *Kamerafahrt*.

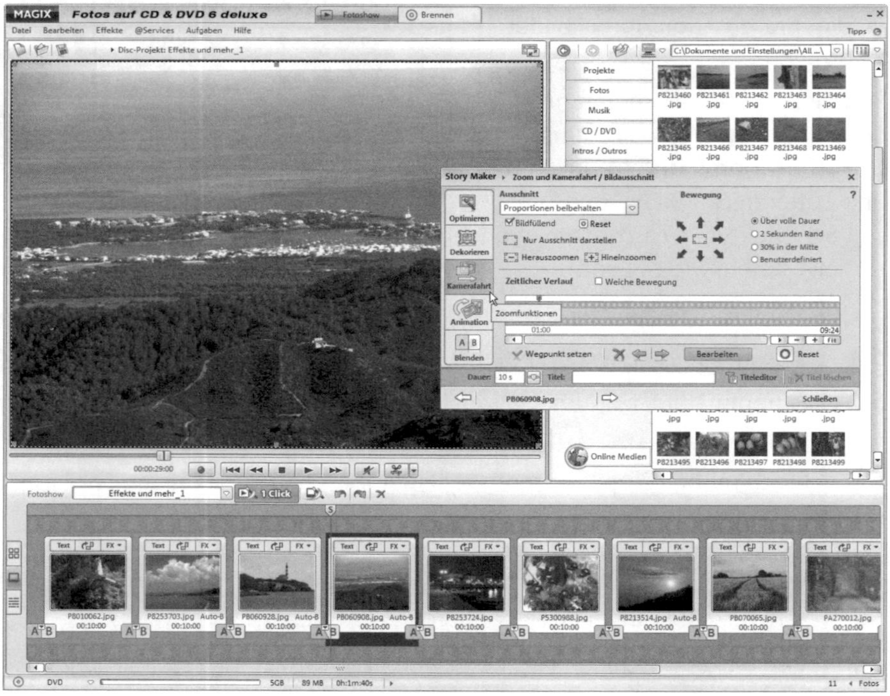

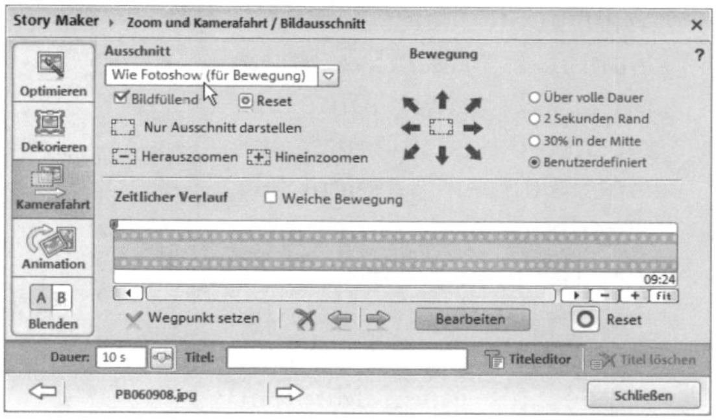

3 Zunächst sollten Sie unter *Ausschnitt* festlegen, wie Ihr Foto dargestellt werden soll. Sinnvoll ist hier die Einstellung *Wie Fotoshow*. Dann wird der Ausschnitt automatisch auf das Vollbild angepasst. Die anderen Optionen vergrößern oder verkleinern den Ausschnitt, bringen möglicherweise aber schwarze Ränder mit sich. Direkt darunter aktivieren Sie noch die Option *Bildfüllend*.

4 Rechts unter *Bewegung* geben Sie nun an, wie sich die Kamera bewegen soll. Klicken Sie einfach auf einen der acht Pfeile, z. B. von links nach rechts. Im linken Vorschaubereich erscheint jetzt ein Rahmen. Dieser Rahmen zeigt den Ausschnitt des Bildes an, der zu Beginn des Effekts angezeigt wird. Haben Sie eine Kamerafahrt von links nach rechts eingestellt, fährt der Effekt nun entlang der horizontalen Achse des Ausschnitts über die gesamte Breite des Bildes.

Nutzen Sie die acht orangefarbenen Anfasspunkte, um den Rahmen und damit den angezeigten Bildausschnitt zu verändern.

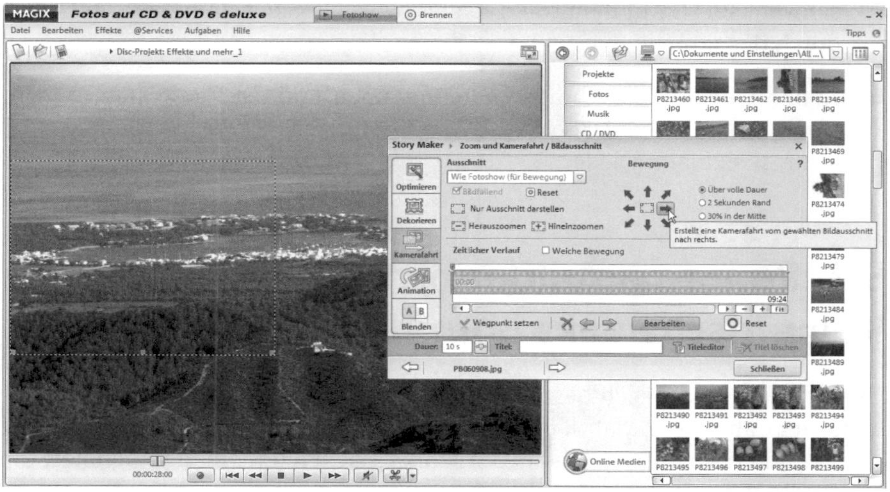

5 Im Abschnitt *Bewegung* können Sie zusätzlich einstellen, ob die Kamerafahrt über die gesamte Anzeigedauer des Fotos ablaufen soll oder ob das Bild erst als Standbild eingeblendet wird und nach einigen Sekunden die Kamerafahrt beginnt. Oft sieht es nicht gut aus, wenn das Foto von der vorherigen Überblendung direkt in die Kamerafahrt übergeht. Dies ist meist einfach zu viel Dynamik.

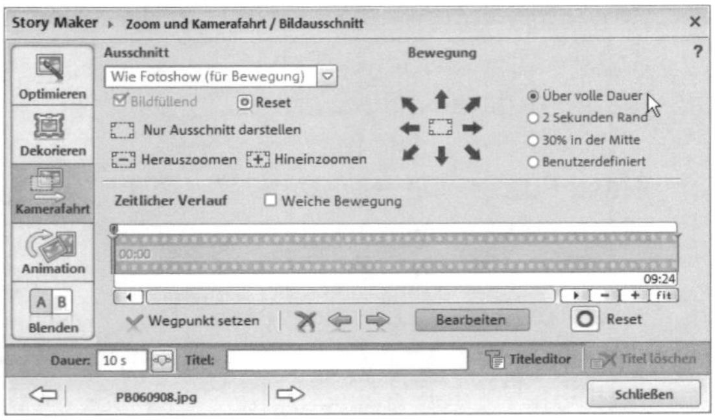

Wählen Sie hierzu z. B. die Option *2 Sekunden Rand* oder *30% in der Mitte*. So erscheint das Bild erst für einen kurzen Moment als Standbild und läuft dann als Kameraschwenk über den Bildschirm. Endet die Kamerafahrt, bleibt das Bild wieder für einen Moment stehen, bevor zum nächsten Foto überblendet wird.

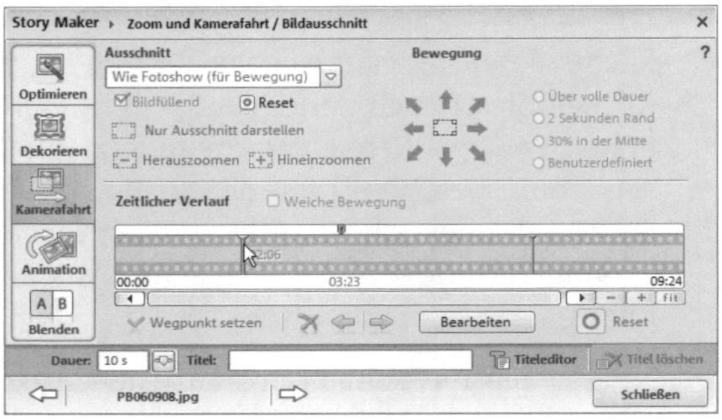

Mit der Option *Benutzerdefiniert* können Sie die „Ränder“ auch selbst festlegen. Klicken Sie im Bereich *Zeitlicher Verlauf* auf die Schaltfläche *Bearbeiten*. Nun werden die Schieberegler auf der Zeitleiste aktiv. Mit den beiden grünen Reglern legen Sie die Start- und die Endposition des Kameraschwenks fest. Mit dem roten Regler bewegen Sie sich in einer Art Vorschau durch die aktuelle Bewegung.

6 Haben Sie alle Einstellungen vorgenommen und die Kamerafahrt entspricht Ihren Wünschen, klicken Sie auf die Schaltfläche *Schließen*. Der Story Maker schließt sich nun wieder.

5.2 Panoramabilder optimal inszeniert: Kameraschwenks über den Horizont

Landschaften lassen sich besonders eindrucksvoll als echte Panoramen im Breitbildformat abbilden. Man kann diese direkt mit einer hochauflösenden Digitalkamera und besonders starkem Weitwinkel machen oder man fotografiert Einzelbilder, die später in Bildbearbeitungsprogrammen wie Photoshop, PhotoImpact & Co zusammengesetzt werden. Besonders gut geht das natürlich mit speziellen Programmen wie Panorama Factory oder Ulead Cool 360. Aufgrund ihrer Breite lassen sich solche Panoramen natürlich nicht vollständig anzeigen. Dafür bietet sich nun die zuvor beschriebene „Kamerafahrt“ von MAGIX optimal an, um Ihre Panoramen so richtig zur Geltung zu bringen.

1 So schön Panoramabilder als Plakat oder ausgedruckt auch sind, so problematisch sind sie am TV oder PC-Monitor. Bei einem echten und langgezogenen Panoramafoto sehen Sie auf dem Bildschirm mehr schwarze Streifen als alles andere. Mit MAGIX Fotos auf CD & DVD können Sie nun einen Ausschnitt ohne schwarze Bildränder wählen und in der Größe dieses Ausschnitts das gesamte Panorama wie mit einem Kameraschwenk überfliegen. Klicken Sie hierfür zunächst doppelt auf das entsprechende Foto im Storyboard.

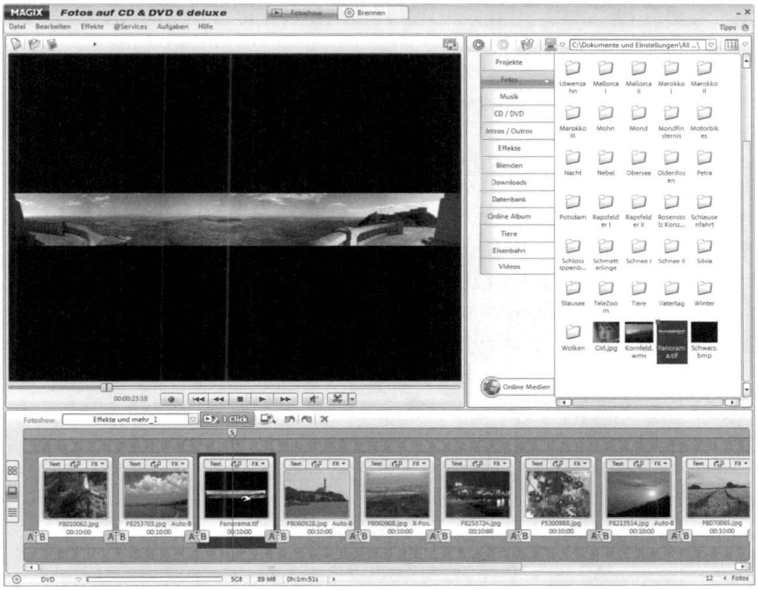

2 Das Dialogfenster *Story Maker* erscheint und listet verschiedene Funktionen auf. Klicken Sie auf das Symbol *Kamerafahrt*.

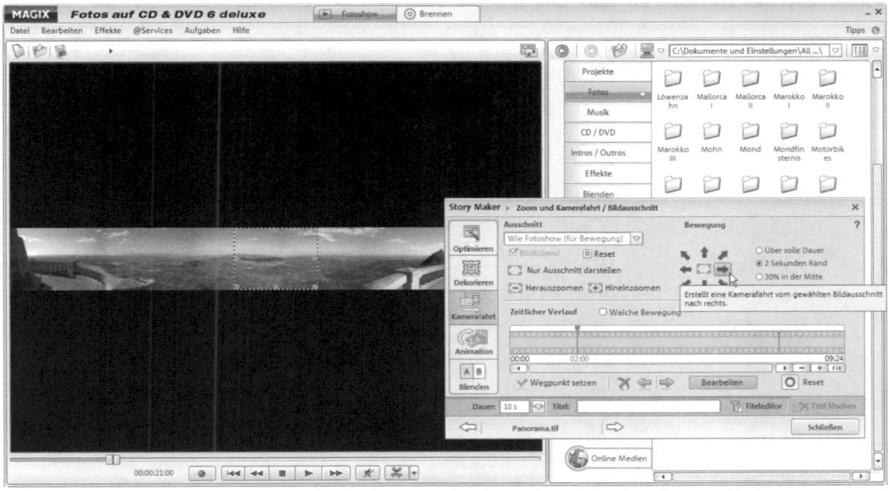

Wählen Sie die Optionen *Wie Fotoshow* und *Bildfüllend* aus. Rechts daneben wählen Sie eine Bewegungsrichtung aus, z. B. von links nach rechts und aktivieren am besten Start- und Endränder von zwei Sekunden. Testen Sie den Effekt mit einem Klick auf den Wiedergabeschalter unter dem großen Vorschaubildschirm.

3 In den meisten Fällen werden Sie feststellen, dass die Kamerafahrt viel zu schnell abläuft und das Bild erheblich ruckelt. Um dies auszugleichen, sollten Sie die Standardanzeigedauer des gewählten Bildes erhöhen. Klicken Sie dazu doppelt auf das Zeitfeld unter dem gewünschten Foto im Storyboard.

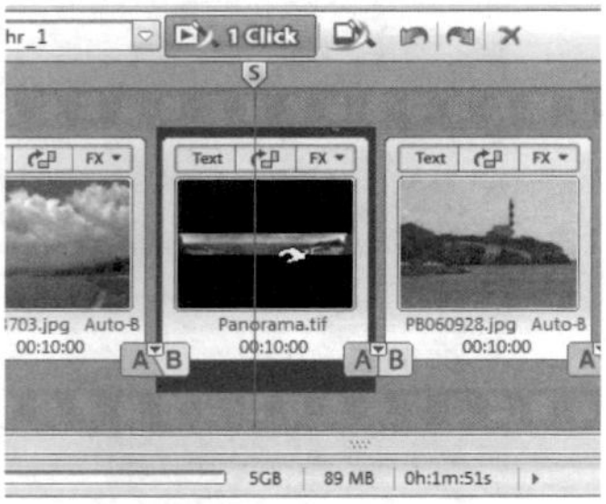

Standardmäßig ist hier eine Anzeigedauer von 10 Sekunden je Foto voreingestellt bzw. der Wert, den Sie beim Anlegen des Fotoshow-Projekts im *Neu*-Dialog definiert haben.

4 Bewegen Sie den Schieberegler nach rechts, um das Panoramafoto zumindest 20 Sekunden lang anzuzeigen. Abhängig von der Größe bzw. Breite Ihres Panoramas können auch 30 Sekunden oder 1 Minute sinnvoll sein.

Beachten Sie hierbei auch die Dauer der Standbilder bzw. Überblendungen am Anfang und Ende. MAGIX erlaubt eine maximale Anzeigelänge von neun Minuten pro Bild. Ihnen steht also in jedem Fall genug Zeit zur Verfügung.

5 Jetzt klicken Sie erneut doppelt auf das Panoramafoto im Storyboard, um zum *Story Maker* zurückzukehren. Nutzen Sie den Zeitbalken unter *Zeitlicher Verlauf*, um einzustellen, wie lange die Kamerafahrt dauern soll.

In den meisten Fällen empfiehlt es sich, vor und nach der Bewegung einen gewissen zeitlichen Rand zu lassen, bei dem das Bild statisch sichtbar ist. Andernfalls riskieren Sie, dass der Effekt in Kombination mit der Überblendung vor und nach dem Panoramabild etwas zu viel des Guten wird. Nutzen Sie den Start- und Ende-Marker am Zeitbalken, um die Kamerafahrt entsprechend zeitlich zu begrenzen.

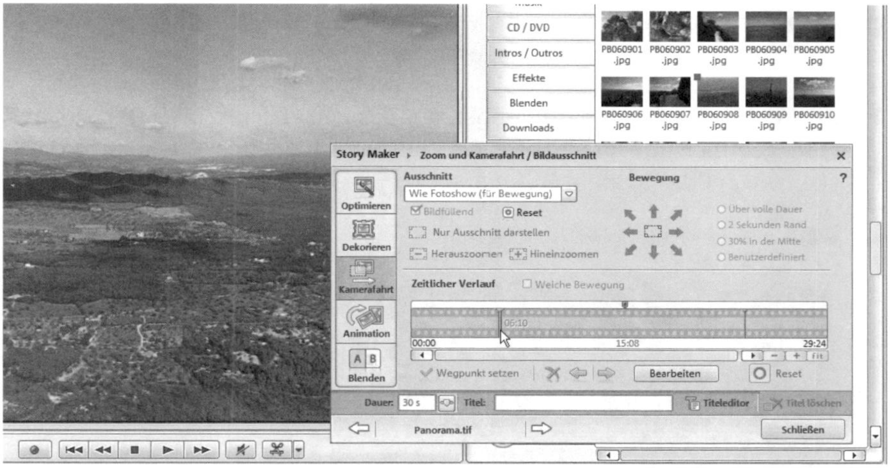

Diagonale Kamerafahrten

Sie können die Kamerafahrt nicht nur fest entlang einer horizontalen oder vertikalen Achse durchführen lassen, sondern auch diagonal schwenken. Klicken Sie dazu im *Story Maker* einfach einen der diagonalen Pfeile an. Schon läuft der Kameraschwenk zum Beispiel von links oben nach rechts unten. Für Panoramen ist diese Bewegung weniger geeignet, aber z. B. Makroaufnahmen können damit eindrucksvoll überflogen werden.

5.3 Noch mehr Tempo: rotierende Bilder

Ein weiterer Effekt, den Sie Ihrer Fotoshow zuweisen und mit dem Story Maker konfigurieren können, ist die Rotation Ihrer Bilder. Dieser Effekt bringt ordentlich Abwechslung in Ihre Bildpräsentation. Dieser Effekt ist sehr eindrucksvoll, muss aber vorsichtig angewendet werden. Er eignet sich nicht für alle Motive und darf vor allem nicht zu oft eingesetzt werden.

1 Klicken Sie im Storyboard doppelt auf das gewünschte Bild. Der Story Maker wird geöffnet und präsentiert die fünf verschiedenen Effektkategorien. Klicken Sie auf das Symbol *Animation*.

2 Am einfachsten weisen Sie eine Rotationsbewegung zu, indem Sie unter *Zeitlicher Verlauf* eine Vorlage aus dem Listenfeld auswählen. Damit wird das Bild langsam eingezoomt und dreht sich während der Anzeige leicht. Die Liste bietet hierfür verschiedene Kombinationen von Ein- und Auszoomen sowie Drehungen nach rechts oder links.

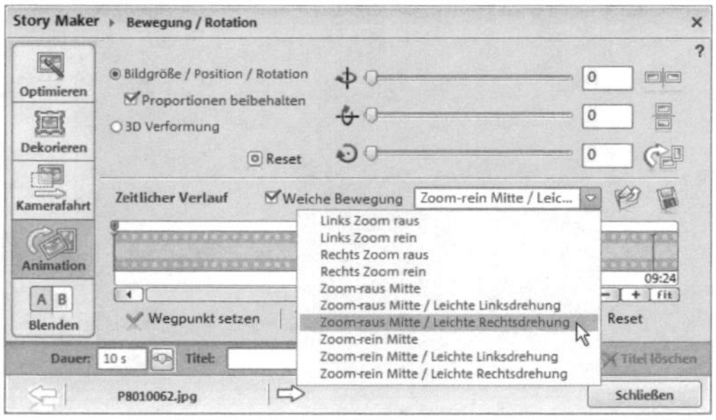

3 Möchten Sie die Animation individuell einstellen, können Sie dies anhand der Zeitleiste im unteren Bereich tun. Sie müssen dabei einen Startpunkt und einen Endpunkt definieren und wie das Bild dabei jeweils positioniert sein soll. Die Animation dazwischen wird dann automatisch berechnet. Im Beispiel soll das Bild auf dem Kopf eingeblendet werden, nach einem Moment dreht es sich richtig herum und wird normal angezeigt.

4 Aktivieren Sie mit *Bearbeiten* die Zeitleiste. Ziehen Sie nun den roten Regler in der Zeitleiste an den Anfang. Den Regler für die Rotation um den Mittelpunkt (ganz unten) schieben Sie nun auf 180 Grad. Das Bild steht auf dem Kopf. Mit der Schaltfläche *Wegpunkt setzen* legen Sie diese Position fest.

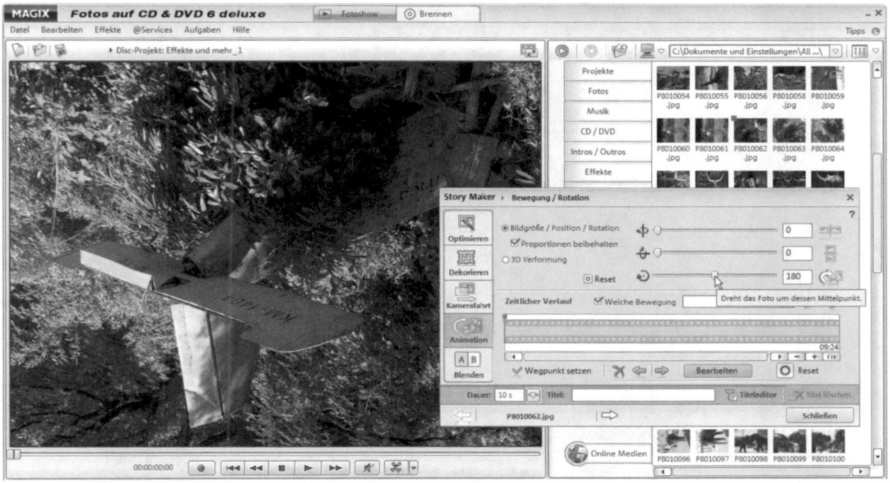

5 Nun schieben Sie den roten Regler ein Stückchen weiter, z. B. auf zwei Sekunden. Das Bild bleibt also zwei Sekunden auf dem Kopf stehen. Schieben Sie den Rotationsregler nun wieder auf 0 Grad für eine Rotation nach links oder auf 360 Grad für eine Rotation nach rechts. Mit *Wegpunkt setzen* legen Sie auch diese Position fest.

6 Mit der Option *Weiche Bewegung* machen Sie die Animation noch geschmeidiger. Haben Sie alle Einstellungen vorgenommen, können Sie das Ergebnis im Vorschaufenster über die Abspieltasten betrachten. Selbstverständlich können Sie mit dieser Funktion auch eine Rotation an der horizontalen und vertikalen Achse vornehmen oder auf Wunsch auch an allen Achsen zugleich.

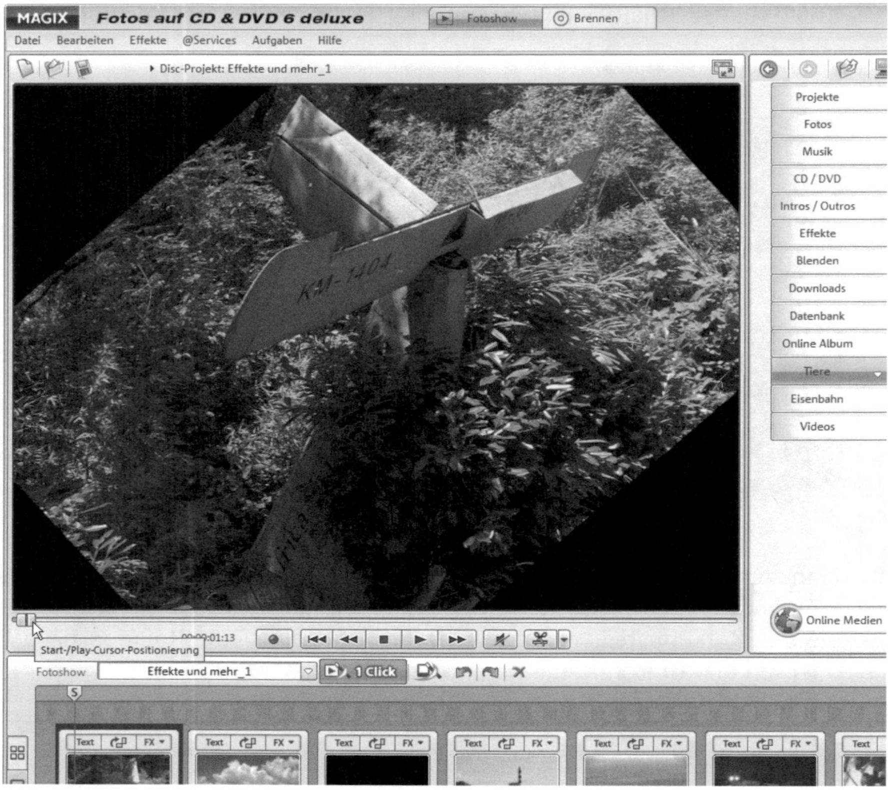

Fotoübersicht – schneller Überblick über alle Bilder der Fotoshow

Der Medienpool zeigt in seiner festen Größe immer nur eine bestimmte, relativ geringe Zahl von Vorschaubildern an. Möchten Sie mehr Bilder sehen oder suchen Sie ein ganz bestimmtes Foto, müssen Sie zwangsläufig scrollen. Für eine umfangreiche Übersicht über alle Bilder in der Fotoshow bietet MAGIX eine weitere Ansicht, die Sie über das Symbol *Übersicht-Modus* am linken Rand des Programmfensters erreichen.

Hier sehen Sie allerdings nicht nur eine schnelle und kleine Zusammenstellung aller Bilder, nein, Sie können diese auch direkt bearbeiten. Klicken Sie ein Foto mit der rechten Maustaste an, erscheint das gewohnte Kontextmenü *Effekt*. Sie können also von hier aus gezielt einzelne Bilder und vor allen Dingen schnell mehrere Bilder bearbeiten.

Über das Symbol rechts oben in der Bilderansicht, neben der Zoomleiste, können Sie die Anzeige auf Vollbild schalten und zurück.

5.4 Nachträgliche Zooms durchführen

Mit der Einführung von Digitalkameras und den Nachbearbeitungsmöglichkeiten am Computer ist vieles besser geworden als früher. Nach einem fotoreichen Tag bewahrt man heute nur noch die besten Fotos auf, und nicht gelungene Schnappschüsse kann man sofort ohne jede Kosten löschen. Ebenso ist bei der Nachbearbeitung vieles möglich, was früher nur professionellen Laboren vorbehalten war. Selbst die nachträgliche Auswahl von Ausschnitten oder das Einfügen von Zooms ist problemlos möglich.

Mit MAGIX ist es möglich, bei der Präsentation Ihrer Bilder nur einen ganz bestimmten Ausschnitt des Fotos anzeigen zu lassen. Dieser Ausschnitt erscheint dann vergrößert in voller Bildschirmbreite, sodass Sie ganz exakt das anzeigen lassen können, was Sie wirklich mit dem Foto festhalten wollten. Statt eines statischen Ausschnitts können Sie die Fotoshow zusätzlich auch mit einem dynamischen Zoom aufwerten. Die folgende Schritt-für-Schritt-Anleitung zeigt Ihnen, wie es geht.

1 Klicken Sie doppelt auf das gewünschte Foto, für das Sie einen dynamischen Zoom gestalten wollen. Es erscheint der Story Maker. Klicken Sie hier auf das Sybmol *Kamerafahrt*.

2 Aktivieren Sie die Option *Hineinzoomen*. Im linken Vorschaufenster erscheint nun ein Rechteck. Dieses können Sie mit der Maus bewegen und auf die gewünschte Stelle setzen. Über die orangefarbenen Eckpunkte können Sie den Ausschnitt verändern. Die Anzeige beginnt dann beim Originalbild und wird über die Anzeigedauer des Bildes bis zum gewählten Ausschnitt herangezoomt. Am Ende erscheint dann also nur noch der eingerahmte Bildausschnitt vergrößert und bildschirmfüllend auf dem Monitor.

Zoom mit 2 Sekunden Rand

Analog zur vorher beschriebenen Kamerafahrt (siehe Seite 118) können Sie auch beim Zoomen vor und nach der tatsächlichen Animation einen zeitlichen Rand lassen. Wählen Sie dazu aus dem Listenfeld *Bewegung* den Eintrag *2 Sekunden Rand.*

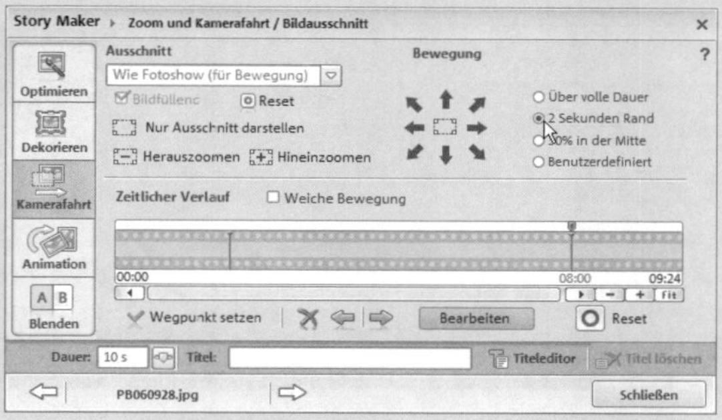

Dadurch wird das entsprechende Bild erst für 2 Sekunden als Standbild angezeigt, bevor der dynamische Zoom beginnt. Der Zoom auf den gewählten Ausschnitt wird 2 Sekunden vor dem Wechsel zum nächsten Foto abgeschlossen. Auf diese Weise hat der Zuschauer die Möglichkeit, den herangezoomten Ausschnitt noch für einen kurzen Moment ohne eine Animation zu betrachten.

3 Analog zum *Hineinzoomen* können Sie natürlich auch das *Herauszoomen* nutzen. Aktivieren Sie im Story Maker einfach die entsprechende Option *Herauszoomen*. In diesem Fall spiegelt der im linken Vorschaufenster gewählte Ausschnitt die Startanzeige des Fotos wider.

Ausgehend von diesem Ausschnitt zoomen Sie dann über die Anzeigedauer des Fotos zurück auf das Gesamtbild.

Die Zeiteinstellungen zur *Bewegung* gelten analog zum Hineinzoomen.

4 Möchten Sie statt eines animierten dynamischen Zooms einfach nur einen vergrößerten Ausschnitt des gewählten Bildes anzeigen, wählen Sie im Story Maker die Option *Nur Ausschnitt darstellen*. Nutzen Sie im linken Vorschaufenster das angezeigte Rechteck und seine Anfasspunkte, um den Ausschnitt wie gewünscht zurechtzuschneiden. Ein Klick in das Rechteck ermöglicht das Verschieben des Ausschnitts bei gleich bleibender Größe.

5 Klicken Sie auf die Schaltfläche *Schließen*, wenn Sie mit dem Story Maker die gewünschten Zoom- und Ausschnitteinstellungen vorgenommen haben.

5.5 Bilder spiegeln und drehen

Manchmal liegen Bilder im falschen Format vor und müssen für die Anzeige einmal gedreht werden. Dies ist ebenso mit wenigen Handgriffen getan wie das einfache Spiegeln von Bildern.

Aufwendiger sind da schon die horizontale oder vertikale Symmetrie oder der Kaleidoskopeffekt. In der folgenden Schritt-für-Schritt-Anleitung erfahren Sie, wie Sie die entsprechenden Funktionen nutzen, und sehen Beispielbilder für die einzelnen Effekte.

1 Um ein Foto zu spiegeln, markieren Sie es und drücken die Tastenkombination Strg+Alt+A. Den dazugehörenden Befehl finden Sie, indem Sie das gewünschte Bild im Storyboard markieren, auf das *FX*-Symbol rechts oben klicken und aus dem erscheinenden Kontextmenü den Befehl *Horizontale Spiegelung* wählen.

Analog dreht die *Vertikale Spiegelung* das Bild auf den Kopf. Dabei bleibt im Gegensatz zum einfachen Drehen des Bildes jedoch auch nach der Spiegelung der rechte Teil des Bildes auf der rechten Seite.

2 Einen interessanten Effekt realisieren Sie mit dem Kaleidoskop. Am lustigsten wirkt dieser Effekt, wenn Sie Nahaufnahmen mehrerer Objekte machen und diese ungefähr auf der mittleren Horizontale des Fotos aufsetzen. Das Kaleidoskop spiegelt das Bild einmal an der horizontalen und an der vertikalen Mittelachse des Fotos.

Sie erreichen den Effekt, indem Sie aus dem *FX*-Menü des gewünschten Fotos den Befehl *Kaleidoskop* auswählen. Alternativ markieren Sie das Foto im Storyboard oder in der Timeline-Anzeige und drücken Strg+Alt+E. Die Bildschirmfotos veranschaulichen die Wirkung des Effekts.

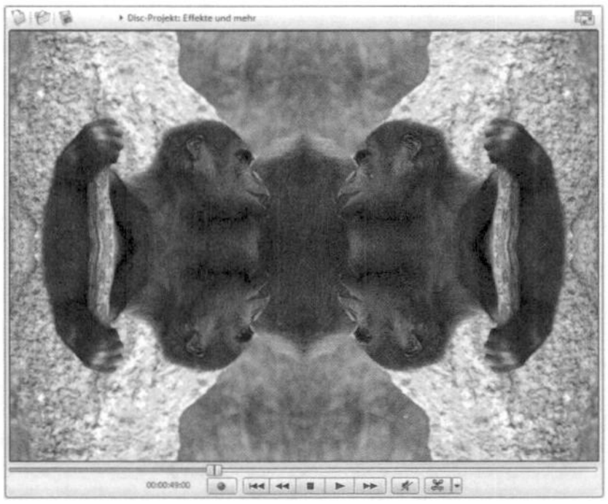

3 Besonders beeindruckende Effekte erzielen Sie – vor allem bei Landschaftsaufnahmen mit wolkenlosem Himmel –, indem Sie aus dem *FX*-Menü eines solchen Fotos die Funktion *Vertikale Symmetrie* aufrufen.

Bei diesem Effekt wird die obere Hälfte des Bildes an der horizontalen Mittelachse nach unten gespiegelt. Dadurch entsteht wie im abgebildeten Beispiel der Eindruck, die Landschaft stünde vor einem See, in dem sie sich spiegelt. Je nach Struktur des Himmels zum Aufnahmezeitpunkt wirkt dieser Effekt sehr realistisch!

4 Den gleichen Effekt mit der Spiegelung an der vertikalen Mittelachse realisieren Sie, indem Sie aus dem *FX*-Menü eines Bildes die Funktion *Horizontale Symmetrie* auswählen.

Dabei entsteht der Eindruck, das fotografierte Objekt sei tatsächlich symmetrisch, obwohl die rechte Bildhälfte in Wirklichkeit total anders aussieht.

5 Natürlich können Sie Fotos auch einfach nur drehen. Rufen Sie das *FX-Menü* des entsprechenden Fotos im Storyboard auf. Wählen Sie aus dem sich öffnenden Menü unter *Rotation* die gewünschte Rotationsrichtung bzw. *Rotation um 180°*.

Hochkant fotografierte Bilder erkennt MAGIX selbstständig. Auch wenn die Minibilder im Storyboard auf der Seite angezeigt werden, dreht das Programm sie im Vorschaubildschirm automatisch.

Rotation auf Mausklick

Die einfachste und schnellste Möglichkeit, ein hochkant fotografiertes Bild zu drehen, ist das Rotationssymbol über jedem Foto im Storyboard. Klicken Sie auf diesen Schalter zwischen dem *Text*- und *FX*-Symbol, wird das Bild um 90° im Uhrzeigersinn gedreht. Jeder weitere Klick dreht das Bild um weitere 90° in diese Richtung.

5.6 Farbverschiebungen kreativ nutzen

Bei einer einfachen und realistischen Präsentation Ihrer Fotos legen Sie sicherlich auf eine saubere Farbwiedergabe Wert. Soll die Fotoshow hingegen möglichst spannend und effektvoll werden, können Sie durch einen kreativen Einsatz von Farbverschiebungen peppige Effekte erzielen und für ordentlich Abwechslung sorgen. Die folgende Schritt-für-Schritt-Anleitung zeigt Ihnen die verschiedenen Wege, um gezielt mit Farben in Ihrer Fotoshow zu spielen.

1 Die einfachste Möglichkeit, die Originalfarben eines Fotos zu verändern, besteht über die drei standardmäßig bereitgestellten Farbverschiebungsfunktionen von MAGIX. Klicken Sie auf das *FX*-Menü eines Bildes im Storyboard und wählen Sie aus dem Menü den Befehl *Farbverschiebung 1*.

2 Überprüfen Sie das Resultat anhand des Vorschaubildschirms. Gefällt Ihnen die neue Einfärbung des Fotos nicht, probieren Sie einfach *Farbverschiebung 2* oder *Farbverschiebung 3*.

Übrigens können Sie dafür auch die standardmäßig diesen Funktionen zugewiesenen Shortcuts nutzen: Markieren Sie ein Bild im Storyboard und drücken Sie [Umschalt]+[1], [Umschalt]+[2] oder [Umschalt]+[3], je nachdem, welche Farbverschiebung Sie zuweisen möchten.

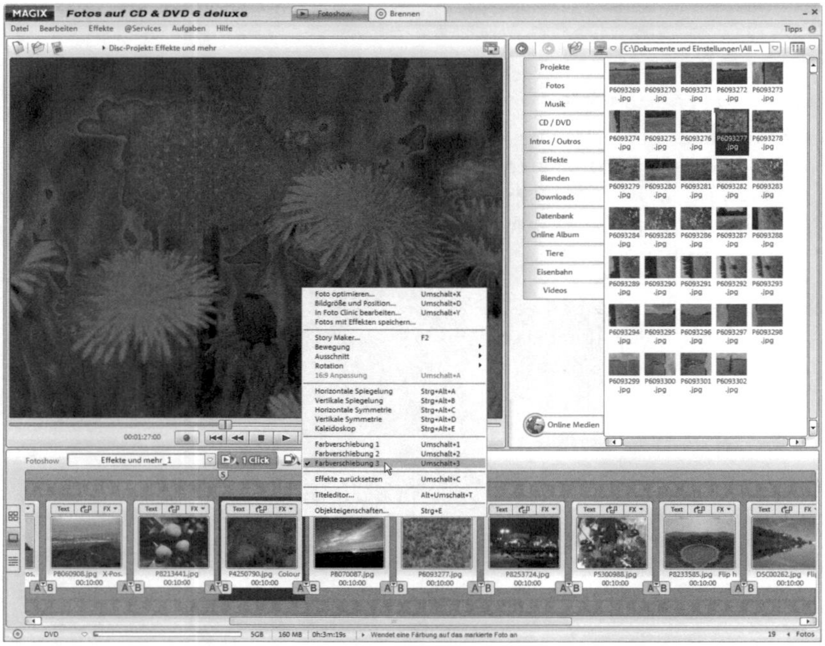

3 Eine weitere Möglichkeit, die Farben effektvoll zu verändern, besteht im Story Maker im Bereich der *1-Klick-Optimierungen*. Klicken Sie dazu im Storyboard doppelt auf das Foto, das Sie bearbeiten möchten. Der Story Maker

wird geöffnet. Unter *Optimieren* stehen Ihnen rechts neun verschiedene Effekte bzw. Bildbearbeitungsfunktionen zur Verfügung, die allesamt mit nur einem Klick zuzuweisen sind.

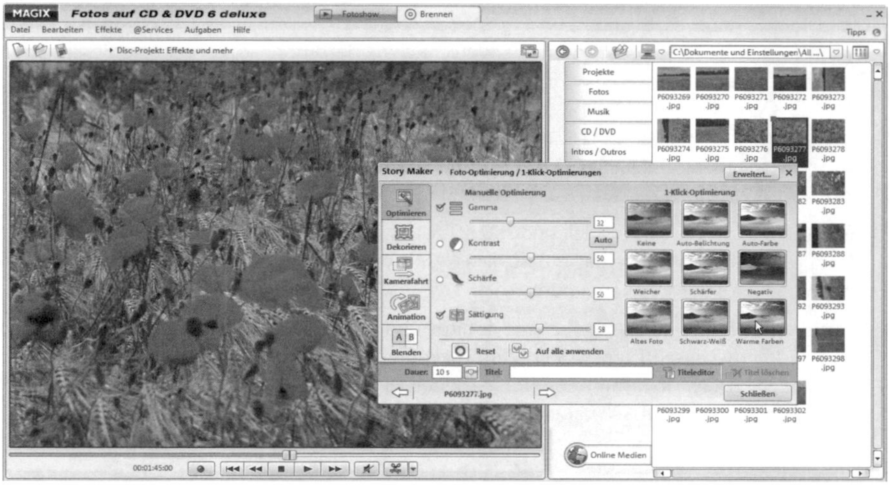

4 Unabhängig von der gewählten *1-Klick-Optimierung* können Sie im Story Maker über den Schieberegler *Sättigung* auch grundsätzlich die Intensität der Originalfarben verändern. Der damit erzielte Effekt variiert je nach gewähltem Foto, in vielen Fällen können Sie damit aber zusätzliche Farbeffekte realisieren oder das Foto schrittweise bis zum Graustufenbild entfärben.

5 Die tiefgreifendsten Farbverschiebungen können Sie jedoch umsetzen, wenn Sie direkt den Anteil der Farben Rot, Grün und Blau anpassen, aus denen Fotos im RGB-Format zusammengesetzt sind.

Um ein Foto auf diese Weise zu bearbeiten, öffnen Sie im Storyboard das entsprechende *FX*-Menü und rufen die *Foto optimieren*-Funktion auf.

Hintergrund: RGB und CMYK – was hat es mit den Farbformaten auf sich?

Vielleicht sind Sie bei Ihrer Arbeit mit Fotos und Bildbearbeitungsprogrammen schon öfter auf die beiden Kürzel RGB und CMYK gestoßen, ohne zu wissen, was diese genau bedeuten. Grundsätzlich handelt es sich um zwei verschiedene Farbmodelle, die für die Beschreibung/ Definition einer Farbe verwendet werden können. CMYK basiert auf vier Grundfarben und steht für **C**yan, **M**agenta, **Y**ellow und Blac**k** (bzw. **K**ey). Jede beliebige Farbe lässt sich daraus zusammensetzen, wobei CMYK ein so genanntes subtraktives Farbmodell ist. Die Mischung von Cyan, Magenta und Gelb ergibt für das menschliche Auge die Farbe Schwarz. Dieses Farbmodell wird vor allem für den Druck verwendet.

RGB ist ein additives Farbmodell und setzt sich aus den Farben **R**ot, **G**rün und **B**lau zusammen. Das sind die Farben, für die das menschliche Auge direkt Rezeptoren besitzt. RGB wird in Fernsehern und Bildschirmen verwendet.

Für die Verwendung und Anzeige am Monitor und am Fernsehbildschirm ist RGB optimal. Für den Druck von Zeitschriften, T-Shirt-Aufdrucken oder Briefpapier mit Logo ist es empfehlenswert, Bilder im CMYK-Farbmodus zu bearbeiten und zu speichern. Damit erreichen Sie insbesondere einen sauberen Schwarzdruck, der beim Druck von RGB-Bildern mitunter nicht optimal gelingt.

6 Wechseln Sie im Dialog *Foto optimieren* in das Register *Farbe*. Hier können Sie direkt einen Farbton auswählen, indem Sie die Option *Farbton* aktivieren und eine gewünschte Farbe aus dem abgebildeten Spektrum auswählen. Direkt darunter haben Sie erneut die Möglichkeit, die Farbsättigung über einen Schieberegler einzustellen.

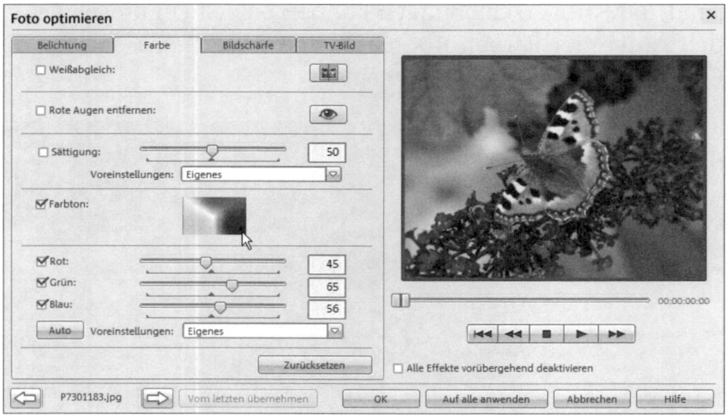

Nutzen Sie des Weiteren die Schieberegler *Rot*, *Grün* und *Blau*, um den Farbanteil dieser drei Grundfarben gezielt zu erhöhen oder zu reduzieren. Im Vorschaufenster daneben können Sie die Auswirkung jeder Farbkombination direkt überprüfen.

7 Sind Sie mit dem Effekt zufrieden, können Sie über die Pfeilschaltflächen am unteren Rand des Dialogfensters das nächste oder vorausgehende Bild laden und gegebenenfalls ebenso nachbearbeiten. Wollten Sie nur dieses eine Bild verfremden oder farblich korrigieren, schließen Sie den Dialog mit einem Klick auf *OK*.

Effekte zurücksetzen

Sie können nach jeder Aktion, zum Beispiel dem Zuweisen eines Effekts, diese Aktion wieder rückgängig machen, indem Sie im Hauptmenü *Bearbeiten/Rückgängig* wählen oder die Windows-weit geltende Tastenkombination [Strg]+[Z] drücken.

Möchten Sie bestimmte Effekte, die Sie einem Foto zugewiesen haben, zu einem späteren Zeitpunkt rückgängig machen, können Sie zum einen den Effekt im *FX*-Menü des jeweiligen Bildes zurücknehmen, indem Sie ihn erneut aufrufen. Der vor dem entsprechenden Menübefehl gesetzte Haken wird dann entfernt und der Effekt deaktiviert.

Am schnellsten können Sie jedoch beliebige Effekte zurücknehmen, mit denen Sie ein Foto bearbeitet haben, indem Sie das *FX*-Menü des Bildes aufrufen und *Effekte zurücksetzen wählen*. Hierzu steht Ihnen auch der Shortcut [Umschalt]+[C] zur Verfügung: Markieren Sie ein Bild im Storyboard und drücken Sie diese Tastenkombination, wird das Bild wieder in den Originalzustand versetzt.

5.7 Versteckte Beschleuniger: noch viel mehr 1-Klick-Bildoptimierungen und -effekte

Dieser Abschnitt richtet sich hauptsächlich an Besitzer der deluxe-Version von MAGIX Fotos auf CD & DVD. MAGIX hat erkannt, dass viele Anwender zwar gern Zeit in die Gestaltung einer individuellen Fotoshow investieren, aber ungern allzu viel an einzelnen Effektparametern drehen. Schnell soll es gehen und Ergebnisse bringen, die sich sehen lassen können. Um die Arbeit so einfach und effizient wie möglich zu machen, hat MAGIX seinem Programm Fotos auf CD & DVD eine Reihe von so genannten 1-Klick-Optimierungen spendiert. Damit können Sie mit einem Doppelklick ein Foto schärfen, die Belichtung oder Farbe nachträglich korrigieren, ein Foto weichzeichnen, in Schwarzweiß umwandeln und vieles mehr. Dieses „vieles mehr“ ist gut versteckt, denn es gibt in der deluxe-

Version nicht nur die standardmäßig im Dialog *Story Maker* sichtbaren neun 1-Klick-Optimierungen.

1 Klicken Sie doppelt auf ein Bild im Storyboard, öffnet sich der Story Maker. Hier haben Sie Zugriff auf neun, genauer acht, 1-Klick-Optimierungen. Neben den Funktionen *Auto-Belichtung* und *Auto-Farbe* können Sie mit *Weicher* und *Schärfer* die Bildschärfe regulieren. Der Weichzeichner ist dabei alles andere als nutzlos: Zwar neigt man intuitiv dazu zu glauben, dass ein Bild besser sei, wenn es schärfer ist. Dies ist jedoch nicht in jedem Fall zutreffend, denn eine (zu) hohe Bildschärfe kann auf manchen TV-Geräten zu einem Flimmern führen.

Auch bei älteren Fernsehern mit einem groben Bildröhrenraster kann die wahrgenommene Bildqualität höher sein, wenn ein Bild leicht weichgezeichnet wurde. Hier hilft im Zweifel nur Ausprobieren. Die restlichen vier Effekte wirken sich primär auf die Farbe aus: *Negativ, Altes Foto, Schwarz-Weiß* und *Warme Farben*. Das erste Symbol *Keine* setzt eine zugewiesene 1-Klick-Optimierung zurück.

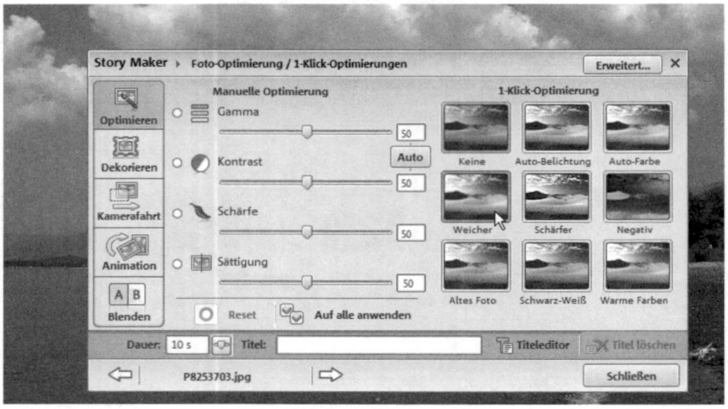

2 Um Zugriff auf weitere und zum Teil nützlichere 1-Klick-Optimierungen zu erhalten, müssen Sie einen Umweg über den Medienpool gehen. Dort finden Sie in der Rubrik *Effekte* einen Unterordner *1-Klick-Optimierung*, der weitere Effektfunktionen enthält, die aufgrund ihrer versteckten Position von vielen Anwendern gar nicht bemerkt werden.

Hier haben Sie zum Beispiel die Möglichkeit, Fotos wie durch ein Nachtsichtgerät darstellen zu lassen, in Puzzleteile zu zerlegen oder über den so genannten goldenen Schnitt so zu verzerren, dass das Motiv in Relation zum Foto die „ideale Proportion" hat, die in Kunst und Architektur als ästhetisch und harmonisch angesehen wird. Die folgende Seite zeigt einige Beispiele von 1-Klick-Optimierungen zu Ihrer Orientierung, die nicht im Story Maker direkt verfügbar sind.

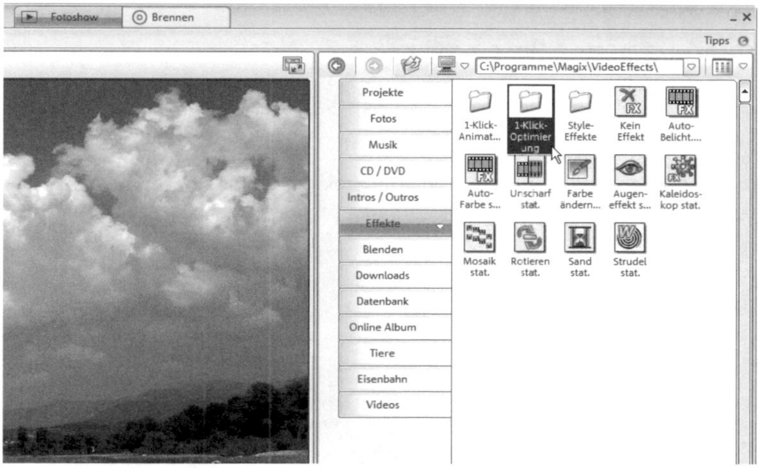

1-Klick-Optimal/Kerzenlicht

1-Klick-Optimal/Goldener Schnitt

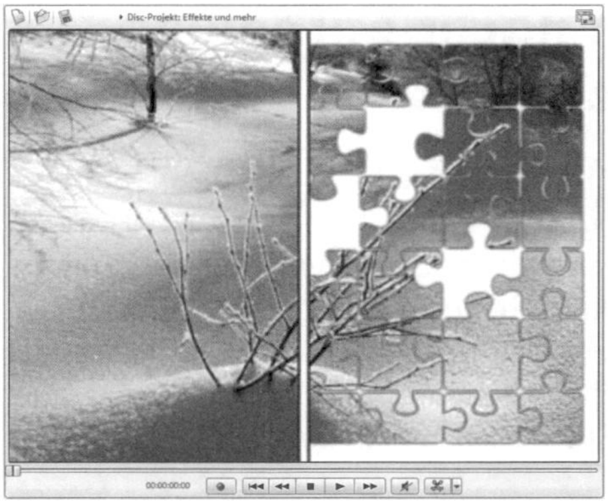

1-Klick-Optimal/Puzzle

1-Klick-Optimal/Nacht-Flair

1-Klick-Optimierungen und Foto optimieren

Die im Story Maker angebotenen 1-Klick-Optimierungen sind meist nur nur Vorlagen mit bestimmten Kombinationen aus Standardeinstellungen zu Farbe, Helligkeit, Kontrast und Farbsättigung.

Sollten Sie mit den Ergebnissen einzelner Effekte oder Optimierungen noch nicht hundertprozentig zufrieden sein, können Sie die einzelnen Bildparameter natürlich auch manuell und individuell über die *Foto optimieren*-Funktion anpassen.

Klicken Sie dazu auf die Schaltfläche *Erweitert* rechts über den Miniaturbildern der 1-Klick-Optimierungen. Alternativ können Sie die *Foto optimieren*-Funktion auch über das *FX*-Menü eines jeden Bildes im Storyboard aufrufen.

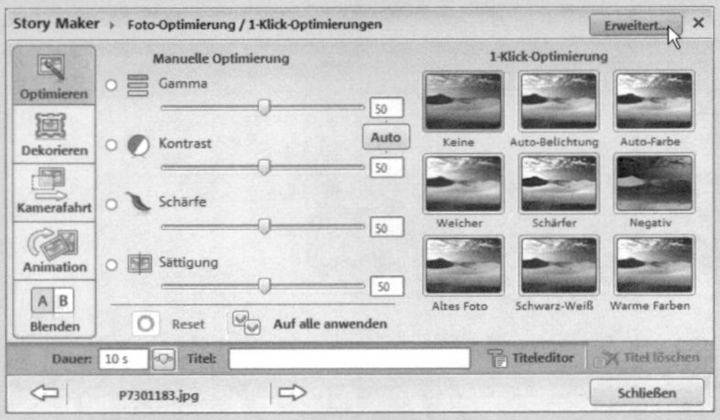

Der Dialog *Foto optimieren* unterteilt sich in vier Register: *Belichtung*, *Farbe*, *Bildschärfe* und *TV Bild*. Hier finden Sie verschiedene Bedienelemente, mit denen Sie die Bildparameter ganz genau einstellen können. Weitere Erläuterungen dazu finden Sie auch im zweiten Kapitel, insbesondere ab Seite 58.

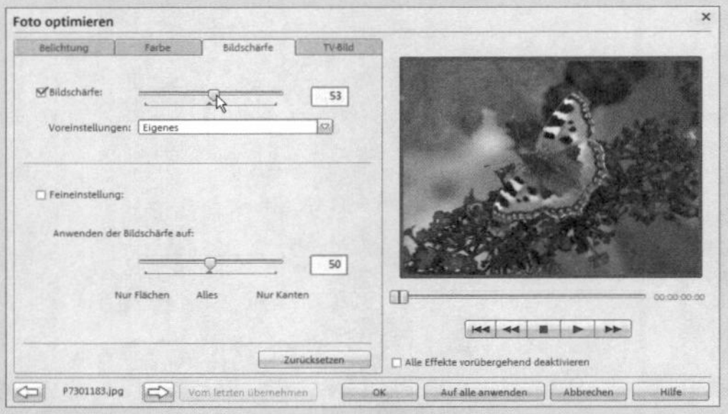

5.8 Schnell exportieren: nachbearbeitete Fotos dauerhaft speichern

Bei der Bearbeitung der Fotos in MAGIX, insbesondere beim Zuweisen von bildverfremdenden Effekten, arbeitet das Programm immer non-destruktiv. Das bedeutet, dass alle Bearbeitungsschritte nicht direkt das Originalbild verändern, sondern der Effekt praktisch wie eine zusätzliche Schicht auf das Bild gelegt wird. Die Originaldatei wird nicht verändert. Das ermöglicht Ihnen, jederzeit einzelne Effekte wieder rückgängig zu machen, bedeutet im Umkehrschluss aber auch, dass Sie im nächsten Projekt diese Effekte wieder einstellen müssen, da das Original ja unverändert blieb.

Möchten Sie die vorgenommenen Bildbearbeitungen aus MAGIX dauerhaft in dem Foto speichern, können Sie das Bild als separate Datei exportieren. Die folgende Anleitung zeigt beispielhaft, wie Sie ein Foto schärfen und dann in eine neue Datei exportieren.

1 Rufen Sie das *FX*-Menü des gewünschten Bildes auf, das Sie schärfen möchten. Wählen Sie *Foto optimieren*.

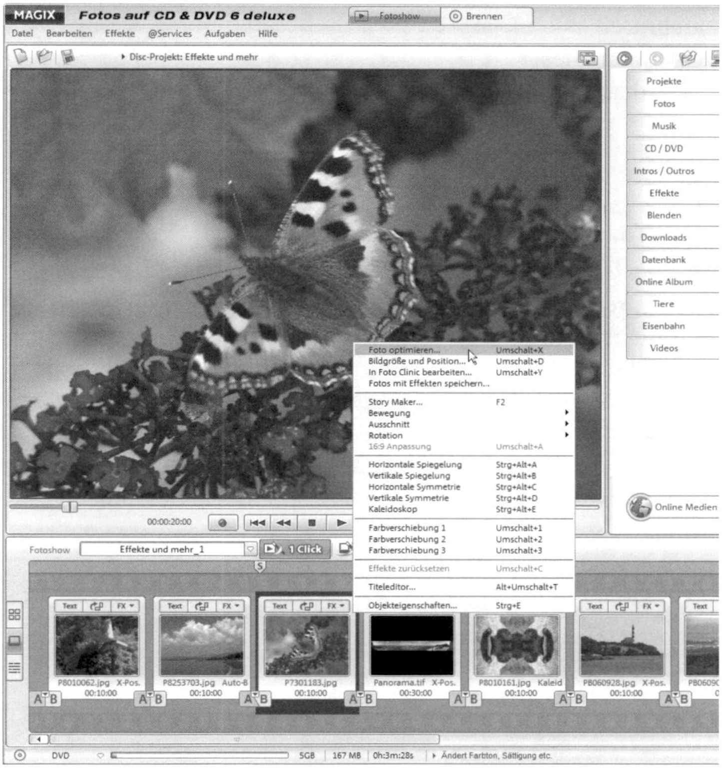

2 Versuchen Sie zuerst, das Programm über die Schaltfläche *Auto-Belichtung* und *Auto-Farbe* von allein die optimalen Einstellungen finden zu lassen. Regulieren Sie die Helligkeit und den Kontrast gegebenenfalls über die vorhandenen Schieberegler nach und klicken Sie auf *OK*.

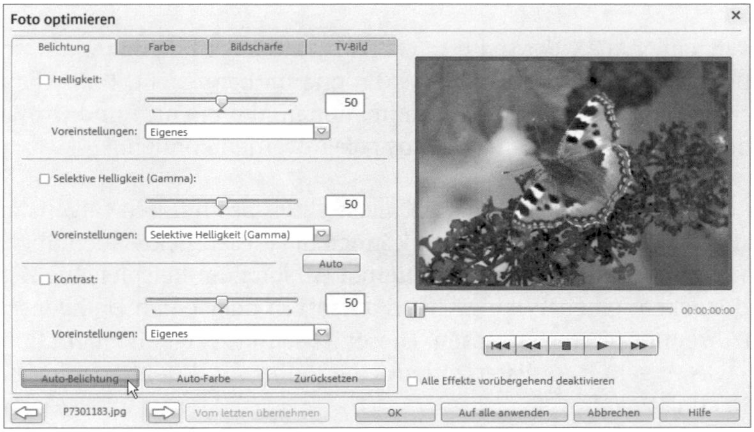

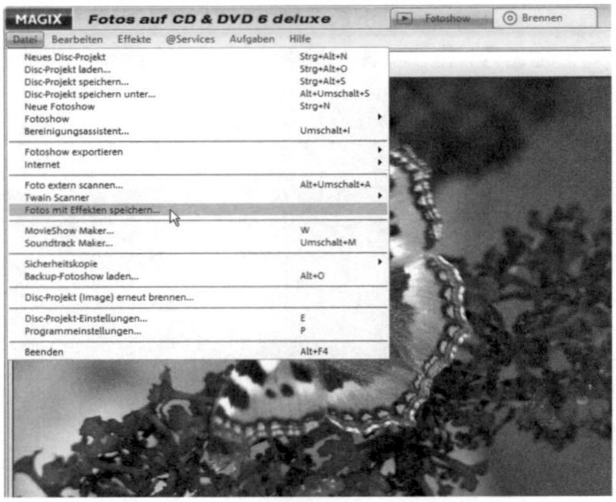

3 Zurück im Hauptprogrammfenster, wählen Sie *Datei/Fotos mit Effekten speichern*. Obwohl im Menü von mehreren Fotos die Rede ist, bezieht sich dieser Befehl immer auf das aktuell im Storyboard markierte Einzelbild.

4 MAGIX schlägt für den Export als Dateinamen jeweils vor, den ursprünglichen Dateinamen des Fotos mit einer angehängten *_1* zu versehen. Dadurch ist sichergestellt, dass Ihr Originalfoto erhalten bleibt und Sie das bearbeitete Foto schnell in der alphabetisch sortierten Dateiliste im Windows-Explorer finden. Das Programm fragt allerdings mit einem entsprechenden Dialog nach, ob Sie das tatsächlich wünschen. Klicken Sie auf *OK*, wenn Sie den Vorschlag übernehmen wollen. Wählen Sie andernfalls *Umbenennen* und geben Sie einen anderen Dateinamen ein.

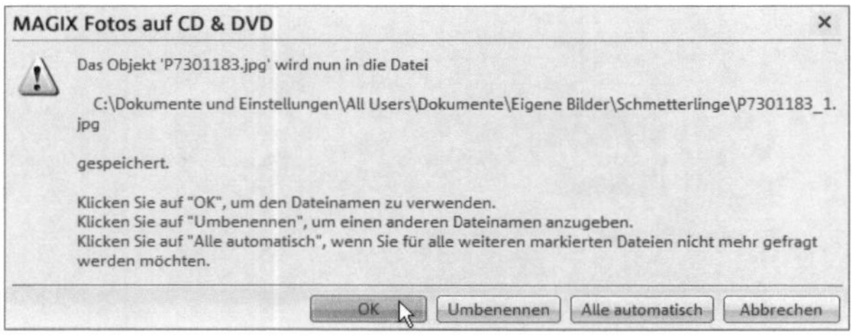

5.9 Wow! – Dekorieren Sie Ihre Fotos mit vorgefertigten Effektanimationen!

Richtig Spaß macht MAGIX Fotos auf CD & DVD, wenn Sie beginnen, die einzelnen Dekorationseffekte zu nutzen, die das Programm bereitstellt. Dabei handelt es sich um eine Reihe von Bildern und Animationen, die in Form und Größe angepasst werden und über vorhandene Fotos gelegt werden können.

Diese Bilder oder Animationen enthalten meist einen bestimmten Gegenstand – der Rest des Bildes ist transparent. Daher können Sie diese Effekte auch über Ihre regulären Fotos legen und so einer porträtierten Person zum Beispiel eine Zigarre in den Mund stecken, einen Wikingerhelm aufsetzen oder einen Heiligenschein über seinem/ihrem Kopf kreisen lassen. Dieser Abschnitt zeigt an einem konkreten Beispiel, wie es geht, und listet zudem eine Reihe von Effekten anhand beispielhafter Ergebnisse auf.

1 Um einem Bild einen Dekorationseffekt zuzuweisen, klicken Sie im Storyboard doppelt darauf. Der *Story Maker* wird geöffnet. Nutzen Sie die Symbole am linken Rand des Dialogfensters, um in die Rubrik *Dekorieren* zu wechseln.

2 Wählen Sie aus dem Register *Fun* einen gewünschten Effekt aus; im Beispiel wird der Effekt *Vikinger Helm* beschrieben. Üblicherweise wird keiner der zugewiesenen Effekte sofort auf das betreffende Foto passen. Klicken Sie deshalb auf die Schaltfläche *Größe/Position*. Im erscheinenden Dialogfenster haben Sie die Möglichkeit, sowohl die Größe des Helms zu verändern als auch seine Position so zu verschieben, dass er optimal auf den Kopf der Person passt - bzw. in diesem Fall auf den Kopf des Tigers.

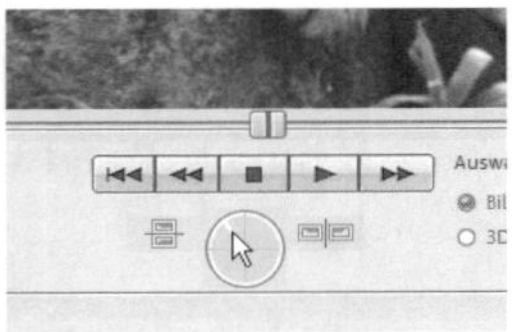

3 Im gleichen Dialogfenster haben Sie über das Drehrad unter dem Vorschaubild die Möglichkeit, den Gegenstand - hier den Helm - nach Belieben zu drehen. Im Beispiel des Helms ist der Winkel des Gegenstands noch relativ unproblematisch.

Wichtig wird diese Funktion zum Beispiel, wenn Sie eine Augenklappe, einen Heiligenschein o. Ä. auf dem schräg gehaltenen Kopf einer Person platzieren wollen.

4 Justieren Sie die Größe, Drehung und Position des Helms so lange, bis er optimal auf dem Kopf der gewünschten Person sitzt. Nutzen Sie die Wiedergabe-Schaltflächen, um sich den Effekt anzusehen. Einige Objekte, wie z. B. die Zigarre, sind nämlich nicht nur statisch, sondern eine echte Animation - mit rauchendem Qualm! Sind Sie mit dem Effekt zufrieden, klicken Sie auf *OK* und fahren mit weiteren Fotos und Effekten fort.

Fun/Vikinger Helm

Fun/Fotograf

Fun/Schneewolke

Fun/Heiligenschein 3

Fun/Sucher Person

Fun/Ohren rauchen

Deko/Herzen fliegen

Text/Denkblase 1

Deko/Herzen

Comic/Glühbirne

Mix/Feuer

Deko/Girlanden Ballons

5.10 Alles im Rahmen: vorgefertigte Bilderrahmen zuweisen

MAGIX bietet neben verschiedenen Dekorationseffekten eine Reihe von vorgefertigten Bilderrahmen an, die Sie Ihren Fotos zuweisen können. Damit können Sie ein Foto durch einen Computerbildschirm oder ein Bullauge scheinen lassen, Fotos in einen Filmstreifen einbetten oder zum Beispiel als Dia wirken lassen.

1 Um einem Foto einen Bilderrahmen zuzuweisen, klicken Sie im Storyboard doppelt auf das gewünschte Foto. Es erscheint der Dialog *Story Maker*. Wechseln Sie in die Rubrik *Dekorieren* und klicken Sie auf das Register *Rahmen*, um sich eine Liste verfügbarer Rahmen anzeigen zu lassen.

2 Klicken Sie auf einen gewünschten Rahmen - im Beispiel *Rahmen Holz 2* -, um diesen dem gewählten Foto zuzuweisen. Der Effekt wird umgehend im großen Vorschaubildschirm angezeigt. Über die Pfeilsymbole rechts unten im *Story Maker*-Dialog können Sie zwischen den verschiedenen verfügbaren Rahmen hin- und herschalten. Im Folgenden werden einige Rahmeneffekte beispielhaft präsentiert.

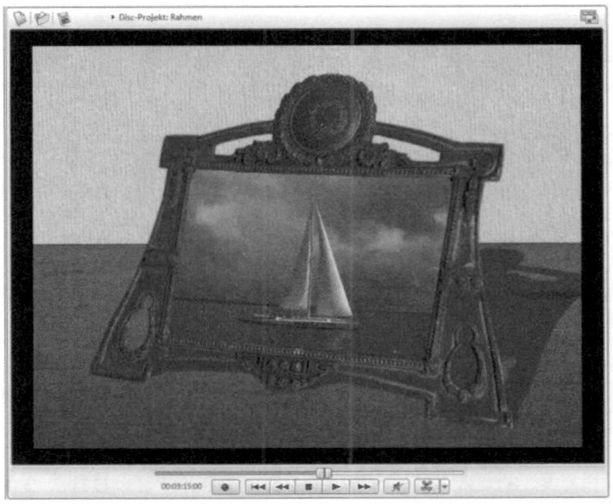

Bilderrahmen

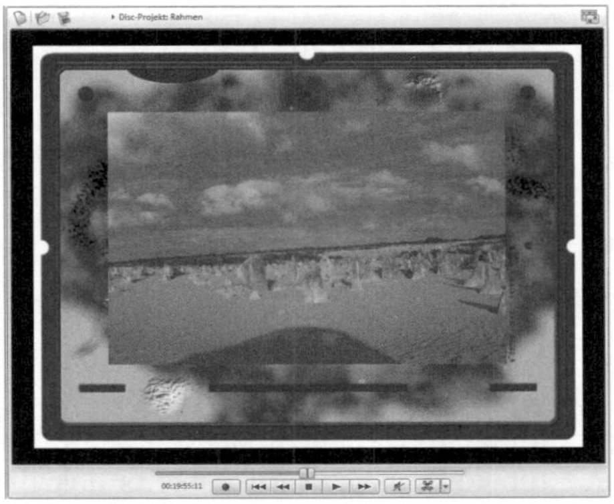

Dia alt

Polaroid

Schneekristalle 3

Ballons animiert

Rahmen Rosen

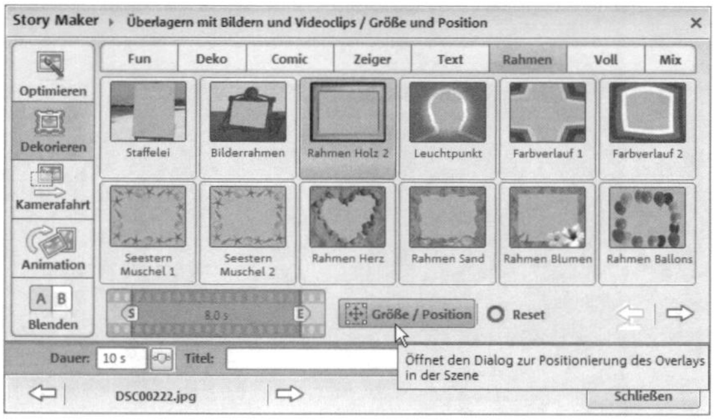

3 Wie bei allen Dekorationseffekten in MAGIX können Sie auch die Rahmen in Position und Größe anpassen. Klicken Sie dazu im *Story Maker* auf die Schaltfläche *Größe/Position*. Im erscheinenden Fenster können Sie einerseits den Rahmen bzw. Rahmeneffekt - hier der antike Bilderrahmen - mit der Maus an die gewünschte Position verschieben. Mit den Schaltflächen darunter können Sie andererseits das Bild bzw. den Effekt auch spiegeln und so den alten Bilderrahmen zum Beispiel von der rechten auf die linke Bildseite bewegen.

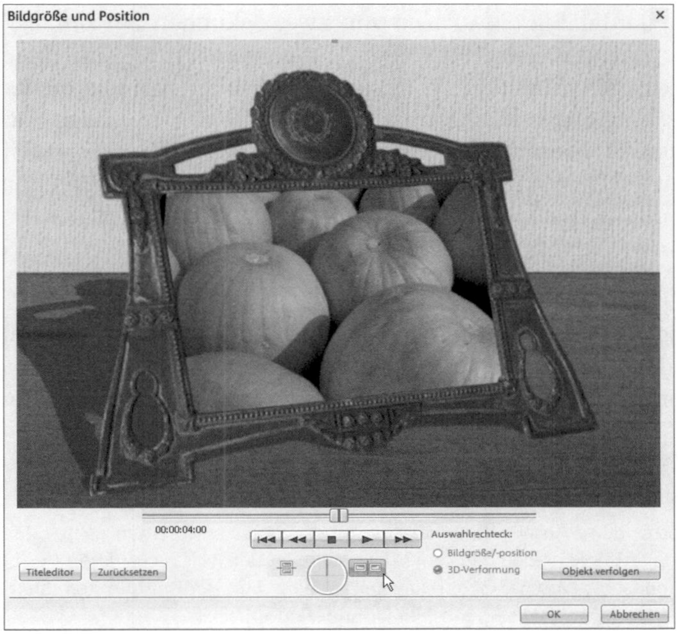

4 Viele Rahmen sind bereits animiert, d. h., sie bilden nicht nur einen statischen Bilderrahmen, sondern haben gleichzeitig einen Bewegungseffekt und teilweise sogar einen kurzen Klangeffekt, etwa ein Meeresrauschen. Mitunter wird es jedoch ein wenig zu viel der Animation - wenn Sie erst einen komplexen Überblendeffekt vom vorherigen zum aktuellen Foto nutzen und das aktuelle Foto dann auch noch einen animierten Rahmen zugewiesen bekommen hat. Damit sich Überblendung und Rahmenanimation nicht überschneiden, weist MAGIX dem Rahmen eine „Dauer" zu.

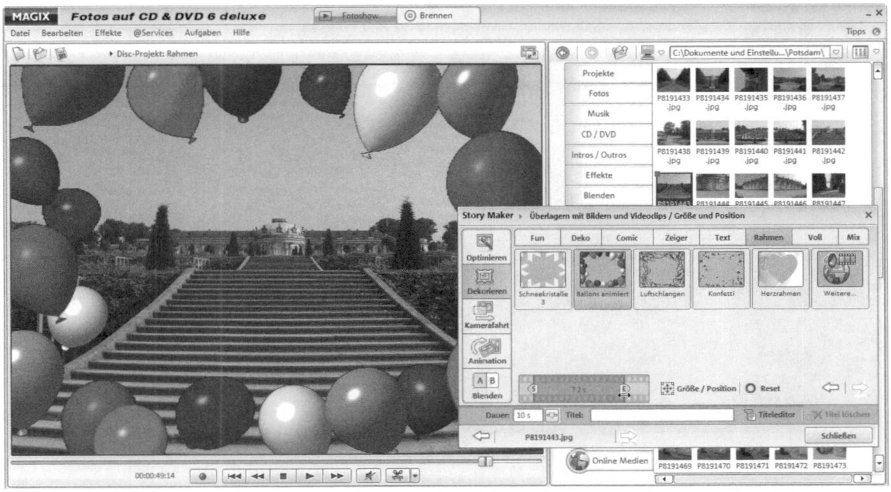

Dabei wird standardmäßig eine Pause von zwei Sekunden am Anfang und Ende der Bildanzeige gelassen. So können Sie vom ersten Bild überblenden (2 Sekunden), dann innerhalb von 8 Sekunden die Rahmenanimation laufen lassen und anschließend mit oder ohne animierten Rahmen in das nächste Bild überblenden (2 Sekunden). Welche Zeiteinstellung jeweils optimal ist, hängt stark vom gewählten Überblendeffekt und dem gewählten Rahmen ab. Aus diesem Grund können Sie die Dauer der Rahmenanzeige und Rahmenanimation manuell anpassen. Nutzen Sie dafür den Zeitbalken im *Story Maker*.

5 Möchten Sie einen Rahmen zurücksetzen, klicken Sie auf das *Reset*-Symbol. Sind Sie mit dem Rahmen und den gewählten Einstellungen zufrieden, beenden Sie den *Story Maker* mit einem Klick auf die Schaltfläche *Schließen*.

Weitere Rahmen aus dem MAGIX Online Medien Katalog

Genügt Ihnen die vorhandene Auswahl an statischen und animierten Rahmen nicht oder ist einfach nicht der richtige Effekt dabei? Klicken Sie auf das Symbol *Weitere* am Ende der Liste der verfügbaren Rahmen. Der MAGIX Online Medien Katalog wird geöffnet, in dem Sie eine Reihe weiterer Effekte, Vorlagen sowie Sounds, Bilder und Videos finden.

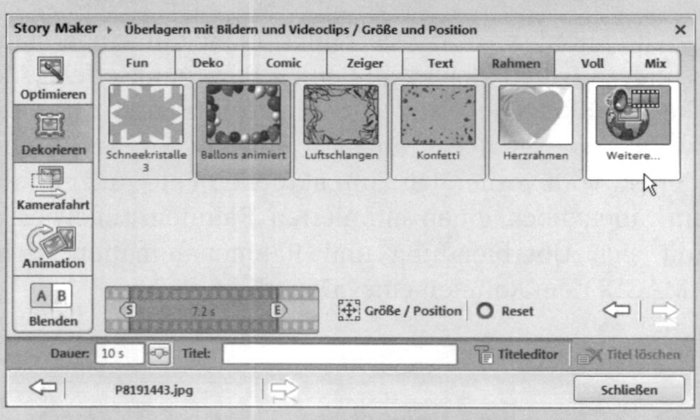

6. Der Ton macht nicht nur die Musik! – Kommentare und Hintergrundsounds hinzufügen

Ihre Fotoshow ist inzwischen fast perfekt arrangiert, die Übergänge sitzen, und Textkommentare und Titel sind zugewiesen. Dann fehlt für den letzten Schliff nur noch die Musik.

MAGIX bietet Ihnen die Möglichkeit, Ihre Fotoshow mit verschiedenen Hintergrundsounds zu versehen. Als Ausgangsmaterial dienen dabei meist MP3-Dateien, aber auch das Einlesen der gewünschten Hintergrundmusik von einer Audio-CD ist möglich.

Zu guter Letzt besteht die Vertonung Ihrer Fotopräsentation aber nicht nur aus Hintergrundsounds. MAGIX bietet Ihnen darüber hinaus die Möglichkeit, auch Audiokommentare aufzunehmen und so zum Beispiel zu einzelnen Szenen noch etwas zu erzählen oder Originalgeräusche von anderen Quellen aufzunehmen und der Show hinzuzufügen. Dieses Kapitel zeigt Ihnen, wie es geht.

6.1 Der entscheidende Stimmungsmacher: Hintergrundmusik aus Ihrer Urlaubsregion hinzufügen

Analog zum Arrangieren der Fotos in der Fotoshow besteht der erste Schritt der Fotoshow-Vertonung darin, die gewünschten Songs in den Medienpool zu laden.

Klicken Sie dazu im Medienpool auf die Schaltfläche *Musik*. Standardmäßig enthält das Programm hier bereits eine Reihe von Hintergrundsongs. Diese werden in den einzelnen Fotoshow-Styles verwendet, auf die Sie bereits im Einstiegskapitel zugreifen konnten, um mit wenigen Mausklicks eine effektvolle Fotoshow zu erzeugen.

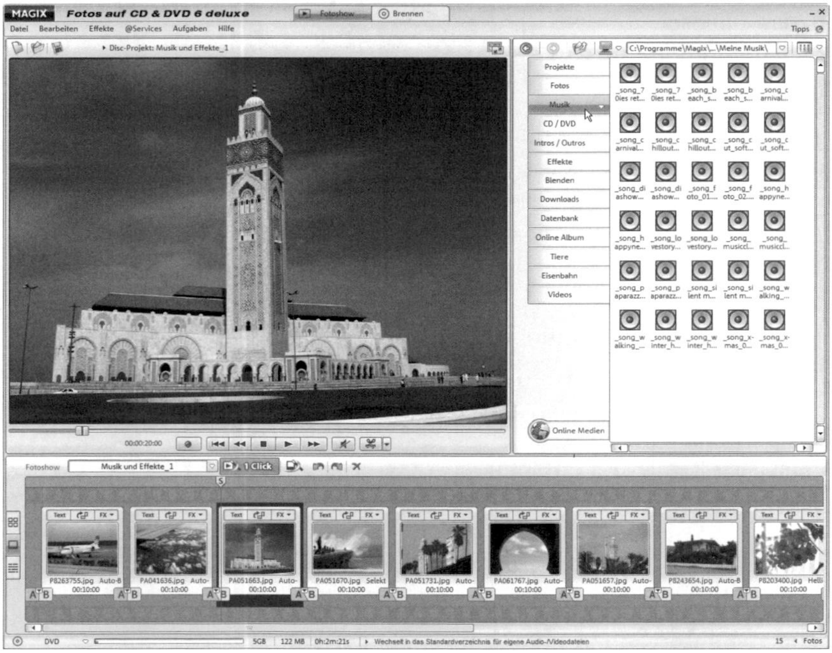

Verknüpfung zu Musikordner erstellen

1 Möchten Sie weitere Songs in den Medienpool laden, haben Sie analog zum Einbinden Ihrer Fotoordner zwei Möglichkeiten. Die erste Möglichkeit besteht darin, eine Verknüpfung auf einen bestimmten Ordner in der Medienpool-Schaltflächenleiste zu erzeugen. Sie bekommen dadurch eine eigene Schaltfläche, über die Sie auf einen ganz konkreten Ordner mit Musikdateien zugreifen können.

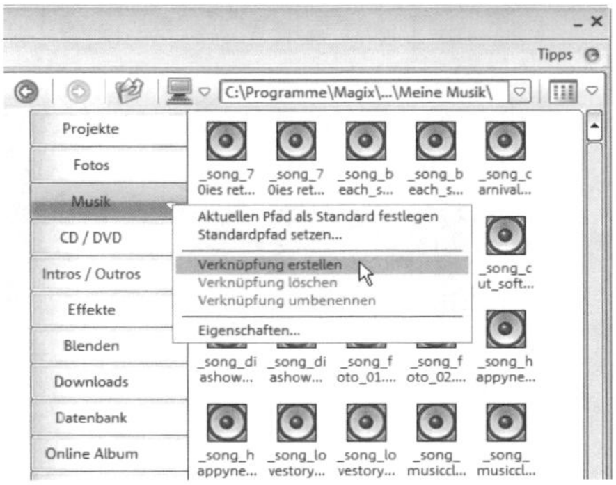

Klicken Sie dazu die Schaltfläche *Musik* mit der rechten Maustaste an und wählen Sie *Verknüpfung erstellen.*

2 Es erscheint das Dialogfenster *Verknüpfung erstellen,* das Ihnen einen Unterordner des MAGIX-Installationsverzeichnisses als Verknüpfungsziel vorschlägt. Wechseln Sie in den gewünschten Ordner, in dem die Musikdateien liegen, die Sie als Hintergrunduntermalung verwenden möchten. Typischerweise ist dies der Ordner *Eigene Dateien/Eigene Musik.*

Haben Sie den richtigen Ordner gefunden und ausgewählt, geben Sie im Feld *Beschreibung* einen Namen für die Beschriftung der Schaltfläche im Medienpool an, zum Beispiel *Meine MP3s.* Klicken Sie dann auf *Öffnen.*

3 MAGIX lädt nun alle Audiodateien des gewählten Ordners in den Medienpool. Das kann bei einem größeren Musikarchiv auf Ihrer Festplatte einen Moment dauern. In der Statusleiste am oberen Fensterrand zeigt das Programm den Fortschritt an, wenn auch etwas irreführend mit dem Titel *Lade Vorschaugrafiken.*

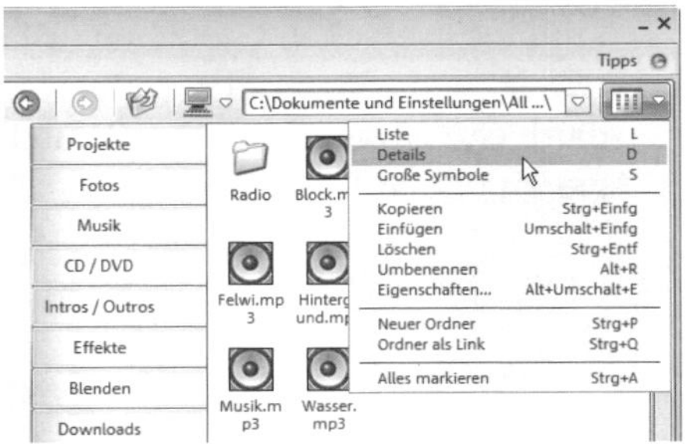

Je nach bisher im Medienpool gewählter Anzeige erscheinen die Songs nun als Liste von Vorschausymbolen, als einfache Liste von Dateinamen oder als Liste mit Detailinformationen. Klicken Sie einen Song im Medienpool mit der rechten Maustaste an und wählen Sie aus dem erscheinenden Kontextmenü die gewünschte Anzeigeart. Im Gegensatz zur tatsächlichen Anzeige der Vorschaubilder von Fotos empfiehlt sich bei Musikdateien meist eher die Listenanzeige, weil Sie so längere Dateinamen besser lesen können.

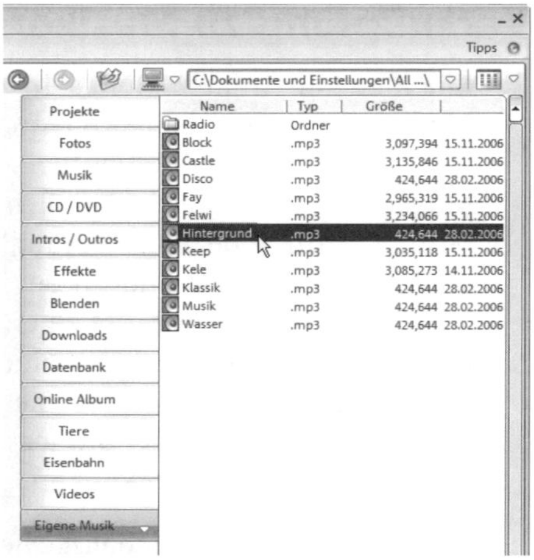

Schnellerer Zugriff für die Vertonung: Standardmusikordner definieren

1 Möchten Sie neben der direkten Verknüpfung zu einem speziellen Ordner mit Hintergrundmusik für die aktuelle Fotoshow auch einen Standardordner für Musikdateien festlegen, klicken Sie die Schaltfläche *Musik* erneut mit der rechten Maustaste an und wählen aus dem Kontextmenü *Standardpfad setzen*.

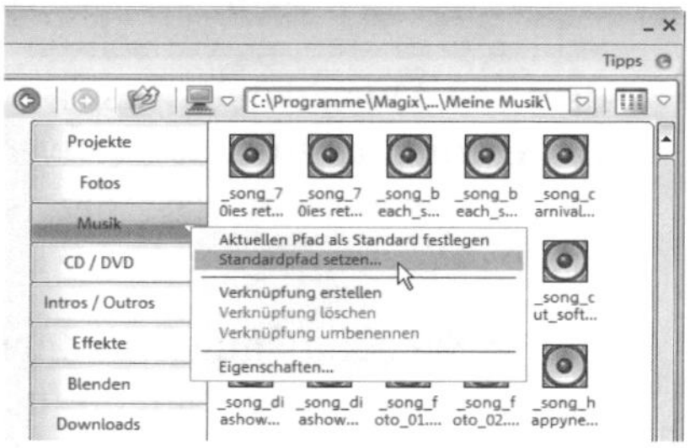

2 Analog zum Hinzufügen einer Ordnerverknüpfung erscheint jetzt ein Dialogfenster, in dem Sie zum gewünschten Standardverzeichnis Ihrer Musikdateien navigieren und auf *Öffnen* klicken.

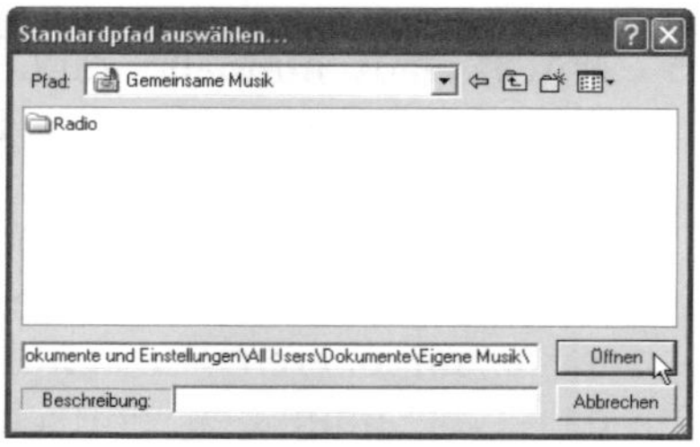

Vorsicht beim Import von großen Musikarchiven in den Medienpool

Achten Sie beim Einbinden von Ordnern mit wirklich vielen Musikdateien in den Medienpool darauf, dass dieser nur sehr schwerfällig mit großen Medienarchiven umgeht. Wenn Sie eine Verknüpfung auf einen Ordner mit 5.000 oder 10.000 MP3s erstellen oder diesen Ordner als Standardpfad in die Rubrik *Musik* des Medienpools einbinden, ist eine zügige Arbeit kaum noch möglich. Allein das Scrollen durch die Dateiliste wird selbst mit einem sehr schnellen Rechner zu einer trägen Aktion, sodass Sie Schwierigkeiten haben, einen gewünschten Song zu finden.

3 Die im gewählten Ordner vorhandenen Musikdateien werden in die Rubrik *Musik* im Medienpool eingeordnet und sind nun für die Vertonung der Fotoshow verfügbar.

Hat der gewählte Ordner weitere Unterordner, sind auch diese als solche im Medienpool verfügbar.

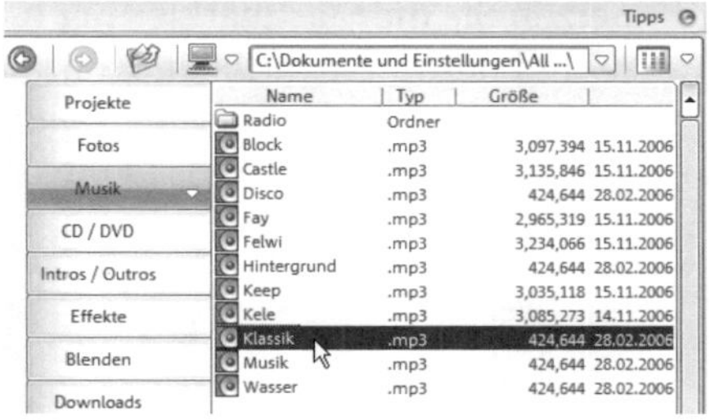

> **Einfachklick für die Vorschau, Doppelklick für die Übernahme in die Fotoshow**
>
> Wenn Sie im Medienpool einen Song einmal anklicken, spielt das Programm diesen an. Klicken Sie doppelt, wird der Song in die Fotoshow übernommen und beginnt an der aktuellen Stelle der Positionsmarkierung in der Fotoshow, d. h. beim gerade markierten Foto.
>
> Beachten Sie, dass bei größeren Musikarchiven die Abspielfunktion leicht verzögert einsetzen kann, wenn das Programm im Hintergrund noch den Ordner überwacht. Wenn das Abspielen am Anfang partout nicht funktioniert, können Sie auch einen Song markieren und unter dem Vorschaubildschirm auf den Wiedergabeschalter klicken. Läuft die Wiedergabe einmal, können Sie auch im Medienpool nacheinander verschiedene Songs anklicken. Die Wiedergabe aller Titel beginnt nun in der Regel reibungslos.

Songs in die Fotoshow einfügen

1 Um Hintergrundmusik und später eventuelle Audiokommentare zu arrangieren, ist die standardmäßige Storyboard-Ansicht der Fotoshow weniger geeignet, da hier nur die einzelnen Elemente ohne Zeitbezug und die einzelnen Spuren für Foto/Video, Effekte und Ton sichtbar sind.

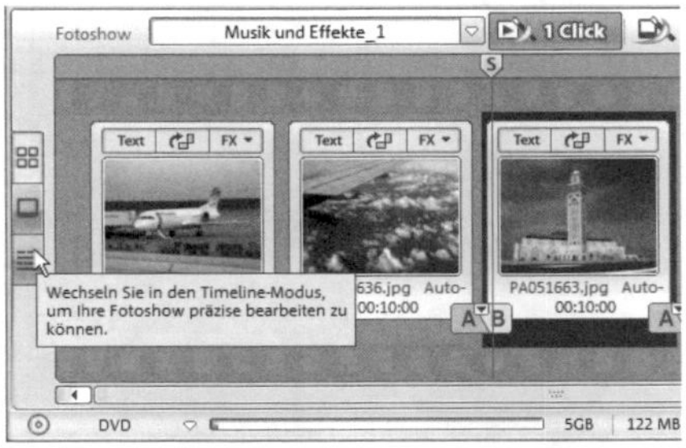

Aus diesem Grund bietet MAGIX als zweite Ansicht die Timeline- oder Zeitleistenanzeige. Klicken Sie auf die Schaltfläche *Timeline* links neben dem Storyboard, um die Anzeige entsprechend zu wechseln.

2 MAGIX wechselt zur Zeitleisten-Anzeige und zeigt die bisher erstellte Fotoshow nun in ihrem Zeitablauf an. Haben Sie einzelnen Fotos eine individuell längere Anzeigedauer zugewiesen oder kurze Videoclips hinzugefügt, nehmen diese in der Zeitleistenanzeige entsprechend mehr Platz ein als ein Foto mit Standardanzeigedauer. Außerdem sind nun unter der Foto/Video-Spur drei weitere Spuren sichtbar: die zur Foto/Video-Spur gehörende Tonspur, die gegebenenfalls den Originalton von Videoclips enthält, die Effekte-Spur sowie die Audiospur für Ihre Hintergrundmusik.

Setzen Sie die Startmarkierung (erkennbar am gelben *S*-Regler in der Zeitleiste und der roten vertikalen Markierungslinie) an die gewünschte Position, an der der erste Song eingefügt werden soll. Sie können dazu entweder an der gewünschten Stelle in das Lineal klicken oder den *S*-Regler an die gewünschte Position verschieben.

3 Doppelklicken Sie im Medienpool nun auf den gewünschten Song, um diesen an der markierten Position einzufügen. Alternativ können Sie einen Dateinamen im Medienpool auch anklicken und an die gewünschte Stelle in der Zeitleiste ziehen.

4 Einmal eingefügt, können Sie den Song frei in der Audiospur bewegen. Klicken Sie auf den eingefügten Audiobalken und ziehen Sie ihn an eine gewünschte andere Stelle.

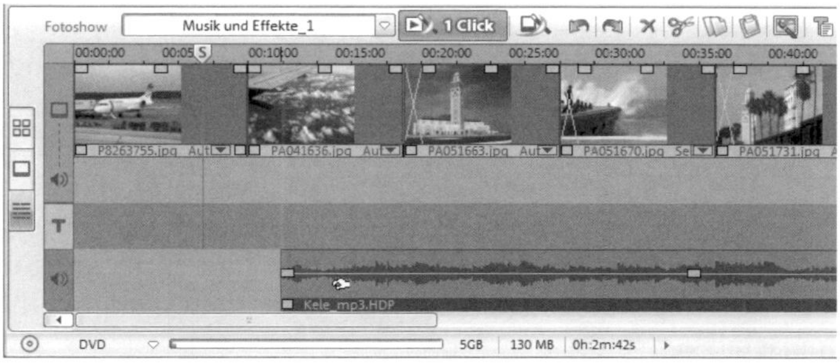

5 Nutzen Sie die Bildlaufleisten, um zum Ende des ersten Songs in der Fotoshow zu scrollen, und fügen Sie einen weiteren Song ein. Ziehen Sie diesen dazu direkt hinter den ersten Song oder setzen Sie die Startmarkierung an die entsprechende Stelle und führen Sie erneut einen Doppelklick auf die gewünschte Datei aus.

Songs ineinander mixen

Ähnlich wie die Überblendungen von Fotos können Sie mit MAGIX auch Hintergrundsongs ineinander mischen. Das ist nicht nur professionell, sondern auch denkbar einfach. Ziehen Sie einfach den folgenden Song in der Timeline-Anzeige etwas über den vorhergehenden. MAGIX fügt automatisch einen so genannten Crossfade ein, dabei überlagern sich die beiden Songs, wobei der erste Song ausgeblendet und der zweite Song zunehmend eingeblendet wird.

Setzen Sie die Startmarkierung nun ein Stück vor das Ende des ersten Songs und klicken Sie auf den Wiedergabeschalter unter dem Vorschaubildschirm. Testen Sie, ob sich das Ergebnis gut anhört, und passen Sie gegebenenfalls die Überblendungslänge an, indem Sie den zweiten Song noch weiter nach links oder wieder ein Stück nach rechts ziehen. Sinnvolle Crossfade-Dauern in der Praxis liegen meist zwischen 5 und 8 Sekunden.

6.2 Rauschen und störende Hintergrundgeräusche entfernen

Ebenso wie MAGIX eine *Foto optimieren*-Funktion zum Nachbearbeiten von Fotos bietet, stellt das Programm auch eine *Audio Cleaning*-Funktion zur Verfügung. Mit dieser Funktion haben Sie die Möglichkeit, Störgeräusche aus Aufnahmen zu filtern, zum Beispiel das typische Knistern und Knacken von Schallplattenaufnahmen. Mit dem Equalizer können Sie bei klanglich „dünnen" Aufnahmen zum Beispiel die Bässe anheben oder bei dumpf klingenden Musikstücken versuchen, die Höhen zu beleben. Dieser Abschnitt zeigt Ihnen Schritt für Schritt, wie Sie die einzelnen Funktionen des *Audio Cleaning*-Dialogs optimal nutzen und wofür die einzelnen Effekte im Detail gut sind.

1 Um eine Audioaufnahme mit der *Audio Cleaning*-Funktion nachzubearbeiten, klicken Sie diese in der Timeline-Anzeige mit der rechten Maustaste an und wählen aus dem erscheinenden Kontextmenü den Befehl *Audio Cleaning*. Alternativ markieren Sie einen Song in der Tonspur und drücken die der Funktion zugeordnete Tastenkombination Umschalt+A.

2 Das *Audio Cleaning*-Dialogfenster erscheint und präsentiert als Erstes im Register *Störgeräuschbefreiung* den Declipper, den Denoiser und den Dehisser sowie einige erläuternde Tipps.

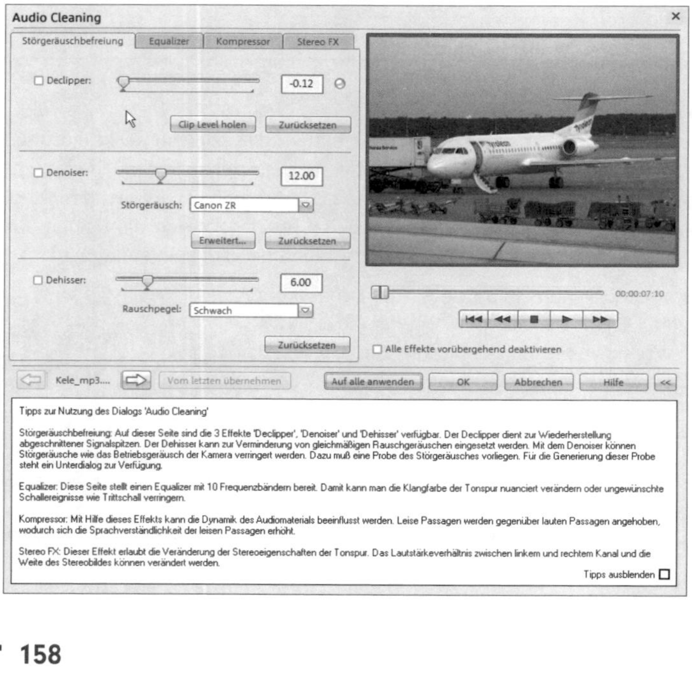

Haben Sie diese gelesen, können Sie sie unten rechts mit *Tipps ausblenden* deaktivieren.

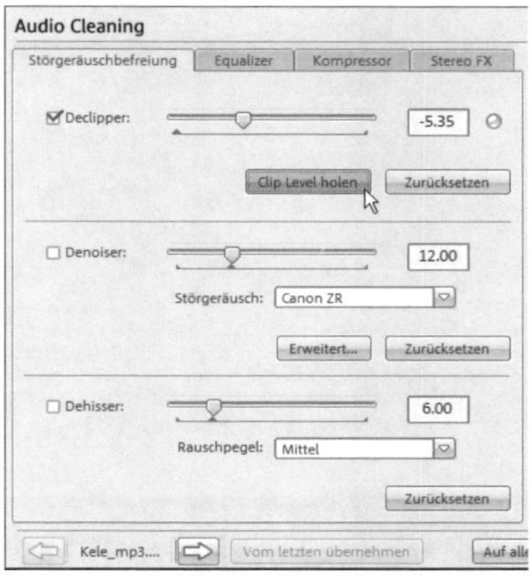

3 Mit dem Declipper können Sie Knacksen und Klicken aus einer Aufnahme entfernen. Ein typisches Beispiel hierfür sind Schallplattenaufnahmen. Aber auch viele andere Aufnahmen können zum Knacken neigen, was Sie hiermit bereinigen können. Aktivieren Sie den Declipper zunächst mit einem Haken. Nun können Sie den Clip-Level mit dem Regler manuell einstellen. Die Schaltfläche *Clip Level holen* analysiert die Musik und stellt den Clip-Level automatisch ein. Hier ist aber etwas Vorsicht geboten, da die Funktion überaus gründlich vorgeht. Heftige Beats und helles Klingeln wird dabei manchmal fälschlicherweise ebenfalls mit abgeschnitten.

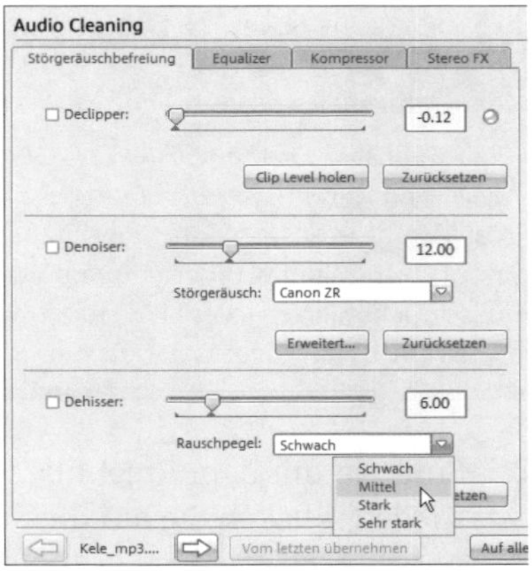

4 Um ein Rauschen aus einer Aufnahme zu entfernen, verwenden Sie den Dehisser. Nutzen Sie das Listenfeld *Rauschpegel*, um eine der Voreinstellungen *Schwach, Mittel, Stark* oder *Sehr stark* für verschiedene Rauschintensitäten zu nutzen. Testen Sie den Effekt über den Wiedergabeschalter unter dem Vorschaufenster und nutzen Sie den Dehisser-Schieberegler, um die Rauschunterdrückung feiner einzustellen.

5 Wenden Sie sich nun dem Denoiser zu. Mit dieser Funktion können Sie anhaltende und gleichmäßige Störgeräusche entfernen, wie sie beispielsweise durch das Betriebsgeräusch einer Videokamera oder ein konstantes Brummen bei einer Audioaufnahme (Brummschleife) entstehen können. Sollte ein solcher Fall vorliegen, zum Beispiel wenn Sie auch Videoclips in die Fotoshow integriert haben, können Sie an dieser Stelle das Störgeräusch filtern. Damit die Funktion optimal arbeiten kann, benötigt das Programm eine Probe des typischen, reinen Störgeräusches. Probieren Sie zuerst, wie gut die Störgeräuschbeseitigung mit den Proben der im Listenfeld *Störgeräusch* aufgeführten Kameras funktioniert. Hier hat MAGIX bereits einige Muster verbreiteter Videokameras bereitgestellt. Wählen Sie dazu nach und nach die einzelnen Modelle und testen Sie das Ergebnis mit einem Klick auf den Wiedergabeschalter im Vorschaubereich rechts.

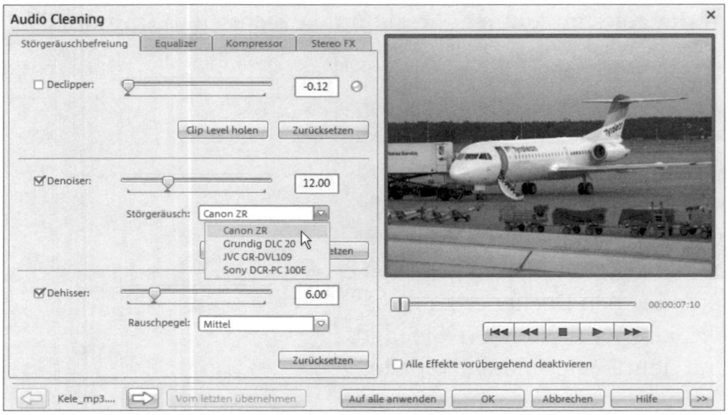

Die Verwandtschaft der MAGIX-Lösungen für Fotoshows zum Videoschnitt ist unverkennbar

An verschiedenen Stellen im Buch wird deutlich, dass Sie mit MAGIX Fotos auf CD & DVD weit mehr machen können, als nur Fotos zu arrangieren. Bereits bei der Zusammenstellung der Fotoshow wurde klar, dass Sie auch gewöhnliche Videoaufnahmen in die Fotoshow integrieren können (siehe Seite 77). Dabei muss es sich nicht nur um die kurzen Videoclips aus digitalen Fotokameras handeln, sondern selbst Videodateien mit über einer Stunde Länge lassen sich laden, schneiden und vertonen.

Spätestens im Dialog *AUDIO CLEANING* mit den Vorlagen für verschiedene Videokameramodelle und deren Betriebsgeräusche wird klar: Die Lösungen von MAGIX für Videoschnitt und das Arrangieren von Fotoshows bauen auf der gleichen Lösung auf. Wundern Sie sich daher nicht, wenn Sie im Programm auf Funktionen stoßen, die eigentlich für reine Fotoshows nur beschränkt Sinn machen. Freuen Sie sich stattdessen, mit MAGIX Fotos auf CD & DVD gleich noch ein vernünftiges Programm zum Arrangieren von Videoclips bekommen zu haben.

6 Sind Sie mit dem Ergebnis der Störgeräuschbeseitigung noch nicht ganz zufrieden, klicken Sie auf die Schaltfläche *Erweitert*. Im folgenden Dialog erhalten Sie wieder einige grundlegende Tipps, die Sie nach dem Lesen wie zuvor ausblenden können. Das verbleibende Dialogfenster *Denoiser - Erweiterte Einstellungen* unterteilt sich in zwei Bereiche.

Im ersten Bereich bzw. Schritt wählen Sie ein möglichst charakteristisches Noise-Sample, d. h. ein Muster des Störgeräusches. Im zweiten Schritt wird dieses Störgeräusch gefiltert, wobei zwei Regler den Grad optimaler Filterung ermöglichen sollen.

7 Die beste Möglichkeit, ein solches Muster des Störgeräusches zu erzeugen, besteht in der Option *Noise-Sample-Position suchen*. Nutzen Sie diese Option und klicken auf *Nächstes*, sucht das Programm automatisch nach einer möglichst leisen Passage in der gewählten Aufnahme. Über *Abspielen* können Sie diese Passage probeweise anhören und testen, ob das gesuchte Geräusch enthalten ist.

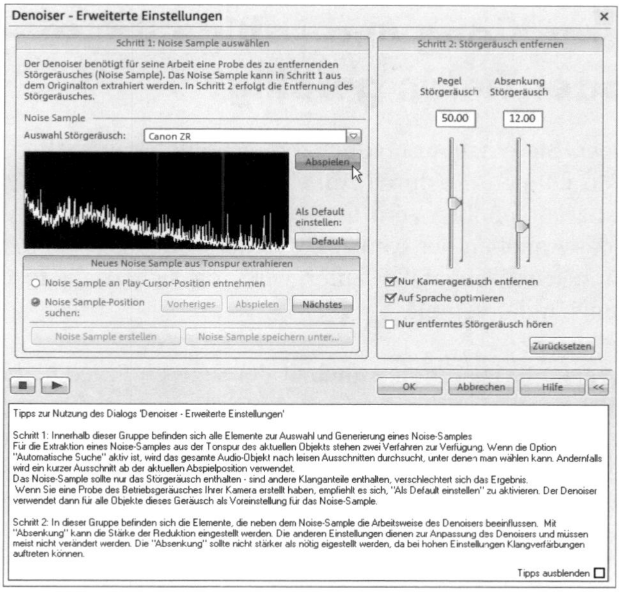

Falls Ihnen der erste Treffer nicht ideal scheint, suchen Sie mit *Nächstes* nach weiteren leisen Passagen. Je klarer das Störgeräusch zu hören ist und je weniger Nebengeräusche vorhanden sind, umso besser kann das Geräusch identifiziert und später gefiltert werden. Haben Sie eine charakteristische Passage gefunden, können Sie über *Noise-Sample erstellen* und *Noise-Sample speichern unter* das Störgeräuschmuster festhalten. MAGIX vergibt automatisch den Namen *NoisePrint* für die Aufnahme und fügt das Muster dem Listenfeld mit den Kameramodellen hinzu. Auf diese Weise können Sie es bei weiteren Aufnahmen wieder verwenden.

Identifiziertes Störgeräusch als Default einstellen

Haben Sie auf die beschriebene Weise ein Störgeräusch wie das Kamerasurren oder ein Brummen identifiziert und ein Noise-Sample erstellt, sollten Sie dieses Muster als Standardeinstellung für alle folgenden Bearbeitungen aktivieren. Klicken Sie dazu auf die Schaltfläche *Als Default einstellen*. In Zukunft verwendet MAGIX bis auf weiteres dieses Noise-Sample, wenn Sie mit dem Denoiser Störgeräusche aus Aufnahmen filtern möchten.

8 Testen Sie nun im rechten Bereich des Dialogfensters verschiedene Pegeleinstellungen. Hören Sie sich die Aufnahme über *Abspielen* zur Probe an. Sie sollten das Störgeräusch dabei nur so weit wie nötig absenken, da bei zu extremen Reglereinstellungen der Originalklang schnell verfremdet wird. Klicken Sie auf *OK*, wenn die Einstellungen passen.

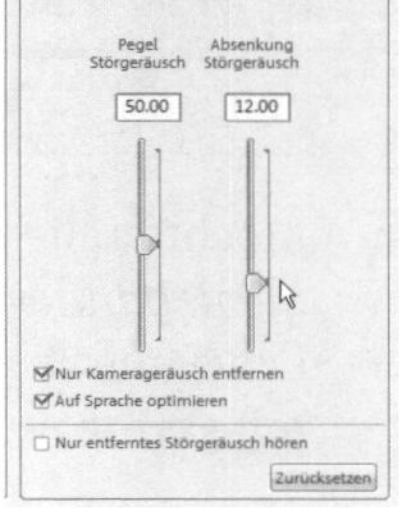

6.3 Kristallklarer Klang und saftige Bässe – mehr Höhen oder Tiefen gefällig?

Mit dem Equalizer können Sie einzelne Frequenzbereiche einer Aufnahme betonen oder reduzieren. So können Sie durch Anheben der höheren Frequenzen erreichen, dass Sprache hervorgehoben wird und so besser verständlich ist. Auf der anderen Seite führt das Anheben der Lautstärke hoher Töne auch dazu, dass ein vorhandenes Grundrauschen ebenfalls lauter wird, da sich das Rauschen über die höheren Frequenzbänder verteilt.

Ebenso können Sie schwache Bässe durch Anheben der tieferen Frequenzbereiche kräftigen, ein möglicherweise vorhandenes Brummen wird in diesem Fall jedoch auch lauter. Erhöhen Sie die Bässe zu sehr, verliert die Aufnahme an Brillanz, wenn die Tiefen die Höhen zu sehr übertönen. Der Equalizer will also mit Bedacht eingesetzt werden, ermöglicht aber bei gezieltem Einsatz, vorhandenes Klangmaterial gehörig aufzupolieren.

1 Klicken Sie den gewünschten Song in der Fotoshow mit der rechten Maustaste an, wählen Sie aus dem erscheinenden Kontextmenü den Befehl *Audio Cleaning* und wechseln Sie in das Register *Equalizer*.

2 Wählen Sie aus dem Listenfeld *Voreinstellungen* eine Equalizer-Voreinstellung, um zum Beispiel Sprache auf die eine oder andere Art hervorzuheben oder die typische U-Formation der Regler, hier als *HiFi-Sound (für Musik)* bezeichnet, zu wählen, bei der sowohl die Höhen als auch die Tiefen leicht angehoben werden.

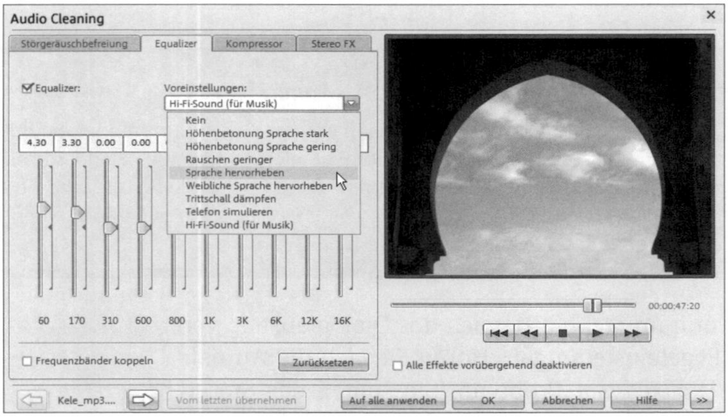

3 Möchten Sie die Regler manuell anpassen, empfiehlt es sich, die Option *Frequenzbänder koppeln* zu aktivieren. Dabei werden neben dem tatsächlich bewegten Regler auch die beiden benachbarten Regler mitbewegt, allerdings mit geringerem Umfang.

Auf diese Weise erreichen Sie, dass nicht ein einzelnes Frequenzband besonders hervorklingt, sondern die Frequenzen über eine größere Breite und feiner abgestuft angepasst werden.

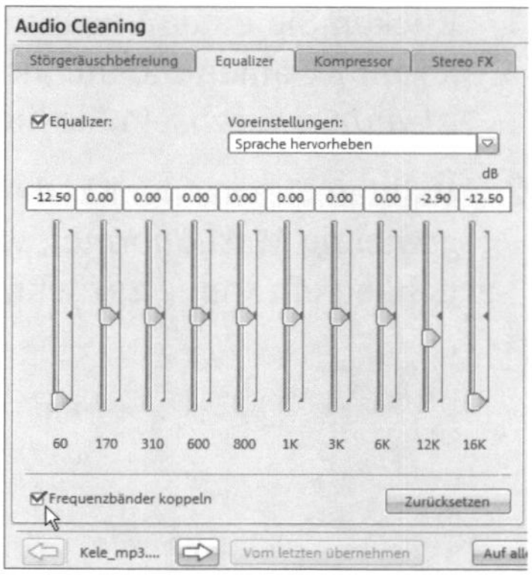

Klangeffekte für mehrere Hintergrundsongs einstellen

Haben Sie die Equalizer-Einstellungen wunschgemäß festgelegt, können Sie diese auch für weitere Songs übernehmen, die Sie bereits als Hintergrunduntermalung der Fotoshow arrangiert haben.

Klicken Sie dazu einfach auf das Pfeilsymbol am unteren Rand des Dialogfensters *Audio Cleaning* und wählen Sie dann *Vom letzten übernehmen*. Alternativ klicken Sie auf die Schaltfläche *Auf alle anwenden*, wenn die gewählten Reglereinstellungen auf alle Songs in der Fotoshow übernommen werden sollen.

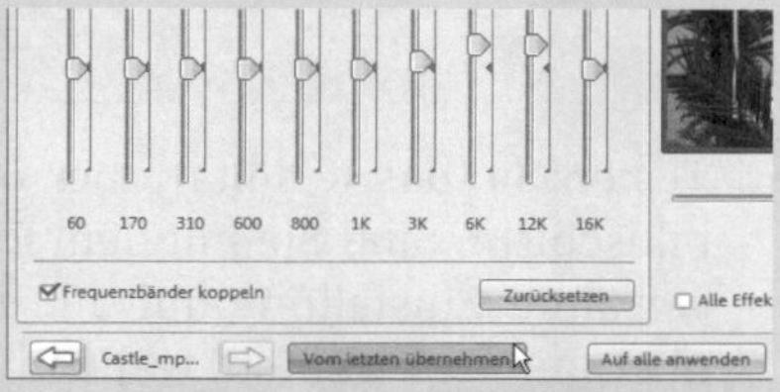

6.4 Verständlichkeit von Sprache in Musik bei konstanter Lautstärke erhöhen: Kompressor

MAGIX verfügt mit dem Kompressor über eine Klangbearbeitungsfunktion, die sonst nur in professionellen Wave-Editoren oder als Hardwarelösung in Musikstudios benutzt wird. Mit dieser Funktion können Sie die so genannte Dynamik einer Aufnahme in der Art beeinflussen, dass leisere Passagen gegenüber lauteren hervorgehoben werden. Auf diese Weise können Sie die Verständlichkeit von Sprache in einer Aufnahme steigern, ohne die Gesamtlautstärke zu erhöhen.

Eine funktional ähnliche Option bieten verschiedene DVD-Heimkinolösungen, bei denen der Dolby-Digital-Receiver über einen „Night-Modus" oder Ähnliches verfügt. Auch hier werden die leisen Sprachanteile hervorgehoben und gleichzeitig Lautstärkespitzen wie zum Beispiel von Explosionen gedämpft. Damit erreichen Sie, dass Sie trotz moderater Lautstärke die Sprache gut verstehen und nicht mit extremer Lautstärke die Nachbarn stören.

1 Klicken Sie einen Song in der Zeitleisten-Anzeige mit der rechten Maustaste an und wählen Sie aus dem erscheinenden Kontextmenü den Befehl *Audio Cleaning*. Wechseln Sie hier in das Register *Kompressor*.

2 Wählen Sie aus dem Listenfeld *Funktion* eine der Vorlagen, zum Beispiel *Begrenzung Musik normal*, wenn Sie die Musik zu Gunsten der Sprachverständlichkeit ein wenig zurücknehmen wollen.

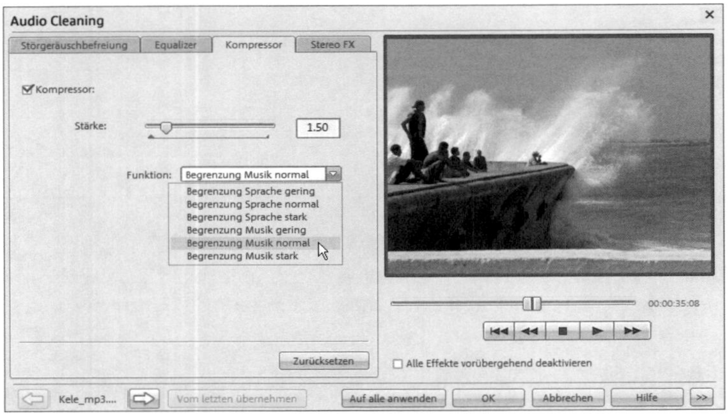

3 Testen Sie das Resultat über den Wiedergabeschalter unter dem Vorschaubildschirm. Sind Sie mit dem Ergebnis zufrieden, klicken Sie auf *OK*. Soll die gewählte Einstellung auf alle derzeit in der Fotoshow vorhandenen Songs übernommen werden, wählen Sie *Auf alle anwenden*.

6.5 Machen Sie Ihren Sound räumlicher – mit der Stereobasisverbreiterung

Eine letzte Funktion, die Ihnen im Dialog *AUDIO CLEANING* zur Verfügung steht, ist die Steuerung des Stereoklangs der gewählten Hintergrundmusik. Hier können Sie eine Stereobasisverbreiterung wählen. Mit diesem Effekt suggerieren Sie, die Musik würde in einem großen Raum oder einer weiten Fläche spielen – sie klingt sozusagen „räumlicher". Als einseitige Effekte haben Sie die Möglichkeit, eine Seite des Stereofelds lauter oder leiser klingen zu lassen. Dies kann insbesondere bei Aufnahmen mit Camcordern sinnvoll sein, bei denen die Musik nur von einer Kameraseite in das Mikrofon fiel.

1 Klicken Sie in der Timeline-Anzeige der Fotoshow den gewünschten Hintergrundsong mit der rechten Maustaste an, wählen Sie aus dem erscheinenden Kontextmenü den Befehl *Audio Cleaning* und wechseln Sie in das Register *Stereo FX*.

2 Wählen Sie aus dem Listenfeld *Voreinstellungen* die Vorlage *Breiter* aus, um die Stereobasisverbreiterung zu aktivieren. Testen Sie das Ergebnis über den

Wiedergabeschalter unter dem Vorschaufenster und regulieren Sie den Effekt über den Schieberegler gegebenenfalls nach.

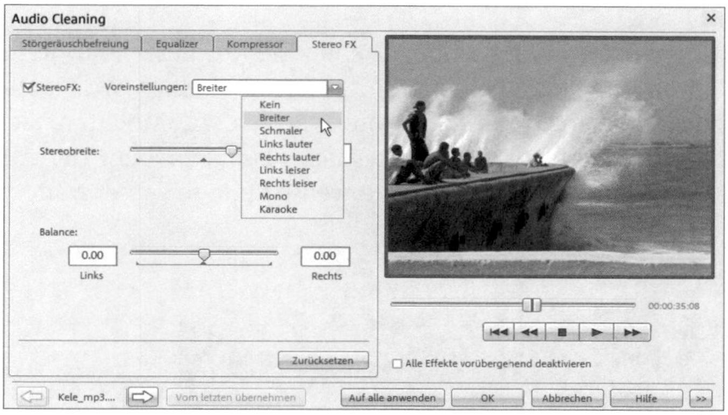

3 Testen Sie auf Wunsch noch die anderen Voreinstellungen und entscheiden Sie sich dann, welche Einstellung in Ihrem Fall am besten passt.

4 Um die gewählte Einstellung auf alle Songs in der Fotoshow zu übertragen, klicken Sie auf die Schaltfläche *Auf alle anwenden*. Klicken Sie ansonsten auf *OK*, wenn Sie mit dem Ergebnis des Effekts zufrieden sind.

Anzeige der gewählten Effekte hinter dem Dateinamen des Songs

Um nachzuprüfen, welche Effekte auf einen Song in der Fotoshow angewendet wurden, müssen Sie nicht den Dialog *Audio Cleaning* aufrufen und alle Register durchsehen: MAGIX zeigt die gewählten Effekte auf dem Balken des jeweiligen Songs in der Timeline-Anzeige direkt hinter dem Dateinamen an.

6.6 Immer genau richtig: die Lautstärke der Musik anpassen

Bei einer guten Fotoshow ist es immer wichtig, dass die Lautstärke der eingeblendeten Musik angepasst ist. Sie darf nicht zu leise sein, um die richtige Stimmung zu transportieren. Sie darf aber auch keinesfalls zu laut sein, weil sie dann eher störend wirkt. Die Anpassung vollzieht sich in der Regel in drei Schritten: Sie können erstens die Gesamtlautstärke des Songs anpassen, Sie können ihn zweitens einblenden und drittens die Lautstärke zum Ende des Titels langsam abfallen lassen, d. h. ausblenden.

1 Um die Gesamtlautstärke eines Titels anzupassen, gehen Sie in der Zeitleisten-Anzeige zum gewünschten Musikstück. Nun suchen Sie im Audiobalken des Stücks (Wellendarstellung) das mittlere Anfasskästchen.

Greifen Sie den Punkt mit der Maus und ziehen Sie ihn tiefer, um die Lautstärke des gesamten Stücks zu reduzieren. Der Audiobalken wird entsprechend Ihrer Mausbewegung in seiner Höhe verkleinert. Möchten Sie die Lautstärke erhöhen, müssen Sie den Punkt nach oben schieben. Der Audiobalken wird sich dabei nicht vergrößern, die weiße Linie in seiner Mitte wandert aber nach oben.

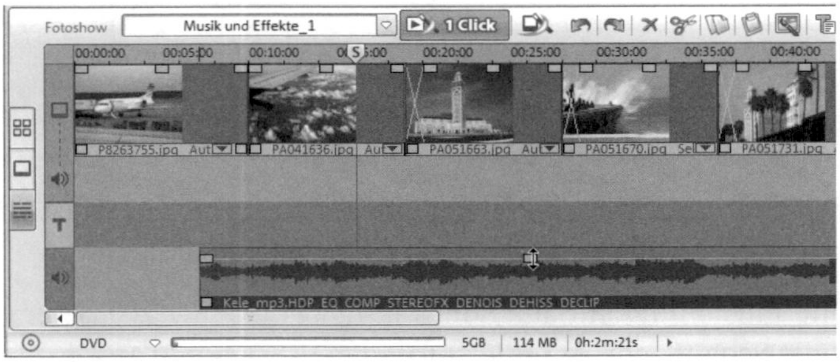

2 Möchten Sie ein Stück am Anfang langsam einblenden, klicken Sie auf das erste Anfasskästchen, das sich am Anfang des Balkens und horizontal in der Mitte der Wellendarstellung befindet. Ziehen Sie dieses Kästchen nach rechts, erzeugen Sie damit eine ansteigende weiße Linie. Diese Linie spiegelt die anwachsende Lautstärke wider. Je weiter Sie das Kästchen nach rechts ziehen, umso länger dauert die Einblendung und umso langsamer steigt die Musiklautstärke bis zum Normalniveau des Stücks an.

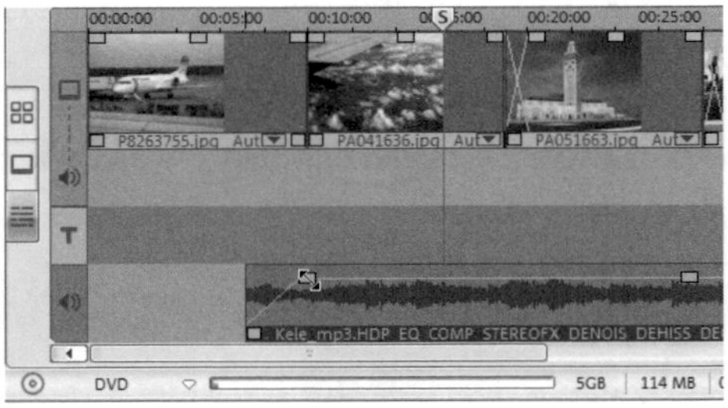

3 Wiederholen Sie analog den Vorgang, um das Stück auszublenden. Scrollen Sie mit der Bildlaufleiste zum Ende des gewünschten Songs, greifen Sie den letzten Anfasser für die Lautstärke und ziehen Sie ihn nach links.

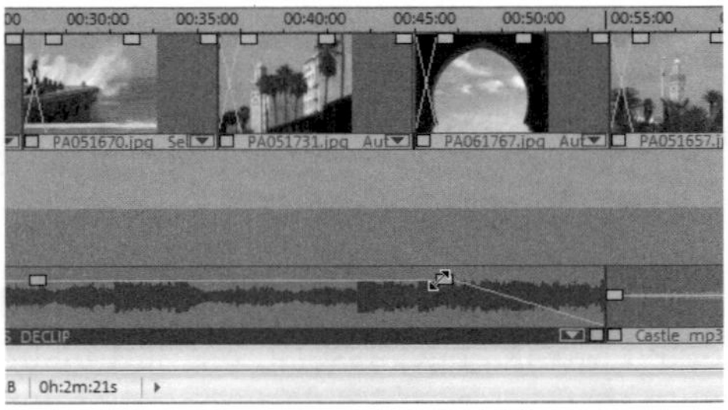

4 Testen Sie die gewählte Lautstärke sowie den Effekt der Ein- und Ausblendung über den Wiedergabeschalter unter dem Vorschaubildschirm.

Wiedergabe und Stopp der Vorschau auf Tastendruck

Sie können Ihre Fotoshow jederzeit begutachten, indem Sie auf den Wiedergabeschalter unter dem Vorschaubildschirm klicken. Hier haben Sie auch die Möglichkeit, zu einer gewünschten Position zu scrollen bzw. direkt an den Anfang oder das Ende der Fotoshow zu springen.

Eine in der Praxis hilfreiche Abkürzung: Sie können die Vorschau jederzeit mit einem Druck auf die [Leertaste] starten und stoppen. Dies geht meist schneller, wenn Sie mit einer Hand an der Maus gewünschte Veränderungen z. B. an Effekten vornehmen und mit der linken Hand blitzschnell die Vorschau starten und wieder anhalten.

Lautstärkeregelung während der Vorschau

Die kleinen Stärken und Schwächen eines Programms machen sich meist erst in Details der Bedienung bemerkbar. Positiv fällt bei MAGIX auf, dass Sie noch während der Wiedergabe die Lautstärke eines Songs anpassen können, indem Sie die oben beschriebenen „Anfasskästchen" höher oder tiefer ziehen und damit die Gesamtlautstärke anpassen. Sobald Sie die Lautstärkelinie auf einem neuen Niveau einrasten lassen, passt sich die Wiedergabe der Vorschau automatisch an die neue Einstellung an. Auf diese Weise können Sie den optimalen Pegel direkt beim Vorhören der Fotoshow und insbesondere bei der Wiedergabe des Wechsels zwischen zwei unterschiedlich lauten Songs anpassen.

Dies ist eine kleine, aber feine Funktion, die MAGIX anderen Programmen dieser Klasse voraushat. Häufig brechen Programme zum Erstellen von Fotoshows oder für den Videoschnitt die Vorschauwiedergabe ab, sobald Sie einen Effekt oder Parameter ändern.

6.7 Länge der Musik (an Länge der Fotoshow) anpassen

Nur in den seltensten Fällen stimmt die aktuelle Länge der Fotoshow mit der Länge der gewählten Hintergrundmusik überein. Daher werden Sie in den meisten Fällen die eine oder andere Dauer anpassen müssen. Nur so erhalten Sie eine vollständige musikalische Untermalung der Fotoshow, verhindern aber auch, dass die Musik länger als die Fotoshow läuft.

Grundsätzlich haben Sie folgende Möglichkeiten:

- Sie können die Länge eines Songs kürzen und diesen dann an der gewünschten Endposition ausblenden.
- Sie können die Länge der Fotoshow an die Länge der Musik anpassen, indem die durchschnittliche Anzeigedauer der Fotos entsprechend erhöht oder reduziert wird.
- Sie mischen mehrere vorhandene Hintergrundsongs ineinander, sodass die Gesamtlänge so weit abnimmt, dass das Ende des letzten Songs mit dem letzten Bild zusammenfällt. Dies funktioniert jedoch nur, wenn die Länge der Musik und der Fotoshow nur um ein paar Sekunden differieren.

Und so geht's:

1 Um einen Song zu kürzen, der über die Anzeige der Fotos hinaus andauert, nutzen Sie das kleine Kästchen am rechten unteren Rand des Audiobalkens. Ziehen Sie dieses Kästchen nach links, verkürzen Sie damit den Song bis zu der Stelle, an der Sie das Kästchen loslassen.

2 Möchten Sie eine minimale Überlänge des letzten Songs reduzieren, ohne diesen abzuschneiden, sollten Sie versuchen, den Anfang des letzten Songs etwas früher einsetzen zu lassen. Schieben Sie den gesamten Audiobalken des letzten Songs etwas nach links. Sofern direkt vor dem

letzten Song ein weiteres Musikstück aufhörte, mischt MAGIX das Ende des ersten mit dem Anfang des zweiten Songs ineinander. Das Programm führt einen so genannten Crossfade aus.

Was ist ein Crossfade?

Der Begriff des Crossfades kommt aus der DJ-Welt bzw. der Multimedia-Produktion und bezeichnet die Funktion bzw. Handlung, zwei Medienelemente ineinander zu mischen. Medienelemente können dabei zum Beispiel Musikstücke, aber auch Videos oder Fotos sein.

Bei einem Crossfade wird das Ende des ersten Elements ausgeblendet, während zeitgleich das folgende Element eingeblendet wird. Je nach Medientyp erfolgt die Einblendung über Lautstärke, Helligkeit und gegebenenfalls auch Farbe.

Die optimale Länge des Crossfades hängt vom verwendeten Material ab, zum Beispiel lassen sich Songs gut ineinander mischen, wenn diese mit Applaus enden, wie dies zum Beispiel bei Aufnahmen von Livekonzerten der Fall ist.

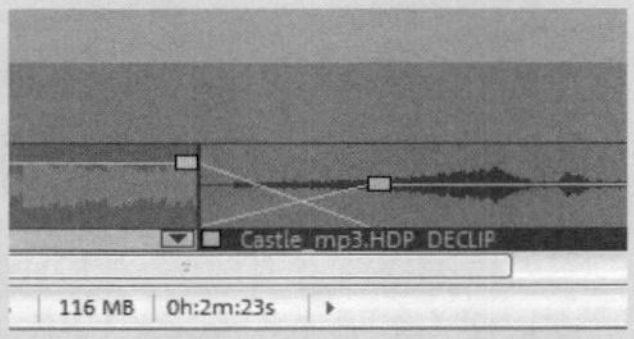

3 Erhöhen oder reduzieren Sie die Anzeigedauer eines einzelnen Bildes oder mehrerer Bilder, sodass die Fotoshow genau mit der gewählten Musik endet. Klicken Sie dazu doppelt auf das Zeitfeld eines Fotos in der Storyboard-Ansicht. Normalerweise zeigt dieses Feld die voreingestellte Standardanzeigedauer von 10 Sekunden je Foto an bzw. die von Ihnen beim Anlegen des Fotoshow-Projekts im *Neu*-Dialog festgelegte Dauer. Nach einem Doppelklick können Sie diese Dauer so anpassen, dass die Fotoshow-Länge optimal mit der Musiklänge zusammenpasst.

6.8 CD-Audiotracks als Hintergrundmusik laden

Nicht immer haben Sie alle gewünschten Audiodateien für die Hintergrundmusik bereits auf der Festplatte vorliegen. Oftmals ist das gewünschte Stück auf einer Audio-CD und muss erst noch auf den Computer kopiert werden.

Zum Glück ermöglicht MAGIX Ihnen, beliebige Tracks von Musik-CDs direkt einzulesen, ohne dass dafür gesonderte Programme oder Arbeitsschritte notwendig sind. Die Stücke werden dann gleich als Hintergrundmusik für Ihre Fotoshows verwendet. Die folgende Schritt-für-Schritt-Anleitung zeigt Ihnen, wie das geht.

1 Legen Sie die Musik-CD mit dem gewünschten Lied in Ihr DVD- oder CD-Laufwerk ein. In der Regel wechselt MAGIX automatisch im Medienpool zur Anzeige des CD-/DVD-Inhalts. Ist dies nicht der Fall, klicken Sie auf die Schaltfläche *CD/DVD* im Medienpool. Stellen Sie sicher, dass Sie sich in der Zeitleisten-Anzeige befinden. Falls gerade die klassische Storyboard-Ansicht aktiviert ist, wechseln Sie die Anzeige durch einen Klick auf die Schaltfläche *Timeline*.

2 Die einzelnen Titel auf der Audio-CD sind immer als *TrackXX.cda* durchnummeriert. Ziehen Sie das gewünschte Lied aus dem Medienpool und ziehen Sie es an die gewünschte Stelle in der Tonspur der Fotoshow.

3 Es erscheint ein neues Dialogfenster *Kopiere CD-Track Nr.: XXX*. Ein Statusbalken zeigt den Fortschritt des Vorgangs an, der bereits nach einigen Momenten abgeschlossen ist. Das hängt ein wenig von der Auslesegeschwindigkeit des Laufwerks ab.

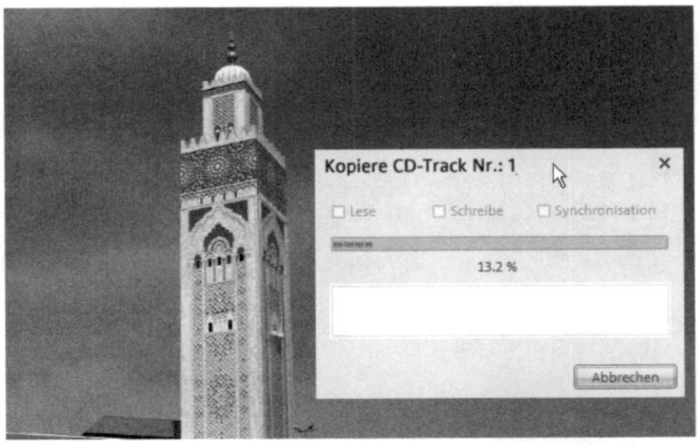

4 Der eingelesene CD-Audiotrack wird wie jede andere Audiodatei nun als Wellendarstellung in einem Balken der entsprechenden Länge eingefügt. Es bestehen keinerlei Unterschiede zur Handhabung anderer Musikstücke, die z. B. direkt als MP3-Dateien von der Festplatte eingefügt wurden.

Wo speichert MAGIX die ausgelesenen Musikdateien?

Alle Stücke, die Sie von Audio-CDs einlesen, speichert MAGIX im standardmäßig bei der Installation angelegten Ordner *C:\Programme\Magix\My Audio Video\AudioTemp*. Es benutzt dabei das WAV-Format, das zwar im Gegensatz zu MP3-Dateien deutlich mehr Speicherplatz beansprucht, aber auch maximale Qualität sicherstellt. Es empfiehlt sich, diesen Ordner gelegentlich zu überprüfen und zurückgebliebene, nicht mehr benötigte Dateien zu löschen, weil diese in der Regel sehr viel Platz auf dem Laufwerk einnehmen.

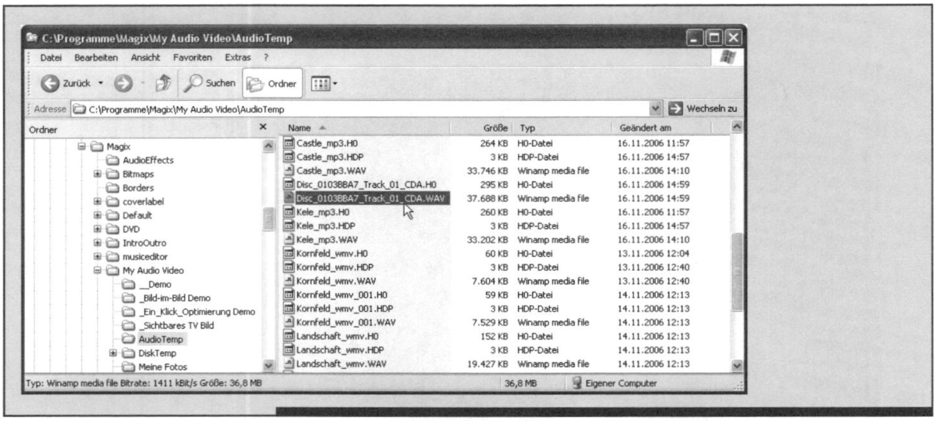

Sie können nun wie bei jedem anderen Musikstück ein von CD eingelesenes Lied kürzen, ausblenden, in seiner Lautstärke verändern und so weiter.

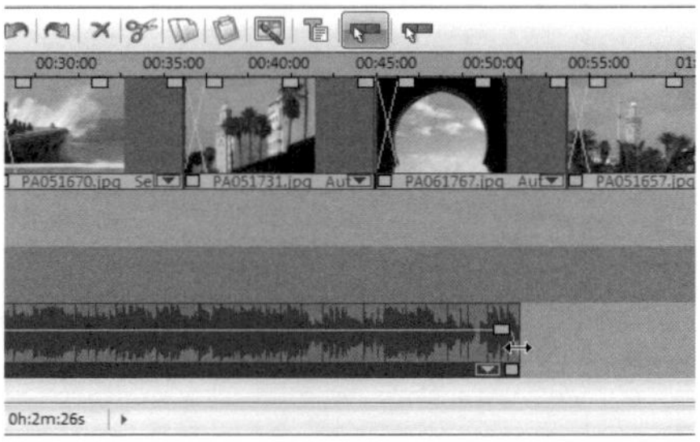

Mehrere CD-Tracks auf einmal auslesen und einfügen

Für eine längere Fotoshow ist ein einzelner Song in der Regel lange nicht genug, um die Show dauerhaft mit Musik zu untermalen. Praktischerweise können Sie mit MAGIX gleich mehrere CD-Tracks in einem Rutsch importieren und der Fotoshow-Tonspur zuweisen.

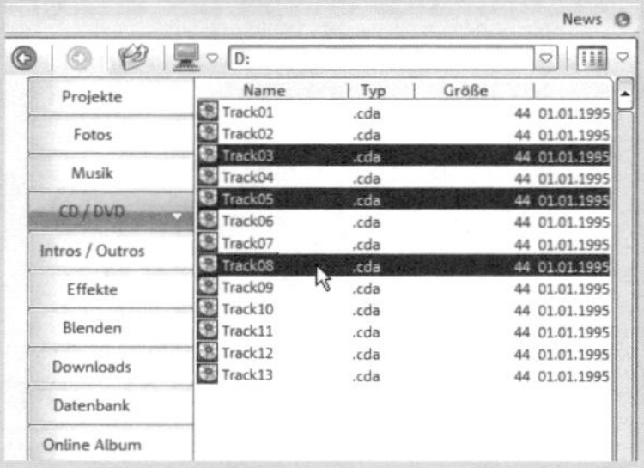

Markieren Sie dazu im Medienpool unter *CD/DVD* alle gewünschten Titel bei gedrückter [Strg]-Taste. Ziehen Sie nun die Markierung an die gewünschte Stelle der Fotoshow in die Tonspur. Das Programm beginnt, nacheinander alle gewählten Songs von der CD auszulesen, und fügt sie der Reihenfolge nach hintereinander in die Tonspur ein.

6.9 Audiokommentare per Mikrofon aufnehmen und einbauen

Hintergrundmusik ist ein Aspekt der Vertonung Ihrer Fotoshow, ein anderer ist das Hinzufügen von Audiokommentaren. Dies ist insbesondere sinnvoll, wenn die Fotoshow in einer Endlosschleife zum Beispiel als Werbefilm auf einer Messe oder in einem Showroom präsentiert werden soll.

Praktischerweise enthält MAGIX gleich eine interne Aufnahmefunktion, sodass Sie problemlos über ein angeschlossenes Mikrofon Kommentare aufnehmen können. Die folgende Schritt-für-Schritt-Anleitung zeigt Ihnen, wie es geht.

1 Markieren Sie im Storyboard oder, besser, in der Timeline-Anzeige die gewünschte Stelle, an der der Audiokommentar erfolgen soll.

Klicken Sie auf den Aufnahmeschalter unter dem Vorschaubildschirm.

2 Es erscheint ein Dialogfenster, das Sie zur Auswahl der Aufnahmequelle auffordert. Grundsätzlich müssen Sie sich hier entscheiden, ob Sie ein Einzelbild von einer Videoquelle (siehe Seite 36) erzeugen oder Audiomaterial aufnehmen wollen. Klicken Sie auf die Schaltfläche *Audio*.

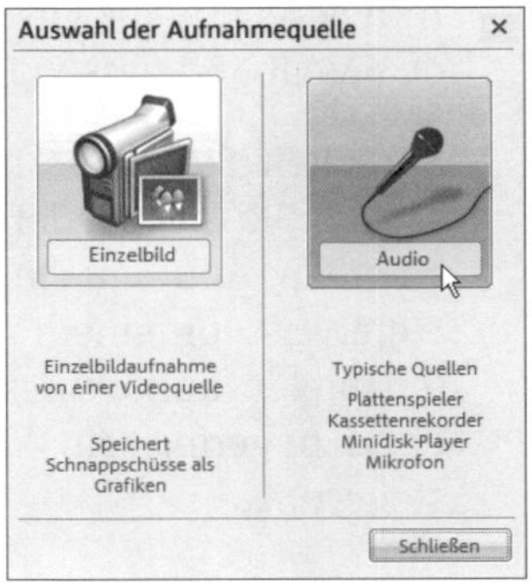

Aufnahmepegel anpassen

Je nach gewählter Audioquelle und den bisher vorliegenden Einstellungen unter Windows kann die Aufnahme zu leise sein oder im anderen Extremfall völlig übersteuert sein. Um dies von vornherein zu verhindern, verfügt MAGIX Fotos auf CD & DVD über die Monitorfunktion, mit der Sie den Pegel des anliegenden Signals überwachen können.

Sollte dieser Pegel nicht optimal sein, klicken Sie im Dialog *Audio-Aufnahme* auf die Schaltfläche *Aussteuerung*. Das Programm ruft die Lautstärkesteuerung von Windows auf, wobei direkt die Regler für den Aufnahmepegel der möglichen Quellen und Soundkarteneingänge angezeigt werden.

Achten Sie darauf, dass unter dem gewünschten Audioeingang bzw. der gewünschten Audioquelle die Option *Auswählen* aktiviert ist, und passen Sie den Regler so an, dass das Signal laut genug ist, ohne zu übersteuern.

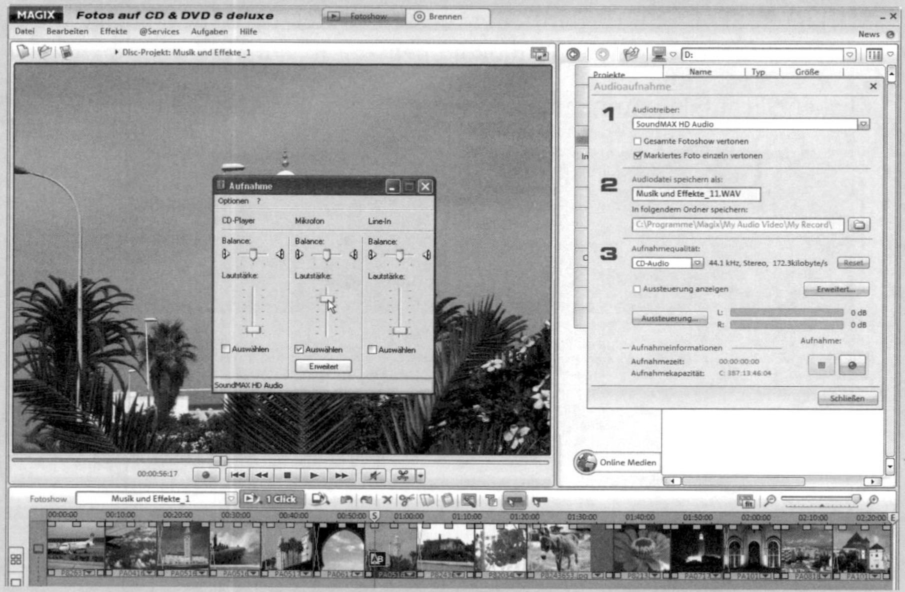

3 Es erscheint das *Audioaufnahme*-Fenster. Aktivieren Sie die Option, um das anliegende Signal und dessen Pegel zu überwachen.

Sprechen Sie etwas in das Mikrofon oder starten Sie die Wiedergabe von der entsprechenden Audioquelle, zum Beispiel wenn Sie etwas von einem angeschlossenen Plattenspieler aufnehmen wollen. Sollte der Pegel zu gering sein, korrigieren Sie die Aussteuerung.

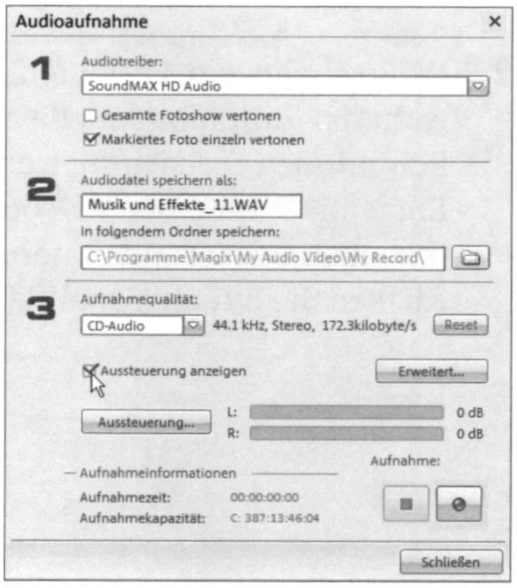

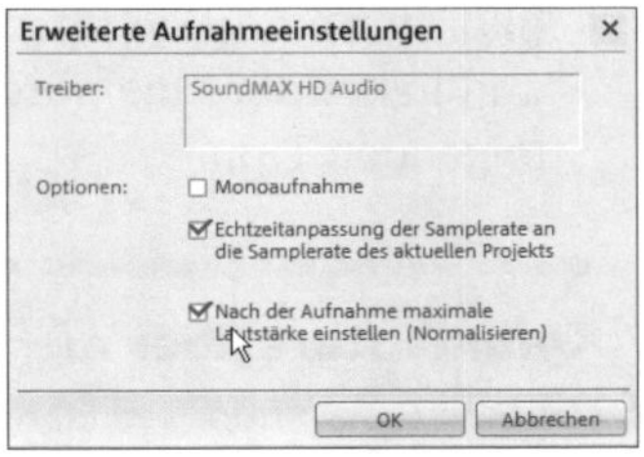

4 Klicken Sie im Dialog *Audioaufnahme* auf die Schaltfläche *Erweitert*. Aktivieren Sie im erscheinenden Dialogfenster das Kästchen *Nach der Aufnahme maximale Lautstärke einstellen (Normalisieren)*. Dies bewirkt, dass alle getätigten Aufnahmen auf den gleichen Maximalpegel gebracht werden, sodass alle Stellen eine einheitliche Maximallautstärke haben.

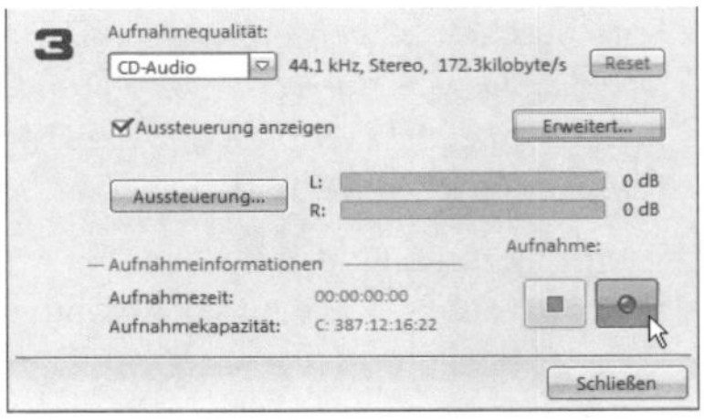

5 Klicken Sie nun auf den Aufnahmeschalter, um die Aufzeichnung zu starten. MAGIX lässt im Hintergrund die Fotoshow ablaufen, wobei auch vorhandene Musikuntermalung mit abgespielt wird. Sprechen Sie nun den gewünschten Kommentartext in das Mikrofon, während Sie den Ablauf der Diashow verfolgen.

6 Haben Sie die Ansage beendet, klicken Sie auf den Stoppschalter neben dem Aufnahmeschalter. Es erscheint ein Fenster mit der Frage, ob Sie die eben getätigte Aufnahme verwenden oder den Kommentar noch einmal aufnehmen möchten. Das Programm weist Sie darauf hin, dass bei Übernahme der Aufnahme alle alten Aufnahmen gelöscht werden. Klicken Sie auf *Verwenden*, wenn die Aufzeichnung in Ordnung war.

7 MAGIX fügt die Aufnahme in die zweite Spur in der Timeline-Anzeige ein. Diese Spur ist für den Originalton von Videoclips reserviert oder auch für Audiokommentare, Effektgeräusche oder Ähnliches. Ihre Aufnahme verdrängt also nicht eine eventuell bereits eingerichtete Hintergrundmusik, sondern wird zusätzlich zu dieser abgespielt.

8 Der Umgang mit den einmal aufgezeichneten Audiokommentaren bezüglich Lautstärke, Position und Länge erfolgt analog zu den anderen Musikstücken. Sie können also die Lautstärke der Aufnahmen nachträglich über die Anfasskästchen insgesamt anpassen oder den Kommentar ein- und ausblenden.

Zu beachten ist, dass MAGIX die Anzeigedauer des gewählten Fotos, zu dem Sie den Kommentar aufgezeichnet haben, automatisch an die Länge des Kommentars anpasst. Daher bleibt das Foto automatisch so lange auf dem

Bildschirm, bis Sie Ihre Erläuterungen beendet haben. Möchten Sie das nicht und lieber über mehrere Bilder hinweg etwas erzählen, nutzen Sie dafür den folgenden Tipp.

Kommentare über mehrere Fotos hinweg aufnehmen

Möchten Sie eine Kommentierung über eine Reihe von Fotos hinweg aufnehmen, d. h., der gesprochene Kommentar soll nicht auf ein einzelnes Foto beschränkt werden, müssen Sie im Dialog *Audioaufnahme* von der voreingestellten Option *Selektiertes Foto einzeln vertonen* auf die Option *Gesamte Fotoshow vertonen* wechseln.

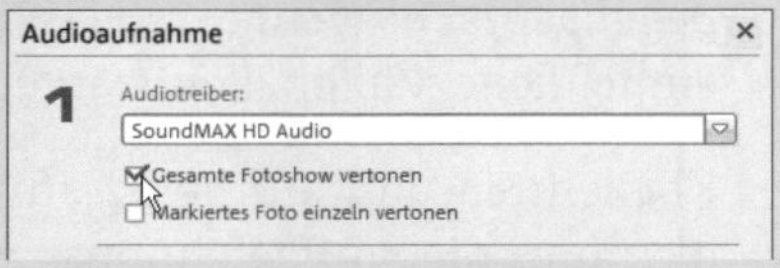

Wenn Sie unter Nutzung der Option *Gesamte Fotoshow vertonen* eine Aufnahme vornehmen, zerteilt MAGIX diese Audioaufnahme in so viele Einzelaufnahmen, wie die Aufnahme zeitlich Fotos abdeckt. Im Gegensatz zur Option *Selektiertes Foto einzeln vertonen* wird dann nicht mehr die Anzeigedauer des Fotos der Kommentarlänge angepasst, sondern Sie sind selbst dafür zuständig, die gewünschten Informationen in der entsprechenden Zeit unterzubringen, in der die zu kommentierenden Bilder von MAGIX im Hintergrund abgespielt werden.

Sollten Sie es nicht schaffen, den Text bis zu Ende zu sprechen, bevor bereits Fotos einer neuen Szene, Umgebung oder Ähnliches erscheinen, können Sie im Nachhinein die Anzeigedauer der einzelnen kommentierten Fotos erhöhen, bis die Länge der Präsentation dieser Bilder mit der Länge des Audiokommentars übereinstimmt und einzelne Bereiche der Kommentierung auch noch einmal neu vertonen.

6.10 Das steht in keinem Handbuch: unterschiedliche Lautstärken der Hintergrundmusik innerhalb des gleichen Songs

Leider beherrscht MAGIX Fotos auf CD & DVD noch nicht, bei der Vertonung von Fotoshows Hüllkurven zur flexiblen Gestaltung der Lautstärke von Hintergrundmusik oder Audiokommentaren einzusetzen. Dabei wäre es gerade für die Stellen sinnvoll, für die Sie im vorhergehenden Abschnitt Audiokommentare erstellt haben, die Hintergrundmusik ein wenig leiser zu machen, bis der gesprochene

Kommentar zu Ende ist. Eine solche Funktion wird zum Beispiel von professionellen Videoschnitt- und Musikbearbeitungsprogrammen unterstützt und würde eine bessere Verständlichkeit Ihrer gesprochenen Erläuterungen ermöglichen, ohne ganz auf die Musik im Hintergrund verzichten zu müssen.

Ein kleiner Trick schafft Abhilfe: Fügen Sie an der betroffenen Stelle dasselbe Musikstück mehrfach ein und nutzen Sie die Funktionen zum Ausblenden, Anpassen der Gesamtlautstärke und Einblenden, bis die Lautstärken optimal eingestellt sind.

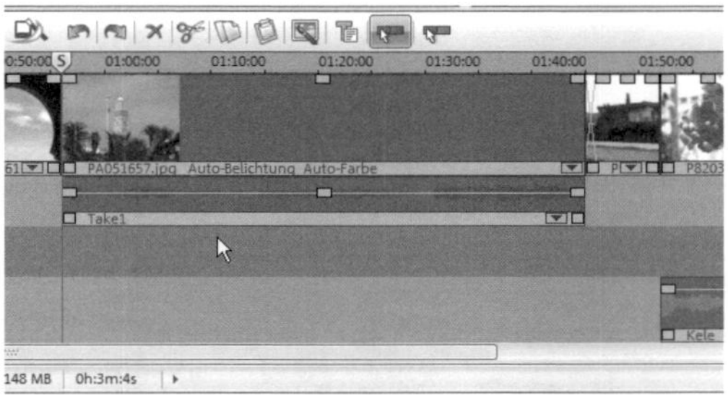

1 Nehmen Sie als Erstes den Audiokommentar an der gewünschten Stelle auf.

2 Fügen Sie die gewünschte Hintergrundmusik in der Timeline-Ansicht in die untere Tonspur ein. Markieren Sie den Song danach, halten Sie die Strg-Taste gedrückt und ziehen Sie ihn dadurch in die Spur darüber, die normalerweise für Texteffekte gedacht ist. Durch das Drücken von Strg wird der Song kopiert statt verschoben. Achten Sie darauf, dass beide Songs zur exakt gleichen Zeit anfangen, d. h. absolut passend übereinander liegen.

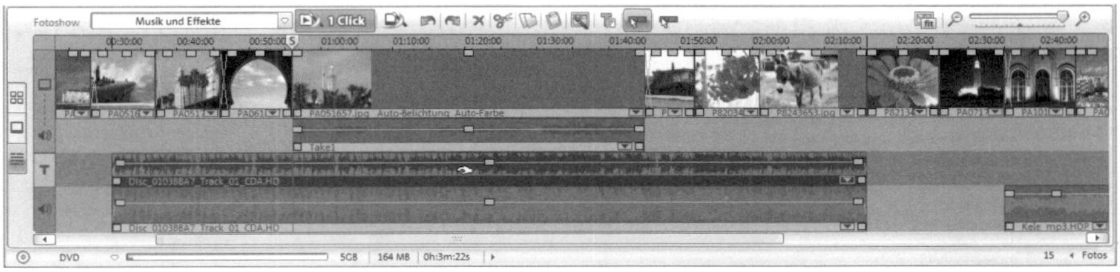

3 Kürzen Sie nun die Kopie der Musik auf die korrekte Länge, sodass dieser Musikbaustein genau an der Stelle endet, an der der Kommentar beginnt.

4 Blenden Sie den gekürzten Musikclip aus und verschieben Sie ihn eine Spur höher, sodass er sich die Tonspur mit dem Kommentar teilt.

5 Kopieren Sie nun den vollständigen Musikclip, den Sie ganz am Anfang in die untere Tonspur eingefügt haben, ein weiteres Mal auf die mittlere Spur, die für die Texteffekte gedacht ist.

6 Kürzen Sie den Song auf der mittleren Spur so, dass er genau mit dem Ende des Kommentars beginnt. Blenden Sie den Song an dieser Stelle ein.

7 Nun können Sie den Originalclip auf der unteren Spur so am Anfang und Ende beschneiden, dass er kurz vor Beginn des Audiokommentars einsetzt und kurz danach aufhört. Blenden Sie den Clip dann ein und aus.

8 Reduzieren Sie nun zuletzt die Gesamtlautstärke des unteren Musikclips, sodass der Audiokommentar optimal hörbar ist.

Fotoshow als AVI- oder MPEG-Videodatei exportieren

MAGIX bietet Ihnen eine praktische Möglichkeit, unabhängig vom Brennen einer CD oder DVD die Fotoshow als Videodatei auf die Festplatte zu exportieren. Dies ermöglicht, die Fotoshow zum Beispiel über den Windows Media Player unkompliziert als Vollbild und in Endlosschleife wiederzugeben.

Ebenso ist es dadurch möglich, eine mit MAGIX erstellte Fotoshow als fertiges Video in ein Brennprojekt von Nero einzufügen. In diesem Szenario schneiden und arrangieren Sie Ihre Urlaubsvideos mit zum Beispiel Nero, erzeugen aus den fertigen Videos in Nero eine DVD mit Menü und fügen die Fotoshow einfach wie einen weiteren Film in das Projekt ein.

Um eine Fotoshow auf diese Weise als Film zu speichern, wählen Sie in MAGIX aus dem Menü *Datei* den Befehl *Fotoshow exportieren*. Sie können nun wählen, ob Sie die Fotoshow in maximaler Qualität als AVI-Datei auf der Festplatte speichern wollen. Aber Achtung, in diesem Fall kann eine Fotoshow von 30 Minuten und mehr gut 10 GByte auf der Festplatte erfordern. Nero wandelt die AVI-Dateien dann erst beim Brennen zusammen mit dem restlichen Filmmaterial in das für die DVD notwendige MPEG-2-Format um. Wählen Sie in diesem Fall *Video als AVI*.

Alternativ können Sie die Fotoshow auch direkt in eine MPEG-Datei schreiben lassen. Wählen Sie dann *Video als MPEG Video/MPEG2 (DVD)*.

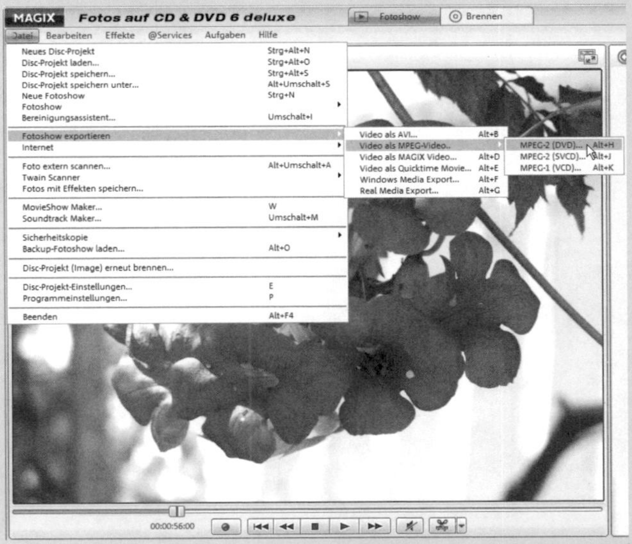

7. À la carte: professionelles DVD-Menü für die Fotoshow erstellen

Im Laufe der Kapitel haben Sie Ihre Fotoshow arrangiert, indem Sie Fotos und gegebenenfalls Videoclips ausgewählt und in die gewünschte Reihenfolge gebracht haben. Sie haben die Übergänge mit Überblendeffekten gestaltet, Titel und Textkommentare hinzugefügt sowie die Fotoshow mit Hintergrundmusik und gegebenenfalls Audiokommentaren vertont.

Somit wird es Zeit, das Ergebnis Ihrer Arbeit auf CD oder DVD zu bringen. Im folgenden Kapitel wird davon ausgegangen, dass Sie die Fotoshow auf eine DVD brennen wollen. Dies bietet Ihnen die Möglichkeit, deutlich längere Fotoshows zu gestalten und zudem ein professionelles DVD-Menü für Ihre Disc zu erstellen. Das Erstellen von VCDs oder SVCDs ist mit MAGIX natürlich möglich, aber eigentlich nicht mehr zeitgemäß und wird deshalb nicht mehr näher erläutert. Dieses Kapitel zeigt Ihnen Schritt für Schritt, wie Sie sich durch die doch recht vielen Optionen und Funktionen arbeiten, um ein möglichst ansprechendes Menü für Ihre Fotoshow-Disc zu erstellen.

7.1 Menüvorlagen auswählen und anpassen

1 Als Erstes müssen Sie vom Fotoshow-Erstellen zum DVD-Bereich von MAGIX wechseln. Klicken Sie hierfür am oberen Rand des Hauptfensters auf *Brennen*. Sie gelangen dadurch direkt in den Bereich für das DVD-Menü und die Brenneinstellungen. Diese Zweiteilung des Programms erhöht ein wenig die Übersicht und Orientierung innerhalb der sonst umfangreichen Symbole, Schaltflächen und Funktionselemente.

2 Im Mittelteil des Programmfensters erhalten Sie ein Vorschaufenster für das zu erstellende DVD-Menü, das mit verschiedenen Schaltflächen zum Gestalten des Menüs verbunden ist.

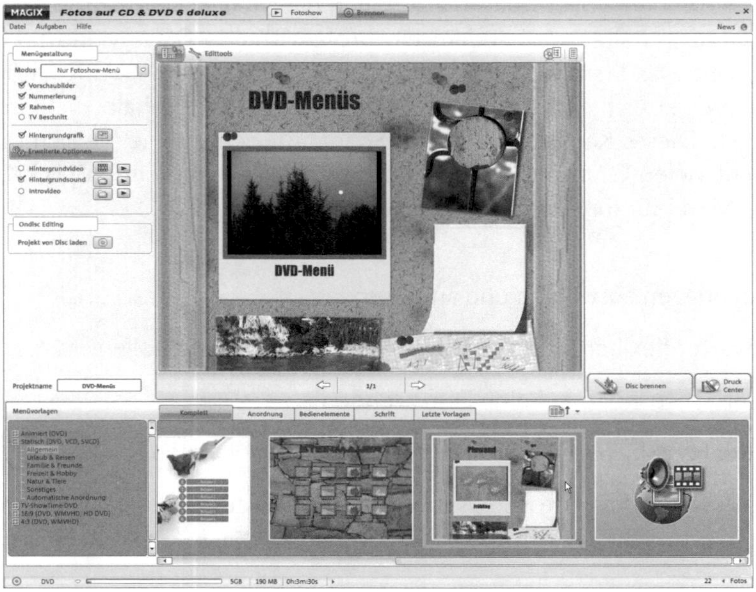

Das untere Drittel enthält eine Reihe von Menüvorlagen, mit denen Sie schnell und unkompliziert ein ansprechendes Layout für Ihr DVD-Menü auswählen können.

Nutzen Sie die Bildlaufleiste, um durch die einzelnen Vorlagen zu scrollen. Haben Sie eine gefunden, die Ihnen zusagt, doppelklicken Sie darauf, um sie als aktuelles Menüdesign zu übernehmen.

3 MAGIX weist die gewählte Vorlage nun dem Hauptmenü der DVD zu und zeigt dieses Menü im Vorschaufenster an. Grundsätzlich haben Sie mehrere Möglichkeiten, die Menüs auf einer DVD zu arrangieren.Unter *Modus* können Sie mit *Nur Fotoshow-Menü* auswählen, dass nur die Fotoshow an sich im Menü erscheint. Mit *Fotoshow- und Fotomenüs* werden auf weiteren Seiten alle Fotos einzeln im Menü aufgelistet. Mit *Nur Fotomenü* erscheinen nur die einzelnen Fotos. Die Show an sich ist nicht aufgeführt. Diese Option macht allerdings nur Sinn, wenn Sie reine Fotos ohne Übergänge und Musik zusammengestellt haben.

4 Die Fotoshow selbst sollte im Menü aufgeführt sein. Immerhin gibt Ihnen MAGIX die Möglichkeit, mehrere Fotoshows auf eine DVD zu schreiben (siehe Seite 194). Über das Menü können Sie dann die gewünschte auswählen. Haben Sie die Fotoshow ausgewählt, erscheinen auf der zweiten Menüebene nun Vorschaubilder für die einzelnen Fotos. Verfügt die Fotoshow über mehr als 99 Fotos, wird nur für jedes zweite, dritte oder vierte Foto ein Vorschaubild im Menü angelegt.

Klicken Sie auf die Schaltfläche *Navigation* rechts über dem Vorschaufenster, um einzusehen und gegebenenfalls anzupassen, welche und wie viele Vorschaubilder auf der zweiten Menüebene erscheinen sollen.

Durch die Seiten eines Untermenüs schalten

Sie können sich durch das Hauptmenü und die einzelnen Seiten des Untermenüs mit der virtuellen Fernbedienung bewegen, wie Sie es von Ihrem DVD-Player gewohnt sind. Um diese Fernbedienung einzublenden, klicken Sie auf das Symbol rechts oben über der Menüvorschau.

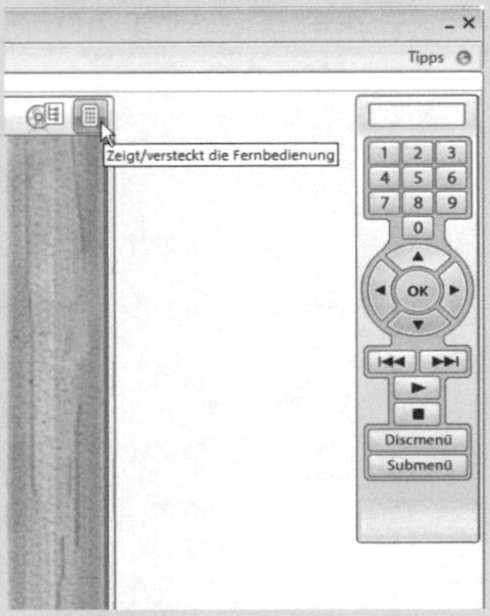

Darüber hinaus blendet MAGIX im Vorschaubereich auch Navigationssymbole ein. Nutzen Sie die beiden Pfeile nach rechts und links, um durch die einzelnen Seiten des Untermenüs durchzuschalten. Überprüfen Sie, ob für alle Menüeinträge ein Vorschaubild angezeigt wird oder ob einzelne Elemente noch einen schwarzes Vorschaubild aufweisen, das Sie ersetzen möchten.

5 Im rechten Bereich des Programmfensters wird nun die Navigationsstruktur auf der DVD eingeblendet. Klicken Sie auf das kleine Plussymbol, um die Elemente auf der unteren Ebene sichtbar zu machen. Ein Häkchen vor der jeweiligen Datei zeigt an, dass für dieses Bild ein eigener Menüeintrag im Untermenü der DVD erzeugt wird. Bei mehr als 99 Bildern erscheint im Schnitt nur für jedes zweite Foto ein Menüelement. Welche Bilder dies sind, können Sie bei Bedarf anpassen, indem Sie die Verteilung der Häkchen individuell ändern. Ebenso können Sie auf Wunsch für die Untermenüs ein alternatives Menüdesign auswählen, indem Sie aus der Vorlagenleiste am unteren Bildschirmrand eine andere Vorlage zuweisen.

6 Markieren Sie in der Navigationsstruktur rechts wieder die oberste Ebene, um das Hauptmenü im Vorschaufenster anzuzeigen. Alternativ können Sie dafür auch die Schaltfläche *Discmenü* auf der virtuellen Fernbedienung anklicken.

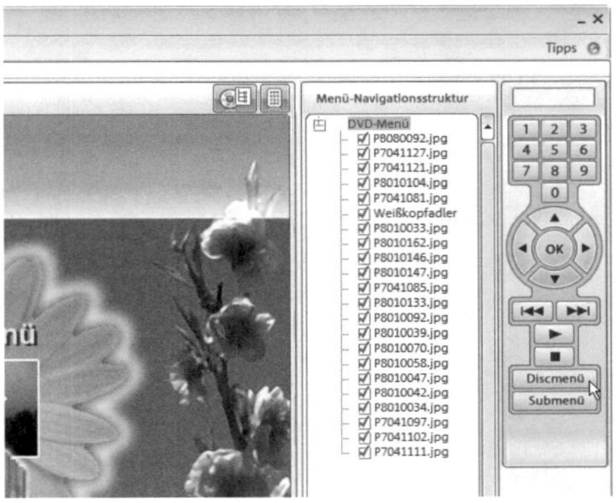

Für jede Fotoshow auf der DVD legt MAGIX im Hauptmenü der Disc ein Vorschaubild ab. Um das Bild und dessen Beschriftung anzupassen, klicken Sie doppelt auf das Vorschaubild.

Es erscheint das Dialogfenster *Eigenschaften des Menüeintrags*. Geben Sie unter *Menütext* den gewünschten Menütitel ein. Direkt darunter können Sie die Schriftgröße und Schriftfarbe anpassen.

Spezielle TV-ShowTime-Menüs – was steckt dahinter?

MAGIX bietet für das Gestalten von Disc-Menüs eine Reihe von Vorlagen an. Diese sind am linken unteren Bildschirmrand in verschiedenen Kategorien sortiert. Für das Brennen „normaler" Fotoshow-DVDs können Sie ein Menü aus der Gruppe *Animiert (DVD)*, *Statisch (DVD, VCD, SVCD)*, *16:9* und *4:3* wählen. Der Unterschied ergibt sich bereits aus der Benennung dieser Gruppen. Unklar für den Einsteiger bleibt, was *TV-ShowTime-DVD*-Menüs sind.

Bei TV-ShowTime-DVD-Menüs wird für jedes Foto der Fotoshow eine Menüseite angelegt. Sie können dadurch alle Fotos einzeln und in Vollbild anzeigen lassen, ohne bereits die Fotoshow mit allen Effekten und der Hintergrundmusik zu starten. Sie können mit den Richtungstasten auf der Fernbedienung des DVD-Players somit von einem Bild zum nächsten schalten und dabei etwas erzählen. Eine DVD mit TV-ShowTime-Menü erfüllt also zwei Zwecke: Sie können die arrangierte Fotoshow mit allen Effekten automatisch abspielen lassen und gleichzeitig manuell alle Einzelbilder am Fernseher vorführen.

Da die Einzelbilder technisch als „Menüseiten" realisiert sind, d. h. Bestandteil des DVD-Menüs sind, können Sie von jedem Bild aus die Fotoshow an der entsprechenden Stelle starten. Die Einzelbilder im Vollbild dienen also gleichzeitig als „Vorschaubilder" auf die einzelnen Stellen in der richtigen Fotoshow.

Achten Sie beim Abspielen einer DVD mit TV-ShowTime-DVD-Menü darauf, im Hauptmenü der DVD jeweils das Symbol mit der Fernbedienung auszuwählen und zu starten. Dies startet die „Slideshow", gibt also Zugang auf die „Untermenüseiten", die die einzelnen Fotos der Show im Vollbild darstellen.

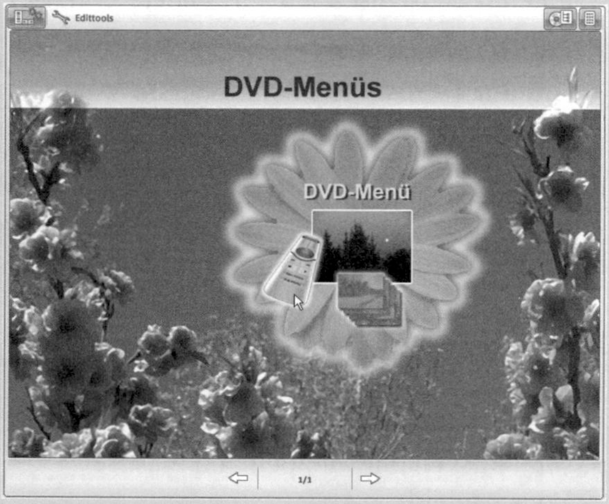

7 Sie haben grundsätzlich die Möglichkeit, für das Vorschaubild eines Menüeintrags ein Einzelbild aus der Fotoshow zu verwenden oder ein anderes Foto von der Festplatte zu laden. Möchten Sie ein Bild aus der Fotoshow verwenden, nutzen Sie die Option *Frame aus Video verwenden* und wählen über den Schieberegler *Position* das gewünschte Einzelbild aus. Allerdings macht das vor allem bei Videoclips und Animationen Sinn und weniger bei Standbildern.

Haupt- und Untermenüs aufrufen

Der schnellste Weg, um zum Hauptmenü der Disc oder zu einzelnen Untermenüs zu wechseln, geht über die abgebildete Fernbedienung. Mit der Taste *Discmenü* gelangen Sie auf die oberste Menüebene, mit *Submenü* laden Sie das Untermenü zur gewählten Fotoshow.

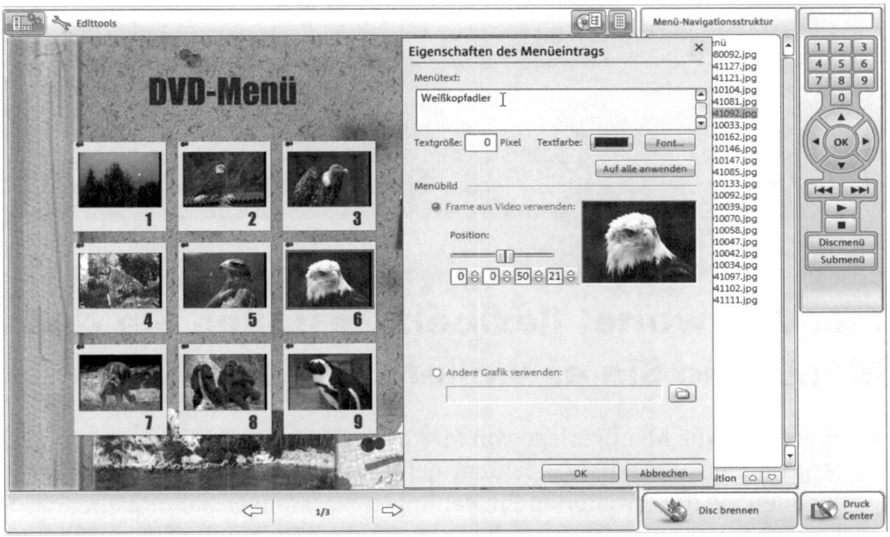

8 Diesen Vorgang können Sie analog für die einzelnen Vorschaubilder in den Untermenüs wiederholen. Klicken Sie in der Navigationsstruktur einzelne Bilder an, um die zugehörige Seite des Untermenüs im Vorschaufenster anzuzeigen. Für viele Fotos wird direkt ein entsprechendes Vorschaubild im Menü angezeigt. Weisen einzelne Bilder nur ein schwarzes Vorschaubild auf, liegt das an der jeweils an dieser Stelle gewählten Überblendung.

Um ein solches schwarzes Vorschaubild durch ein anderes Einzelbild im Menü zu ersetzen, klicken Sie dieses doppelt an. Es erscheint der bereits aus der Gestaltung des Hauptmenüs gewohnte Dialog *Eigenschaften des Menüeintrags*. Nutzen Sie erneut den Schieberegler *Position*, um das gewünschte Vorschaubild auszuwählen.

DVD-Menü auf Hauptmenü für Fotoshows beschränken

Die automatische Erzeugung von Untermenüs für jede Fotoshow, bei der jedes oder jedes zweite Foto ein Vorschaubild bekommt, ist eine nette Funktion, die jedoch nicht jeder Anwender tatsächlich nutzt.

Wenn Sie also das DVD-Menü auf eine Ebene, d. h. das Hauptmenü, beschränken wollen, können Sie die zweite Menüebene deaktivieren.

In diesem Fall können Sie im Hauptmenü nur noch die auf der DVD vorhandene(n) Fotoshow(s) auswählen und starten.

> Sie können dann nicht mehr gezielt einzelne Bilder am Fernseher über die Fernbedienung Ihres DVD-Players ansteuern. Auf der anderen Seite gestaltet sich die Bedienung mit nur einer Menüebene deutlich einfacher.
>
> Klicken Sie auf das Symbol links oben über der Menüvorschau, um die erweiterten Einstellungen zur Menügestaltung aufzurufen. Um das Menü auf ein Hauptmenü zu beschränken, wählen Sie den Eintrag *Nur Fotoshow-Menü* aus dem Listenfeld aus.

7.2 Unerwartet flexibel: Gestalten Sie das Menü, wie Sie es wollen!

1 Wenn Sie eine Menüvorlage von MAGIX benutzen möchten und nur das Hintergrundbild verändern möchten, geht das schon mit wenigen Mausklicks. Blenden Sie die erweiterten Einstellungen zur Menügestaltung über das Symbol links über der Menüvorschau ein. Klicken Sie auf die Schaltfläche neben der Option *Hintergrundgrafik*. Nun können Sie unter *Bitmap verwenden* entweder das Standardbild durch ein eigenes Foto von der Festplatte ersetzen oder Sie wählen die Option *Frame aus Video verwenden* und definieren über den Schieberegler *Position*, welches Einzelbild aus der berechneten Fotoshow nun als statischer Hintergrund für das DVD-Menü verwendet werden soll.

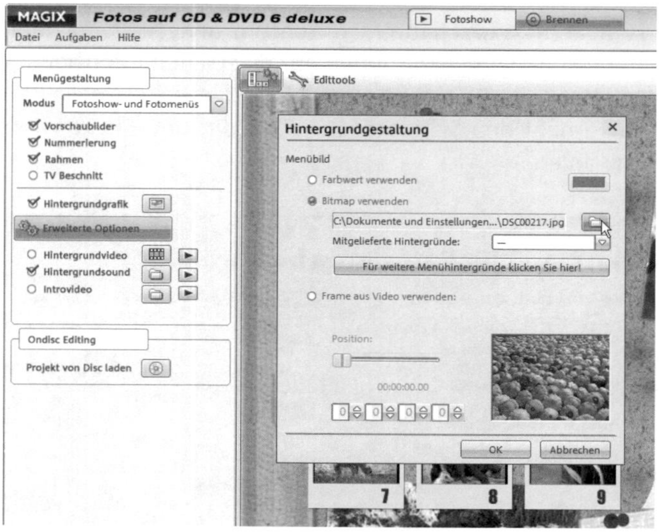

2 Möchten Sie für die DVD ein Introvideo definieren, das beim Einlegen der Disc abgespielt wird, klicken Sie auf die Schaltfläche hinter der Option *Introvideo*. Wählen Sie im erscheinenden Dialogfenster den gewünschten Videoclip aus und klicken Sie auf *Öffnen*.

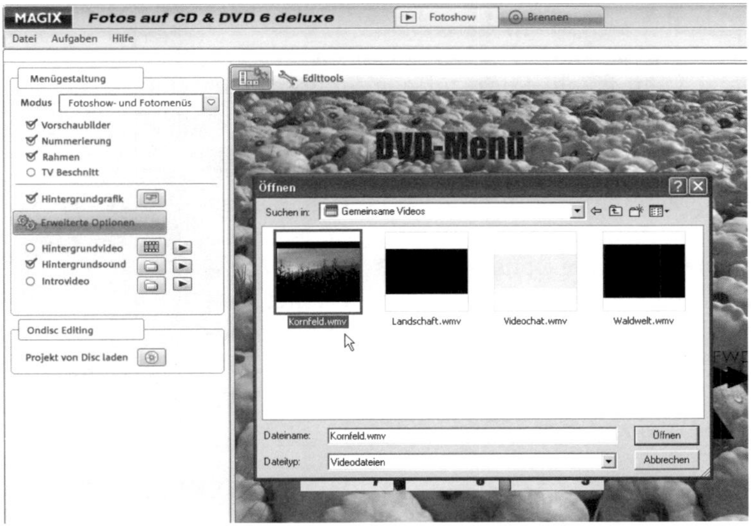

Ein solcher Videoclip kann eine kurze Einführung in die kommende Fotoshow sein, z. B. ein Videokameraschwenk über die Landschaft, von der Sie gleich Fotos präsentieren möchten. Natürlich können Sie auch ein personenbezogenes Intro machen, z. B. einen ganz kurzen Film über Ihre Fotoarbeit oder Ähnliches.

3 Soll im Hintergrund des Menüs eine Musik abgespielt werden, solange das Menü auf dem TV-Bildschirm angezeigt wird, klicken Sie auf die Schaltfläche hinter der Option *Hintergrundsound*. Wählen Sie aus dem erscheinenden Dialog die gewünschte Hintergrundmusik für das Menü und klicken Sie auf *Öffnen*.

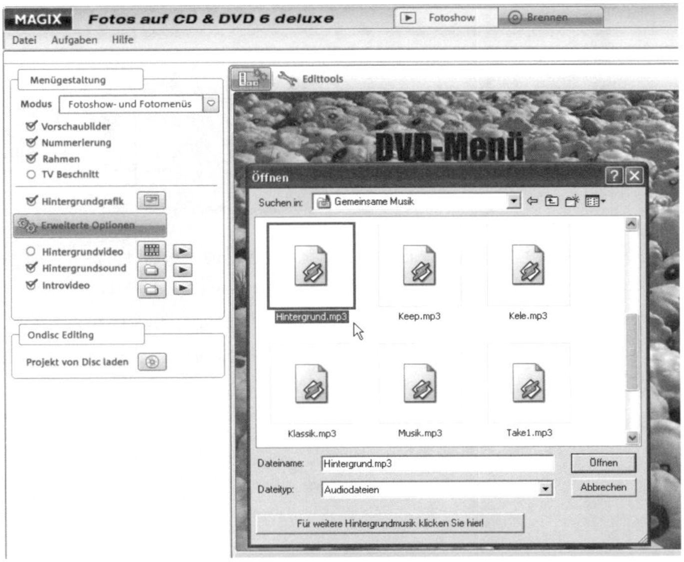

4 Möchten Sie das Lied abspielen, klicken Sie auf den Wiedergabeschalter dahinter. Sie können die Wiedergabe jederzeit mit einem Klick auf den Stoppschalter der Fernbedienung anhalten.

5 Möchten Sie statt eines statischen Hintergrundbildes ein Video im Menühintergrund ablaufen lassen, klicken Sie auf die Schaltfläche hinter der Option *Hintergrundvideo*. Aktivieren Sie die Option *Anderes Video verwenden* und klicken Sie auf das Symbol *Öffnen* hinter dem noch leeren Feld für den Dateinamen des Hintergrundvideos. Es erscheint ein Dialogfenster, aus dem Sie die gewünschte Videodatei auswählen. Klicken Sie auf *Öffnen*, um die Datei zu laden.

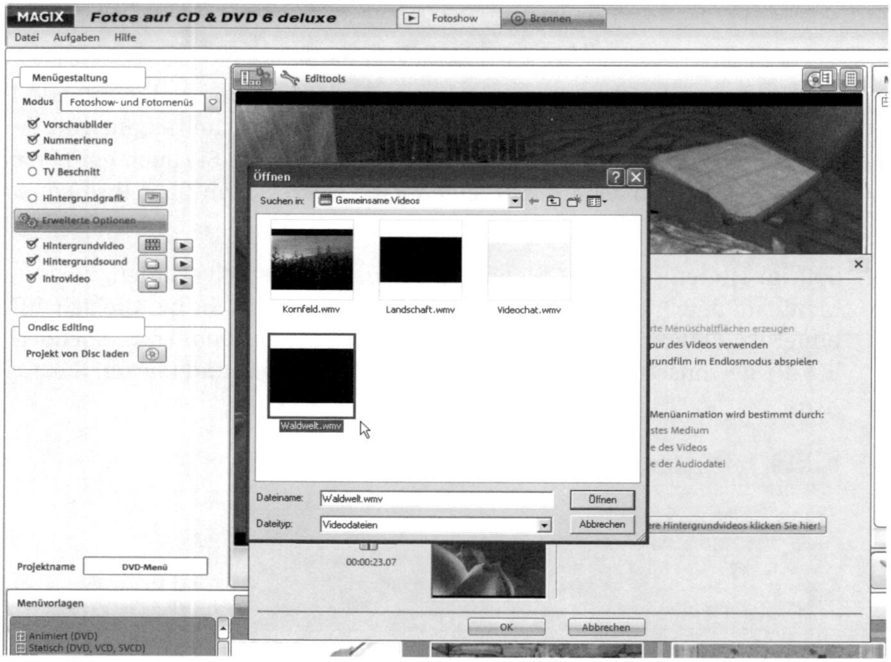

6 Wählen Sie mit dem Schieberegler *Position*, ab welcher Stelle das Video im Hintergrund abgespielt werden soll. Mit dem Regler *Länge* regulieren Sie die Dauer des Videoclips. Aktivieren Sie die Option *Hintergrundfilm im Endlos-Modus abspielen*, wird nach Ablauf der eingestellten Dauer der gewählte Videoausschnitt wieder von vorn abgespielt.

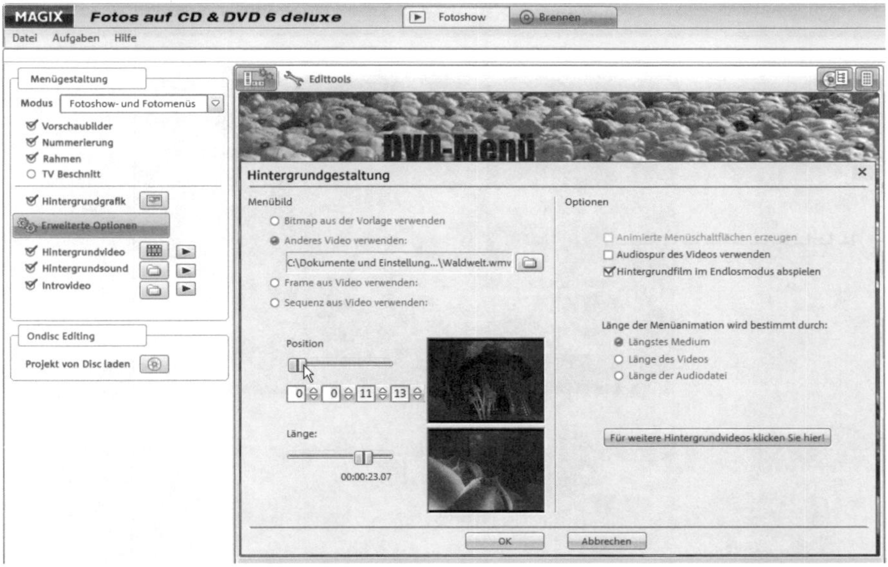

Länge der Menüanimation

Sie haben die Möglichkeit, die Länge der Menüanimation entweder an der Länge des gewählten Hintergrundvideos oder der gewählten Hintergrundmusik ausrichten zu lassen. Haben Sie hier keine bestimmte Präferenz, sollten Sie die Voreinstellung *Längstes Medium* nutzen.

7 Zurück im Hauptfenster können Sie auf Wunsch die Schriftart der Menüvorlage anpassen. Wählen Sie hierzu aus dem Register *Schrift* im unteren Drittel des Programmfensters aus einer Reihe von ansprechenden Standard- und Sonderschriften die gewünschte aus. Doppelklicken Sie auf ein Vorschaubild in der Reihe der Schriftarten, um die entsprechende Schrift dem Menü zuzuweisen.

Tonspur des Hintergrundvideos

MAGIX bietet Ihnen die Möglichkeit, die Audiospur eines gewählten Hintergrundvideos mit ablaufen zu lassen oder zu unterdrücken. Standardmäßig wird das Video ohne Ton im Menühintergrund abgespielt. Welche Option hier sinnvoll ist, hängt vor allen Dingen davon ab, ob Sie eine Hintergrundmusik gewählt haben. Ist dies der Fall, sollte im Dialog *Aussehen des Hintergrunds* die Option *Audiospur des Videos verwenden* in den meisten Fällen deaktiviert bleiben. Haben Sie jedoch keinen Hintergrundsong vergeben und/oder möchten Sie zum Beispiel ein eindrucksvolles Meeresrauschen des gewählten Videoausschnitts durchaus wiedergeben, setzen Sie vor die Option *Audiospur des Videos verwenden* ein Häkchen.

8 Wechseln Sie in das Register *Bedienelemente*, um dem oder den Vorschaubildern im Menü noch eine ansprechende Umrandung zuzuweisen. MAGIX verfügt über eine Liste verschieden gestalteter und farbiger Rahmen. Wählen Sie eine Umrandung aus, die sowohl zum gewählten Menühintergrund als auch zum Vorschaubild passt.

9 MAGIX verfügt nicht nur über Vorlagen für die Gestaltung des Menüs bezüglich Hintergrund und Schriftart, sondern enthält im Register *Anordnung* auch eine Reihe von Layoutvorlagen. Diese Vorlagen sind verschiedene Zusammenstellungen von Vorschaubildern, Überschriften und Untertiteln für Vorschaubilder. Die einzelnen Layoutvorlagen unterscheiden sich in der Anzahl, Größe und Ausrichtung der Vorschaubilder pro Menüseite sowie in der Größe und Anordnung der Textelemente im Menü.

Schneller Zugriff auf die beliebtesten Menüvorlagen

MAGIX bietet zwar sehr viele Menüvorlagen, in den meisten Fällen werden Sie sich jedoch immer auf maximal fünf verschiedene Vorlagen beschränken, die Ihnen persönlich am besten gefallen.

Hier macht sich eine Funktion bezahlt, die Ihnen einen schnellen Zugriff auf Ihre Lieblingsmenüvorlagen bietet: Klicken Sie auf das Register *Letzte Layouts*, sehen Sie die zuletzt benutzten Vorlagen. Auf diese Weise können Sie schnell darauf zugreifen, ohne jedes Mal die lange Liste aller Vorlagen nach dem passenden Layout durchsuchen zu müssen.

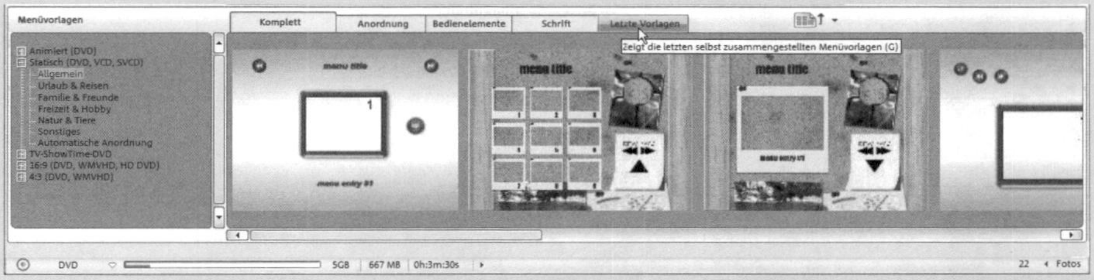

Wählen Sie im Register *Anordnung* dann eine neue Layoutvorlage, wenn Sie zum Beispiel mehrere Fotoshows auf einer Disc kombinieren und im Hauptmenü auch gleich die Vorschau und direkte Auswahl aller enthaltenen Fotoshows ermöglichen wollen.

Vorschaubilder frei platzieren

Die einzelnen Menüvorlagen und Layoutvorlagen platzieren die Vorschaubilder an ganz bestimmten Stellen auf dem Monitor. Diese Vorlagen sind jedoch nicht zwingend verbindlich: Sie können eine optisch insgesamt ansprechende Vorlage verwenden und trotzdem die Ausrichtung der Vorschaubilder individuell anpassen.

Klicken Sie über dem Vorschaubildschirm auf die Schaltfläche *Edittools*. Nun erhalten alle Menüelemente einen Rahmen und können bearbeitet werden. Dies hebt die ansonsten herrschende Fixierung der einzelnen Elemente auf und ermöglicht Ihnen so eine wunschgemäße Gestaltung. Sie können alle Vorschaubilder, Menütitel und Beschriftungen frei verschieben.

7.3 Mehrere Fotoshows auf eine Disc brennen

MAGIX bietet Ihnen auch die Möglichkeit, mehrere Fotoshows auf eine DVD zu brennen. Diese können Sie parallel in MAGIX öffnen und bearbeiten und dann geschlossen auf eine Disc brennen. Entsprechend bietet Ihnen das Programm dann die Möglichkeit, ein DVD-Menü mit mehreren Einträgen für die verschiedenen Fotoshows auf der Hauptseite zu gestalten und für jede Fotoshow dann ein entsprechendes Untermenü. Dieser Abschnitt zeigt Ihnen, wie einfach das geht.

1 Möchten Sie verschiedene Fotoshows neu erstellen, d. h., es liegt auf der Disc noch keine Fotoshow vor, erzeugen Sie in MAGIX im Bereich *Fotoshow* einfach weitere leere Fotoshows. Öffnen Sie dazu das Listenfeld unter dem Vorschaubildschirm, in dem die aktuelle Fotoshow angezeigt wird. Wählen Sie *Neue Fotoshow* oder drücken Sie Strg+N.

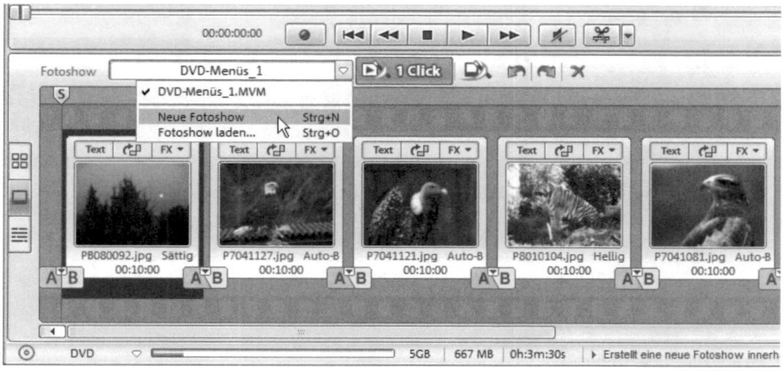

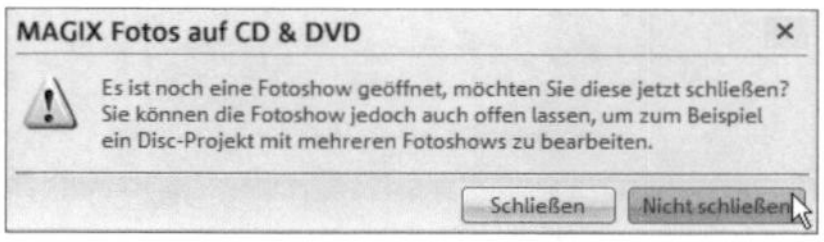

2 Es erscheint ein Dialog, der Sie darauf hinweist, dass noch eine Fotoshow geöffnet ist. Klicken Sie auf *Nicht schließen*, um diese Fotoshow offen zu lassen, damit Sie mehrere Fotoshows parallel bearbeiten und dann gemeinsam brennen können. Eine zusätzliche leere Fotoshow wird erstellt, die Sie nun wie gewohnt gestalten können.

Zwischen den parallel geöffneten Fotoshows können Sie über das Listenfeld unter dem Vorschaubildschirm hin- und herschalten.

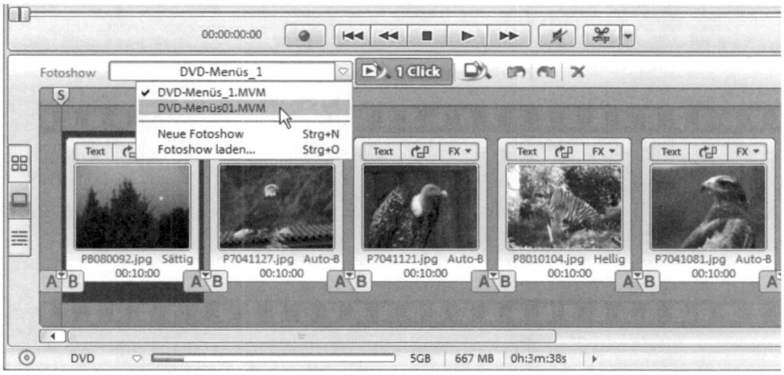

3 Möchten Sie parallel zu einer eben fertig gestellten Fotoshow noch eine weitere, bereits früher fertig gestellte und gespeicherte Fotoshow laden, klicken Sie ebenfalls auf das Listenfeld *Fotoshow* und wählen *Fotoshow laden*. Auch in diesem Fall können Sie über das genannte Listenfeld zwischen den einzelnen Fotoshows umschalten.

4 Sind alle gemeinsam auf eine Disc zu brennenden Fotoshows in MAGIX geöffnet, können Sie nun in den Abschnitt *Brennen* wechseln. Hier können Sie wie zuvor beschrieben das DVD-Menü über eine Vorlage oder individuell gestalten. Alle geöffneten Fotoshows tauchen automatisch als Elemente auf der Hauptseite des Menüs auf und können einzeln gestaltet werden.

Nicht verwechseln: Projektdateien und Fotoshow-Dateien

MAGIX Fotos auf CD & DVD bringt eine Menge verschiedener Dateitypen mit sich, und nicht immer ist es einfach zu durchschauen, was Fotoshow-Dateien sind, was Projektdateien sind etc. – Diese Unterscheidung ist jedoch wichtig, weil MAGIX an verschiedenen Stellen immer wieder fragt, ob die erstellte Show oder das erstelle Projekt gespeichert werden soll.

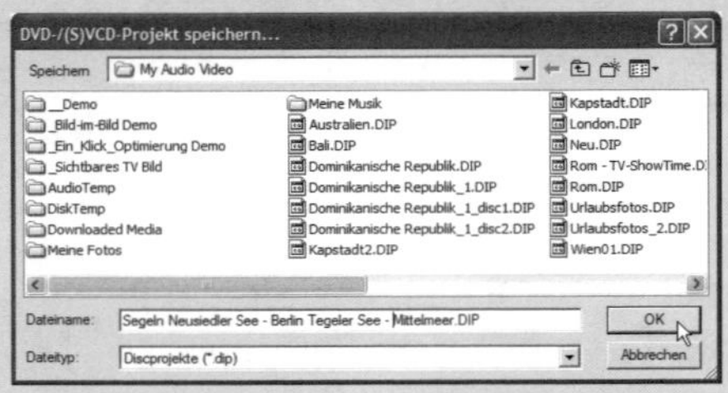

Fotoshow-Dateien in MAGIX tragen die Dateiendung *.mvm*. In einer solchen Datei werden jedoch nicht die einzelnen Bilder an sich gespeichert, sondern lediglich das Arrangement festgehalten:

- Welche Bilder sind in der Fotoshow enthalten und wo sind die Originale gespeichert?
- Welches Bild kommt an welcher Stelle in der Fotoshow?
- Welche Überblendeffekte wurden für welche Übergänge gewählt?
- Welche Bildanzeige- und Überblenddauern wurden für die einzelnen Bilder gewählt?
- Welche Introtitel und Untertitel wurden welchem Foto zugewiesen?
- Welche Audiodateien wurden als Hintergrundmusik oder Kommentare an welcher Stelle eingefügt etc.

Sie können einzelne Fotoshows über *Datei/Fotoshow* speichern und in einem offenen Projekt auch neue erstellen oder vorhandene Fotoshows laden.

Projektdateien in MAGIX tragen die Dateiendung *.dip*. Sie enthalten Informationen über enthaltene Fotoshows und deren Menügestaltung. Wichtig für den vorliegenden Workshop ist also die Erkenntnis: Eine DIP-Projektdatei kann mehrere MVM-Fotoshows enthalten.

5 Legen Sie einen Rohling ein und klicken Sie auf die Schaltfläche *Disc brennen*. Sofern Sie das Projekt noch nicht gespeichert haben, erscheint ein Dialogfenster, das Sie zur Eingabe eines Dateinamens auffordert. Danach gelangen Sie in den Brenndialog. Welche Einstellungen hier gegebenenfalls noch anzupassen sind, erfahren Sie in Kapitel 8 ab Seite 203.

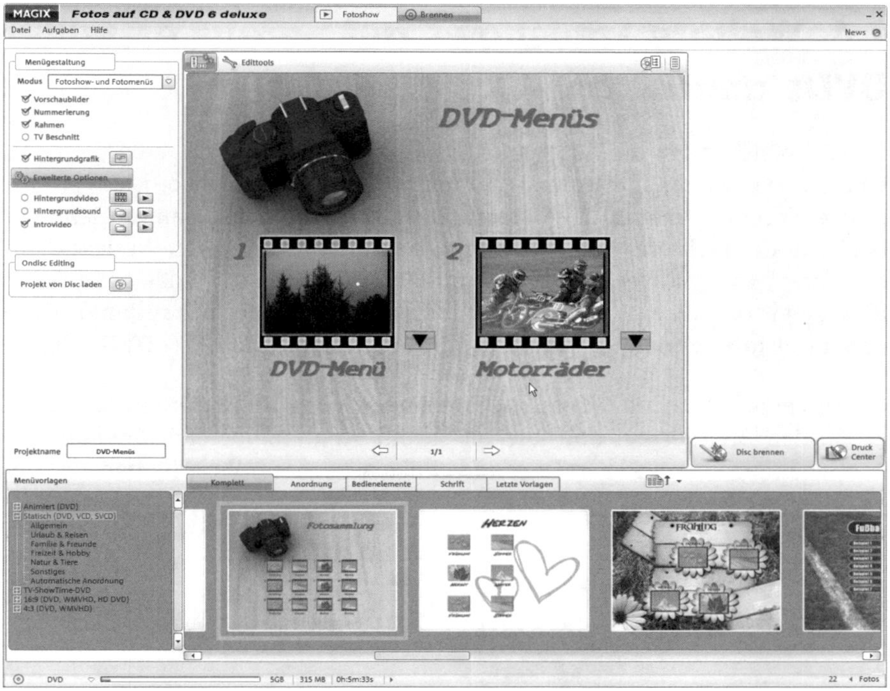

Kombinieren alter und neuer Fotoshows nur mit Projekt-Backup!

Die im Folgenden beschriebene Funktion von MAGIX setzt voraus, dass Sie beim Brennen der ersten Fotoshow auf eine DVD ein Backup der Projektdateien mit auf die DVD gebrannt haben. Ohne dieses Projekt-Backup, d. h. Informationen über die in der fertigen Fotoshow verarbeiteten Originalfotodateien sowie Informationen zum Arrangement der Fotos (Reihenfolge, Überblendungen, Effekte etc.), kann MAGIX eine alte Fotoshow nicht wiederherstellen und somit auch keine bereits gebrannte Fotoshow in ein neues Projekt einfügen.

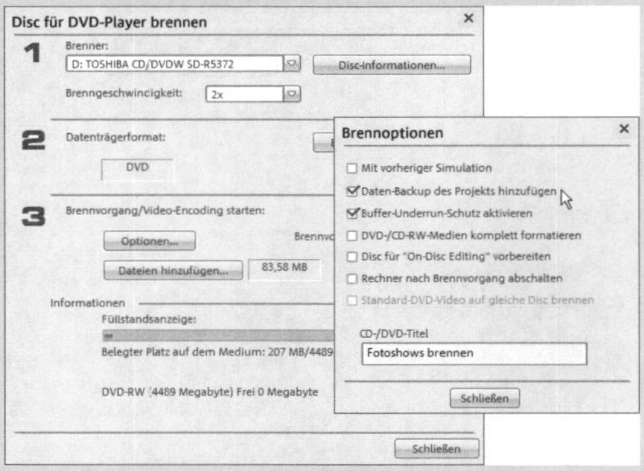

7.4 Weitere Fotoshows auf bereits erstellten DVDs anhängen

MAGIX bietet Ihnen die Möglichkeit, mehrere Fotoshows auf einer Disc zu vereinigen. Dazu können Sie im Programm eine bestehende Fotoshow von einer Disc einlesen, in das aktuelle Projekt einfügen, ein gemeinsames Menü für die beiden (oder mehrere) Fotoshows erstellen und das komplette Projekt dann zurück brennen. Dafür empfiehlt sich das Verwenden von wieder beschreibbaren Rohlingen. **Das direkte Bearbeiten von Fotoshows auf vorhandenen Discs ist dabei nur mit der deluxe-Version von MAGIX Fotos auf CD & DVD möglich.**

1 Um eine bestehende Fotoshow von einer Disc zu importieren, legen Sie diese in den Brenner ein und klicken Sie im Programmbereich *Brennen* auf die Schaltfläche *Projekt von Disc laden* links neben dem Vorschaufenster.

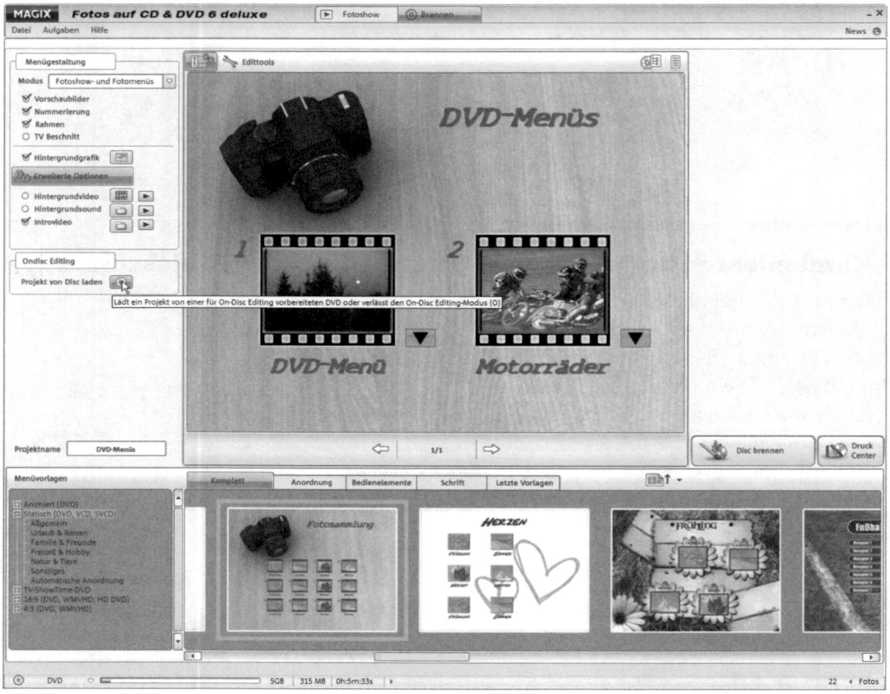

2 Es erscheint das Dialogfenster *Disc für das Ondisc Editing suchen*. Wählen Sie aus dem Listenfeld *Brenner* das entsprechende Laufwerk, sofern dieses nicht bereits voreingestellt ist. Im Feld *Disc* darunter zeigt das Programm an, welcher Art der eingelegte Rohling ist (DVD-RW, DVD+RW) und wie viel Speicherplatz auf dem gewählten Datenträger noch frei ist. Klicken Sie auf *OK*, um die eingelegte Disc zu verwenden.

3 Es erscheint eine Meldung darüber, dass im aktuellen Projekt eine oder mehrere Fotoshows enthalten sind. Klicken Sie auf die Schaltfläche *Ja*, um die gerade in MAGIX bearbeitete(n) Fotoshow(s) mit der vorhandenen Fotoshow auf der eingelegten Disc zusammenzuführen.

4 MAGIX führt die Fotoshows zusammen und zeigt die aktuelle Gesamtstruktur im Bereich *DVD-Navigationsstruktur* rechts oben im Programmfenster an. Klicken Sie auf das kleine Plussymbol vor den Fotoshow-Titeln, um die enthaltenen Elemente der einzelnen Fotoshows sichtbar zu machen.

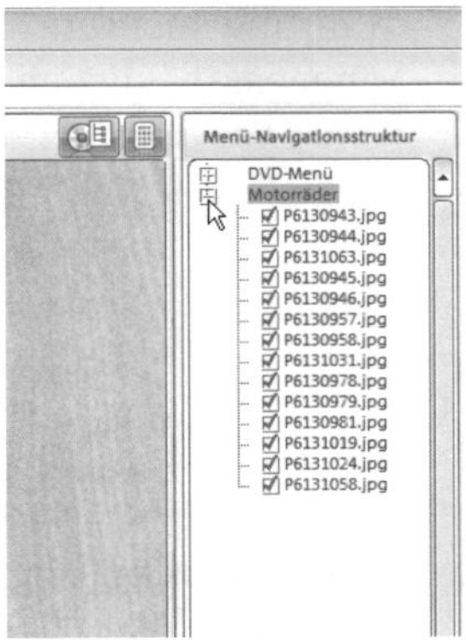

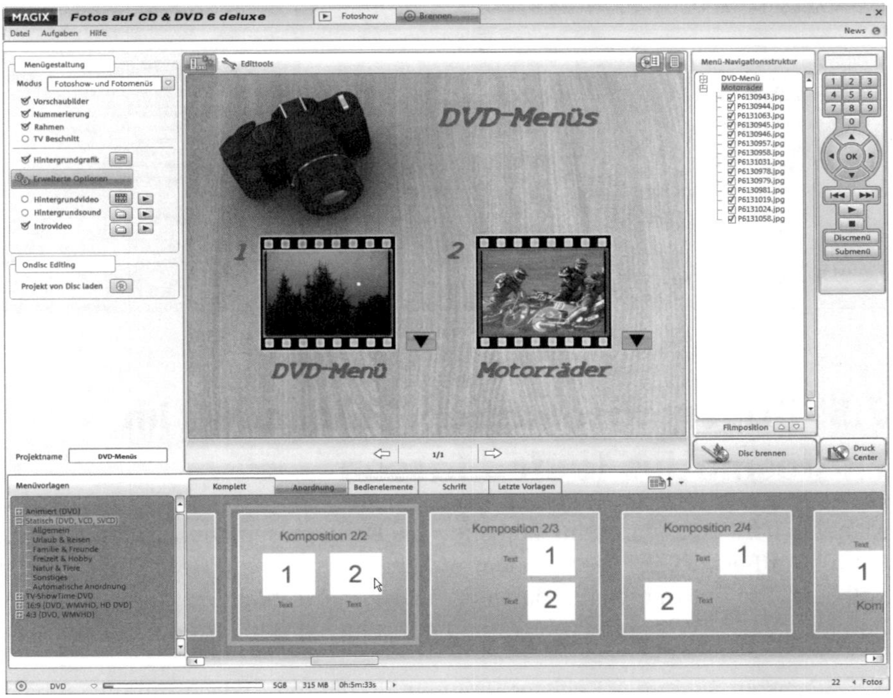

5 Nutzen Sie das Register *Komposition*, um bei nun mehreren Fotoshows für alle Shows auf der ersten Hauptmenüseite ein Vorschaubild anzeigen zu lassen. Wählen Sie dafür zum Beispiel die Vorlage *Komposition 2/2*.

Passen Sie gegebenenfalls die Bezeichnungen und damit Beschriftungen der einzelnen Fotoshows an, indem Sie doppelt auf deren Vorschaubild klicken und im erscheinenden Dialog den jeweiligen Titel ändern.

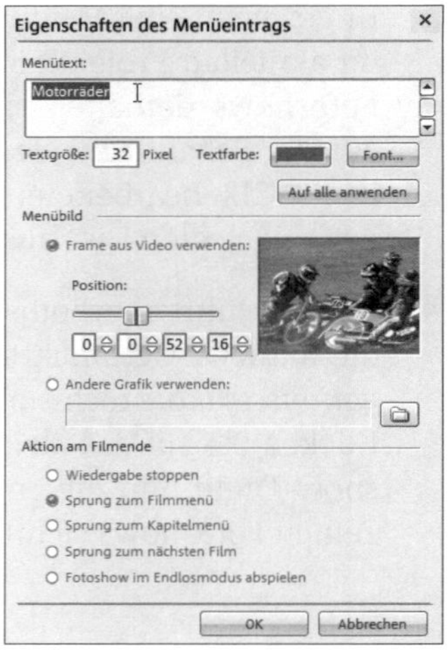

6 Ist das DVD-Menü optimal auf die Zusammenführung mehrere Fotoshows in einem Projekt angepasst, klicken Sie auf die große Schaltfläche *Disc brennen*, um das Projekt nun auf den eingelegten Rohling zu brennen.

Konflikte bei gleichen Fotoshow-Bezeichnungen

Möglicherweise erscheint beim Importieren bereits erstellter Fotoshows im Rahmen des *Ondisc Editing* eine Fehlermeldung darüber, dass zwei gleichnamige Fotoshows im Disc-Projekt existieren.

Dieser Fehler tritt auf, wenn die bereits gebrannte und die aktuell erstellte Fotoshow die gleiche Bezeichnung tragen, zum Beispiel beide als *Fotoshow1* betitelt wurden.

Klicken Sie in diesem Fall auf die Schaltfläche *Neuer Name*, wenn das Dialogfenster mit der Fehlermeldung erscheint. Wählen Sie im folgenden Dialog *Fotoshow speichern* einen neuen Dateinamen für die zweite Fotoshow und klicken Sie auf *OK*.

7.5 Dauerpräsentation: Fotoshows im Endlosmodus laufen lassen

Manchmal möchte man seine Fotoshow als Dauerpräsentation laufen lassen. Das kann zum Beispiel auf Messen oder in Schaufenstern von Geschäften sehr sinnvoll sein. Die Fotoshow läuft dabei in einer Endlosschleife ab. Dies ist in MAGIX Fotos auf CD & DVD kein Problem und mit wenigen Handgriffen erledigt.

1 Wechseln Sie in das Register *Brennen* am oberen Bildschirmrand, sobald Sie die Fotoshow fertig arrangiert haben.

2 Doppelklicken Sie im Vorschaufenster des DVD-Hauptmenüs auf das Vorschaubild der gewünschten Fotoshow. Es erscheint das Dialogfenster *Eigenschaften des Menüeintrags*.

3 Aktivieren Sie im Bereich *Aktion am Filmende* die Option *Fotoshow im Endlos-Modus abspielen*. Schließen Sie das Dialogfenster mit einem Klick auf die Schaltfläche *OK*.

4 Nehmen Sie die restlichen gewünschten Anpassungen am DVD-Menü vor und klicken Sie auf die Schaltfläche *Disc brennen*, um die Fotoshow für die Wiedergabe am Fernseher auf eine DVD zu brennen.

5 Wählen Sie die entsprechenden Brenneinstellungen, wie Sie im folgenden Hauptkapitel (ab Seite 203) beschrieben sind, und starten Sie den Schreibvorgang.

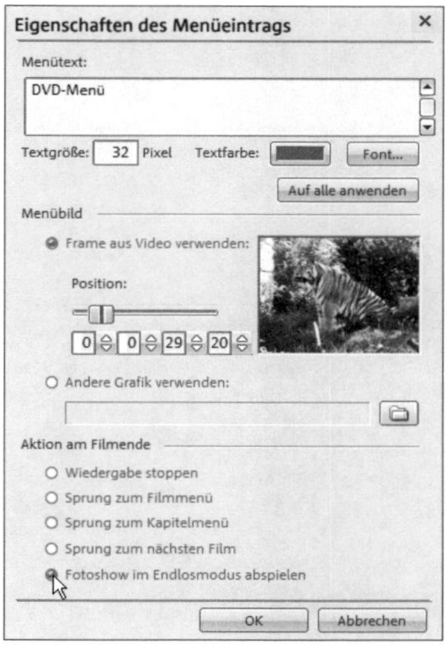

8. So wird's was: optimale Brenneinstellungen für die Wiedergabe auf allen Geräten

Nach viel Arbeit ist es so weit: Ihre Fotoshow ist mit allen nur denkbaren Funktionen ausgestattet. Nun können Sie Ihre Fotoshow samt Menü auf eine Disc brennen. Für Sie selbst stellt das nur wenige Klicks dar. Für MAGIX geht die Arbeit dann allerdings erst richtig los. Ihre Fotoshow muss in ein DVD-taugliches Videoformat umgewandelt werden, damit gängige DVD-Player diese wie eine Video-DVD abspielen können. Dieser Vorgang kann je nach Länge der Fotoshow eine Weile dauern. Die Geschwindigkeit hängt auch maßgeblich von der Geschwindigkeit Ihres PCs ab.

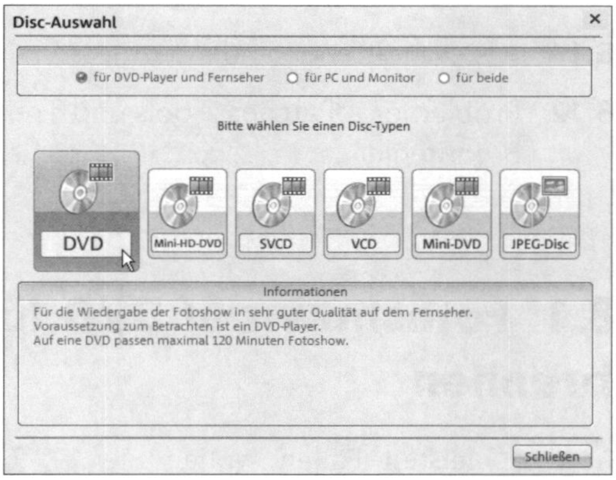

In diesem Kapitel erfahren Sie alles über die weit reichenden Brenneinstellungen von MAGIX Fotos auf CD & DVD. Im ersten Abschnitt wird der normale Brennvorgang schnell und direkt vorgestellt, damit Sie möglichst bald Ihre erste Fotoshow-Disc in der Hand halten können.

In den sich anschließenden Abschnitten erfahren Sie mehr über Detaileinstellungen beim Brennen, zu Formaten und zu Qualitätseinstellungen sowie zu Lösungen bei typischen Problemen.

8.1 Fotoshow auf DVD für Wiedergabe am TV brennen

In den meisten Fällen wollen Sie Ihre fertige Fotoshow sicher auf eine DVD brennen, um diese über den DVD-Player am heimischen Fernseher zu betrachten. Dies ist die erste von mehreren Möglichkeiten, Ihre Fotoshow zu speichern und zu exportieren. Wie Sie dabei vorgehen, erfahren Sie in diesem Abschnitt.

1 Um die Fotoshow für die Wiedergabe am Fernseher auf DVD zu brennen, legen Sie einen DVD-Rohling in das Brennerlaufwerk ein und klicken auf die Schaltfläche *Disc brennen*.

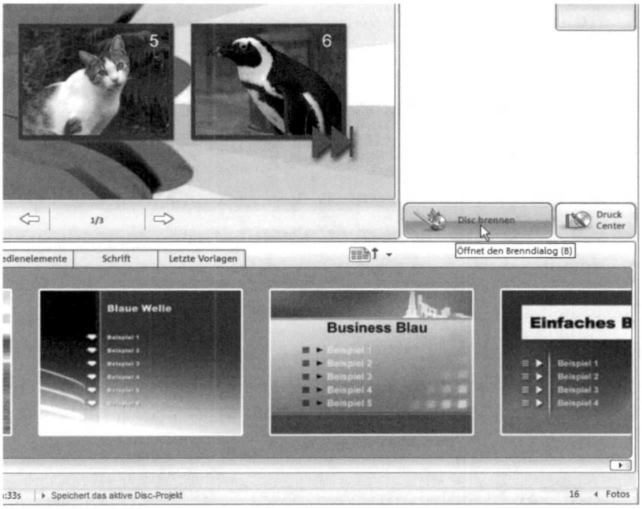

2 Es erscheint der Brennassistent. Wählen Sie den gewünschten Disc-Typ aus. Klicken Sie im folgenden Dialog auf *Optionen*. Aktivieren Sie die Option *Daten-Backup des Projekts hinzufügen*.

Dadurch wird eine komplette Sicherung aller Projektdateien mit auf der DVD abgelegt. Dies ist insbesondere sinnvoll, wenn Sie die Disc später um weitere Fotoshows ergänzen möchten bzw. die jetzt zu brennende Fotoshow später einfach in Multi-Fotoshow-Projekte importieren wollen. Ihren DVD-Player stört das natürlich nicht, da diese Daten für ihn unsichtbar sind.

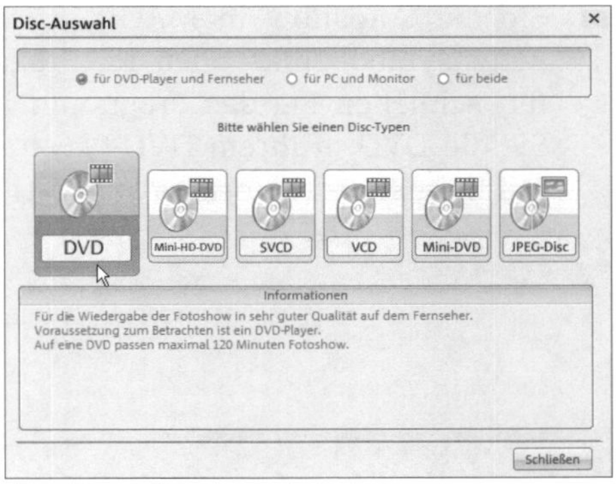

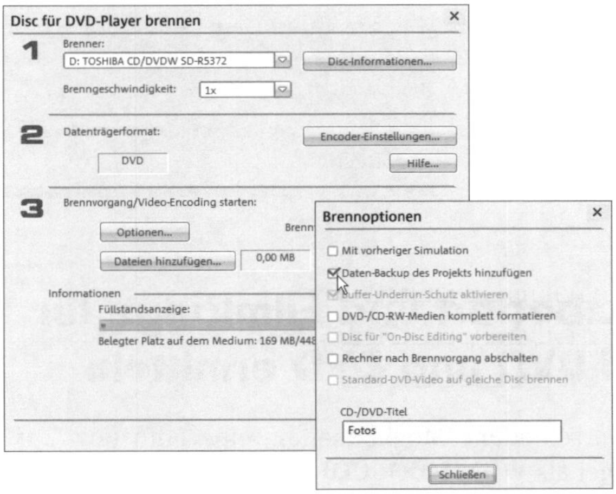

3 Klicken Sie auf den großen roten *Brennen*-Schalter, um den Brennvorgang zu starten.

4 MAGIX beginnt nun mit dem Berechnen der Fotoshow als DVD. Um Ihre Fotoshow mit Hintergrundmusik und Übergängen auf DVD-Playern wiedergeben zu können, macht das Programm daraus einen Film gemäß den Formatvorgaben für Video-DVDs. Die beim Brennen erzeugte und von der DVD wiedergegebene Fotoshow ist also nicht mehr länger eine Aneinanderreihung von Einzelbildern, sondern ein ganzer Film im MPEG-2-Format, wie er auch bei DVDs mit Kinofilmen oder Urlaubsvideos erzeugt wird.

Wie lange diese Berechnung des Films dauert – MAGIX nennt den Vorgang „Mixdown“ –, hängt von der Geschwindigkeit Ihres Computers und der Länge der Fotoshow ab. Ein Statusbalken hält Sie über den Fortschritt auf dem Laufenden.

5 Wurde die DVD erfolgreich gebrannt, erscheint eine entsprechende Meldung. Entnehmen Sie die beschriebene Disc aus dem DVD-Laufwerk und bestätigen Sie die Abschlussmeldung mit einem Klick auf *OK*. Speichern Sie die Fotoshow in MAGIX über das Diskettensymbol links oben im Programmfenster, schließen Sie das Programm und testen Sie die DVD in Ihrem DVD-Player. Viel Spaß mit Ihrer ersten Fotoshow auf DVD!

Die Qualität ist nicht optimal, es treten Fehler auf?

Dieser erste Abschnitt hat Ihnen den schnellsten Weg gezeigt, Ihre fertig arrangierte Fotoshow auf einen Rohling zu bringen und zu testen. Sind Sie mit dem Ergebnis aus dem einen oder andere Grund noch nicht zufrieden? Stimmt die Qualität nicht, treten Fehler auf?

Die folgenden Abschnitte zeigen Ihnen, wo Sie mit verschiedenen Einstellungen gegensteuern können und was die einzelnen Optionen im Detail bewirken.

8.2 Bitrate, Platzbedarf und Filmlänge für VCD, SVCD, Mini-DVD und DVD ermitteln

MAGIX bietet Ihnen viele verschiedene Möglichkeiten, eine Fotoshow auf eine Disc zu brennen: zum Beispiel als VCD (**V**ideo-**CD**), als SVCD (**S**uper-**V**ideo-**CD**), als Mini-DVD und als DVD. Außerdem können Sie eine Mini-HD-DVD und eine JPEG-Disc brennen. Das ist schon einmal eine ordentliche Auswahl, doch welches Format ist für welchen Zweck geeignet? Und wie lang dürfen die Fotoshows bei den einzelnen Disc-Formaten sein?

Im *Disc-Auswahl*-Fenster von MAGIX können Sie zunächst einen Verwendungszweck für die Fotoshow auswählen. Es stehen die Optionen *für DVD-Player und Fernseher*, *für PC und Monitor* und *für beide* zur Verfügung. Abhängig von der gewählten Option stehen Ihnen dann unterschiedliche Ausgabetypen zur Verfügung.

DVD für längere Präsentationen, hohe Qualität und ausreichend Kapazität für zusätzliche Elemente

Die DVD ist der aktuelle Standard für das Brennen von Videos und Fotoshows. Abgesehen von wenig verbreiteten Lösungen haben Sie hier die beste Qualität zu einem moderaten Preis, um Ihre Urlaubserinnerungen digitalisiert, nachbearbeitet, arrangiert und am Fernseher abspielbar zu brennen.

Eine DVD kann Videomaterial (und Fotoshows) in verschiedenen Bitraten und damit Qualitätsstufen aufnehmen. In der Standardeinstellung können Sie bei einem normalen DVD-Rohling (kein Double-Layer) bis zu 120 Minuten Videomaterial auf einer DVD unterbringen. Dies wird auf den Rohlingverpackungen und in Brennprogrammen als SP (**S**tandard **P**lay) ausgewiesen.

Reduzieren Sie die Bitrate und damit die Bildqualität der Präsentation ein wenig, können Sie auch deutlich längere Präsentationen und Videos auf einem Rohling unterbringen. Entsprechende Modi sind hier LP (**L**ong **P**lay) mit 180 Minuten und EP (**E**xtended **P**lay) mit 240 Minuten Kapazität.

Beachten Sie beim Einsatz von DVD-Rohlingen, dass es verschiedene Rohlingsarten gibt (DVD+R, DVD-R, DVD+RW, DVD-RW sowie die entsprechenden Double-Layer-Rohlinge). Nicht jeder Brenner kann alle Rohlinge beschreiben, ebenso können einige ältere DVD-Player bestimmte Rohlinge nicht wiedergeben. Konsultieren Sie hier gegebenenfalls das Handbuch zu Ihrem PC, Brenner und DVD-Player oder überprüfen Sie die Kompatibilität mit einem kurzen Testprojekt. Am sichersten ist meist die Verwendung von DVD-R- oder DVD+R-Rohlingen. Diese können heute auf fast allen DVD-Playern problemlos wiedergegeben werden.

VCD/SVCD für die reine Fotoshow-Wiedergabe von CD

Video-CDs und Super-Video-CDs sind zwei Möglichkeiten, Videos und Fotos auf einen CD-Rohling zu brennen und diesen am Fernseher über einen DVD-Player wiederzugeben.

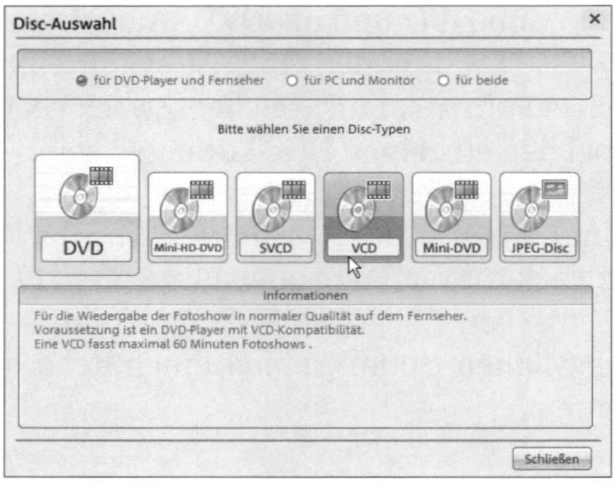

Diese beiden Formate waren vor allen Dingen verbreitet, als DVD-Brennen noch ein teurer Luxus aufgrund der hohen Preise für DVD-Rohlinge war.

VCDs nutzen eine fest definierte Bitrate, um das Videomaterial samt Ton zu kodieren, und haben damit eine weitgehend feststehende Qualität. Videodaten werden mit 1.150 KBit/s kodiert, die dazugehörenden Tondaten mit 224 KBit/s. Dies entspricht insgesamt 1.374 KBit/s, 171,75 KByte/s, 10.305 KByte/min. Eine Minute Videomaterial (inkl. Ton) benötigt im VCD-Format daher ca. 10 MByte, sodass Sie auf einen CD-Rohling im VCD-Format normalerweise gut 70 Minuten Video brennen können. MAGIX selbst gibt für Fotoshow-VCDs eine maximale Länge von 60 Minuten an.

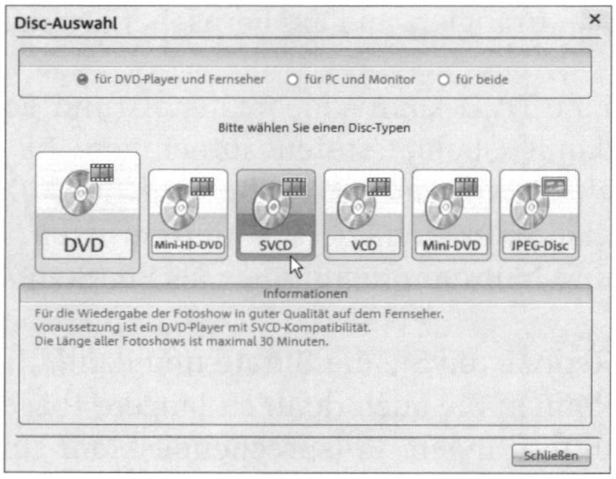

Bei SVCDs ist die Bitrate variabel, sodass Sie theoretisch verschiedene Qualitätsstufen nutzen und so mehr oder weniger Videomaterial pro CD unterbringen können. Standardmäßig ist für SVCDs eine Bitrate von 2.519 KBit/s für das Videomaterial und 128 KBit/s für das Tonmaterial vorgesehen. Analog zur obigen Kalkulation führt dies zu insgesamt 2.647 KBit/s, 330,875 KByte/s, 19.852,5 KByte/min respektive ungefähr 20 MByte pro Minute. Entsprechend können Sie auf SVCDs nur durchschnittlich 35 Minuten Videomaterial bzw. Fotoshows unterbringen, allerdings bei deutlich besserer Qualität. Die Bildqualität einer SVCD ähnelt der einer DVD. MAGIX gibt als Grenze für Fotoshow-SVCDs ca. 30 Minuten Länge an.

Im kurzen Überblick ist der Vorteil von VCD und SVCD die Nutzung von preiswerten CD-Rohlingen bei mehr oder weniger guter Qualität und zeitlicher Aufnahmekapazität. Wichtig: Testen Sie zuerst, ob Ihr DVD-Player VCDs und/oder SVCDs wiedergeben kann, bevor Sie mehrere Projekte in diesem Datenträgerformat erzeugen. Die meisten, wohl aber nicht alle DVD-Player unterstützen die Wiedergabe von VCD- und SVCD-Discs.

Wirklich zu empfehlen sind VCDs und SVCDs heute allerdings nicht mehr. Die Bildqualität ist im Vergleich zu DVDs einfach zu schlecht. DVD-Rohlinge sind heute so günstig und DVD-Brenner in jedem modernen PC Standard, sodass diese beiden Disc-Typen eigentlich uninteressant geworden sind. Die DVD sollte Ihr Standardformat sein.

Mini-DVD für kleinere Präsentationen hoher Qualität

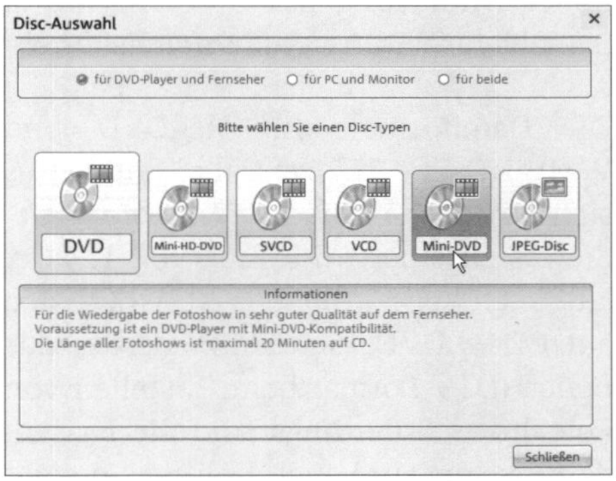

Eine interessante Alternative zum Brennen einer DVD ist das Erstellen einer Mini-DVD. Dabei handelt es sich physisch um eine CD, die allerdings logisch DVD-Strukturen aufweist.

Bei einer Mini-DVD werden Videodaten wie bei einer normalen DVD im MPEG-2-Format gebrannt, sodass auch die Qualität der einer DVD entspricht. Sie können maximal 20 Minuten auf einen Rohling mit 700 MByte Kapazität (80 min) brennen. Das ist nicht viel für Filmmaterial, für eine kürzere Präsentation oder Fotoshow aber völlig ausreichend. Ihr Vorteil ist, dass Sie einen preisgünstigen CD-Rohling einsetzen können und einen teuren DVD-Rohling sparen.

Wofür Slideshow und JPEG-Disc?

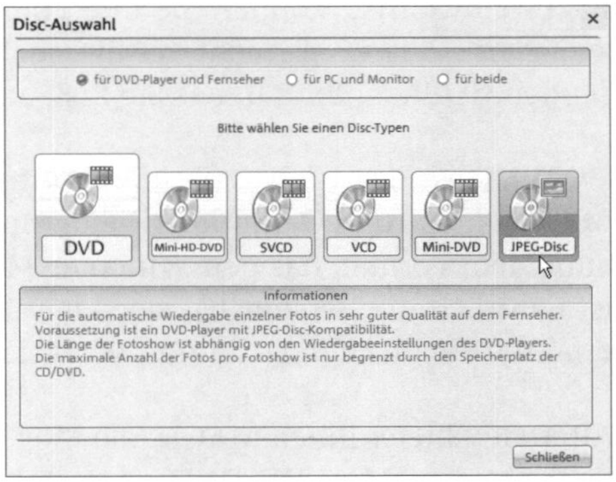

Mit dem Zielformat *Slideshow* erzeugen Sie eine CD oder DVD, auf der Ihre Fotos im Original enthalten sind. MAGIX brennt auf den Rohling eine von CD/DVD lauffähige Version des MAGIX Media Managers, mit dem eine automatische Wiedergabe Ihrer Fotoshow auf jedem PC möglich ist. Die Fotoshow beschränkt sich dabei allerdings auf die Überblendung der einzelnen Fotos sowie auf die Wiedergabe mit Hintergrundmusik. Komplexe Effekte oder Dekorationen sind nicht möglich; lediglich direkte Retuschen an den Bildern über die Funktion *Foto optimieren* können übernommen werden.

Die *JPEG-Disc* wiederum ist ein Format für die Wiedergabe Ihrer Fotos über DVD-Player und TV. Hier werden Ihre Fotos im Original auf die CD oder DVD gebrannt. Wie auch bei der Slideshow wird dabei aus den Fotos bzw. der Fotoshow kein Film erzeugt, sondern lediglich Bild für Bild angezeigt. Damit sind keine komplexen Effekte möglich. Um TV-JPEG-Discs wiedergeben zu können, muss Ihr DVD-Player dieses Format unterstützen.

HD-DVD, Mini-HD-DVD und WMVHD

Die Nachfolger der DVD stehen bereits in den Startlöchern – HD-DVD und Bluray-Laufwerke. Mit diesen neuen Disc-Formaten wird auch die neue Fernsehnorm HDTV (**H**igh **D**efinition **T**ele**v**ision) eingeführt. HDTV hat eine sehr viel höhere Auflösung als PAL-Fernseher und bietet eine technisch sehr viel bessere Signalverarbeitung. Außerdem ist es ein rein digitales Format.

Die Dateiformate für HD-DVD sind WMV-HD und H.264. Dabei handelt es sich um hochauflösende Videoformate, die bis zu einer Auflösung von 1.920 x 1.080 (1080p) arbeiten. MAGIX Fotos auf CD & DVD unterstützt bereits das neue HDTV-Format beim Erstellen von Fotoshows. Allerdings sind die passenden Brenner und auch Rohlinge derzeit noch übermäßig teuer, sodass sie äußerst selten anzutreffen sind. Vermutlich wird sich das Format im nächsten Jahr mehr verbreiten, wenn entsprechende Player günstiger geworden sind und z. B. die Playstation 3 Blu-ray-Laufwerke für HDTV weltweit in die Haushalte gebracht hat.

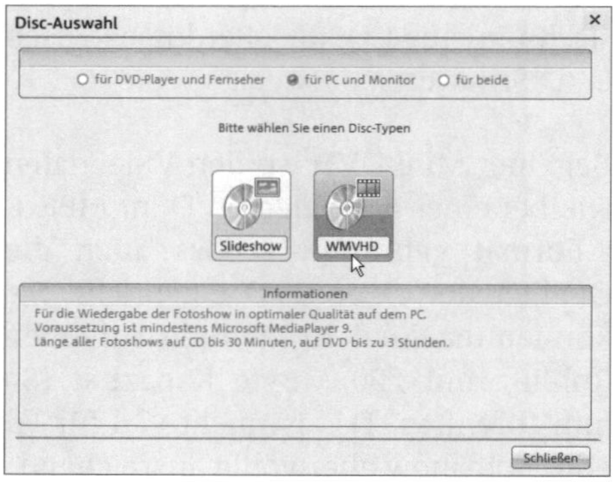

Bis es so weit ist, können Sie Ihre Fotoshows trotzdem schon im HDTV-Format speichern. Allerdings nicht auf die noch seltenen HD-Rohlinge, sondern im passenden HD-Videoformat, das Sie z. B. am Computer abspielen können.

WMVHD ist das High Definition-Format von Microsoft und steht für **W**indows **M**edia **V**ideo **H**igh **D**efinition. Die hiermit erzeugten Präsentationen basieren also auf einem Format, das den Windows Media Player ab Version 9 erfordert, besser ist natürlich die Version 10 oder 11. Wie Sie eine solche WMVHD-Disc brennen, erfahren Sie im High Definition-Workshop ab Seite 218.

Alternativ bietet Ihnen MAGIX die Möglichkeit, eine **Mini-HD-DVD** zu erstellen. Das Prinzip ist hierbei dasselbe wie bei der Mini-DVD. Es werden also High Definition-Inhalte auf einen herkömmlichen DVD-Rohling gebrannt. Sie brauchen also nicht extra einen HD-Brenner oder einen HD-Rohling. Da es aber derzeit noch keine erschwinglichen HD-DVD-Player gibt, macht auch die Mini-HD-DVD nicht wirklich Sinn.

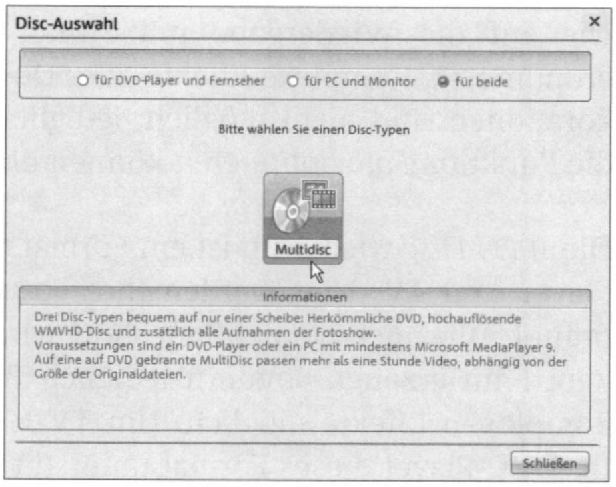

Der Alles-Könner – die Multidisc (nur deluxe-Version)

In der deluxe-Version bietet MAGIX noch ein zusätzliches Disc-Format an – die Multidisc. Hierbei handelt es sich im Grunde um eine Hybrid-DVD, die verschiedene Datenspuren beinhaltet. Jede dieser Datenspuren bieten den Inhalt für ein anderes Wiedergabemedium an.

Die DVD-Spur kann auf einem herkömmlichen DVD-Player abgespielt werden. Zusätzlich beinhaltet die DVD eine Spur im High Defintion-Format bzw. in WMVHD. Diese kann am Computer oder auf einem passenden HD-Player abgespielt werden. Und damit Ihnen auch das MAGIX-Projekt an sich nicht verloren geht, befinden sich auf der DVD auch noch sämtliche Projektdaten im Computerformat. Die Multidisc vereint also sämtliche Disc-Formate in sich, sodass Ihnen Ihre Fotoshow auf allen Geräten zur Verfügung steht.

Zu beachten ist hierbei, dass diese mehrfache Speicherung der Daten natürlich ordentlich Platz braucht. MAGIX gibt eine maximale Laufzeit von einer Stunde für Ihre Fotoshow an. Zusätzlich kommt nicht jeder DVD-Player mit solch einer Hybrid-DVD klar. Manche spielen sie klaglos ab, andere erkennen die Disc überhaupt nicht.

Projekttyp und Disc auswählen

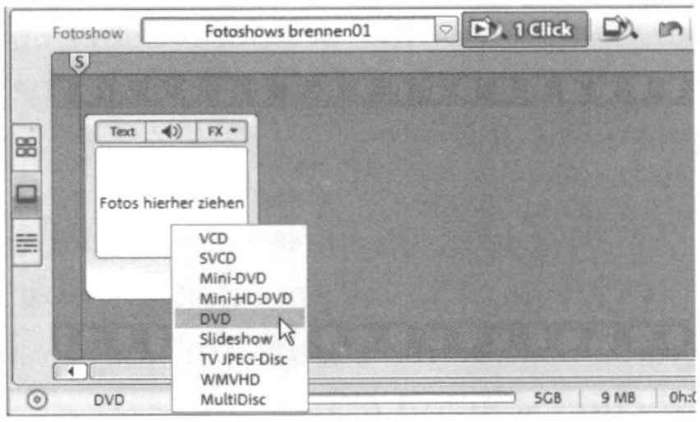

1 Grundsätzlich erfolgt die Wahl des Projekttyps bzw. der Zieldisc am besten gleich zu Beginn des Arrangements Ihrer Fotoshow. Wählen Sie im noch leeren Storyboard gleich zu Anfang, ob Sie zum Beispiel eine VCD, SVCD, Mini-DVD oder DVD erzeugen wollen.

2 Alternativ wählen Sie den Projekttyp am Ende des ganzen Vorgangs beim Festlegen der Brenneinstellungen. Dies hat allerdings den Nachteil, dass die arrangierte Fotoshow möglicherweise viel zu groß für die Kapazität des gewählten Datenträgerformats ist, zum Beispiel für eine CD im Mini-DVD-Format.

   Möglicherweise gehen auch interaktive Elemente wie ein gestaltetes DVD-Menü verloren, weil sie vom nachträglich gewählten Disc-Format nicht unterstützt werden. Wurde die Fotoshow z. B. mit den Möglichkeiten der DVD erstellt und am Ende wollen Sie das Ganze auf eine VCD oder SVCD brennen, gehen viele Funktionen verloren. Diese Art der Projektwahl kann also nur eine Ausnahme sein, wenn Sie zum Beispiel am Ende feststellen, keinen DVD-Rohling mehr zur Hand zu haben oder Ähnliches.

3 Achten Sie beim Erstellen eines Projekts auf den Füllbalken am unteren Rand des Programmfensters. Die Fotoshow sollte die Kapazität gängiger CD-Rohlinge von 700 MByte (80 min) nicht überschreiten, wenn Sie eine Fotoshow auf eine VCD, SVCD oder Mini-DVD brennen. Bei einer einschichtigen DVD stehen Ihnen effektiv rund 4,35 GByte und bei einer doppelschichtigen DVD rund 8,5 GByte zur Verfügung.

Bitraten einstellen für den MPEG-Encoder

Wie bereits bei der Erläuterung der verschiedenen Formate DVD, Mini-DVD, Multidisc, SVCD und VCD erklärt, hängt die zeitliche Aufnahmekapazität Ihrer Disc vom gewählten Disc-Format und der gewählten Bitrate ab.

Die Bitrate drückt vereinfacht aus, wie viele Daten pro Sekunde für die Kodierung des Bild- und Tonmaterials verwendet werden. Je höher die Bitrate, umso mehr Detailinformationen können pro Sekunde festgehalten werden, um die zu diesem Zeitpunkt wiedergegebenen Bild-, Video- und Klangelemente digital zu beschreiben. Damit ist die Bild- und Tonqualität insgesamt proportional zur eingesetzten Bitrate.

MAGIX bietet Ihnen vor dem Brennen die Möglichkeit, die Bitrate in den Einstellungen des MPEG-Encoders anzupassen und gegebenenfalls weitere Einstellungen vorzunehmen, die für die Qualität und Kompatibilität der erzeugten Disc wichtig sein können.

Der MPEG-Encoder ist dabei der Programmteil, der vor dem tatsächlichen Schreibvorgang auf den gewählten Rohling Ihre Fotoshow in ein für DVD-Player lesbares Format umwandelt. Aus den Einzelbildern Ihrer Fotoshow berechnet MAGIX dabei einen zusammenhängenden „Film" im so genannten MPEG-2-Format. Dieses Format ist der Standard für das Speichern und die Wiedergabe komprimierter Audio- und Videodaten, vor allen Dingen auf DVD.

1 Um die Einstellungen des MPEG-Encoders anzupassen, klicken Sie im Dialog *Disc für DVD-Player brennen* auf die Schaltfläche *Encoder-Einstellungen*.

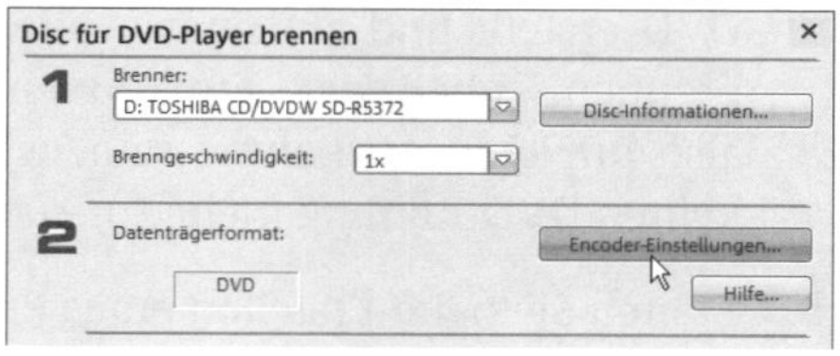

2 Am einfachsten passen Sie den Encoder an, indem Sie eine der Voreinstellungen aus der Liste oben auswählen. Interessant sind hier vor allem *Standard DVD PAL*, *Longplay DVD PAL* und *Standard DVD PAL Breitbild*. Diese Einstellungen entsprechen den typischen Spielzeiten *SP* und *LP*.

Eine Sonderstellung hat die Breitbildeinstellung, da sie das Bild speziell für 16:9-Fernseher optimiert. Das kann unter Umständen etwas mehr Speicherplatz benötigen.

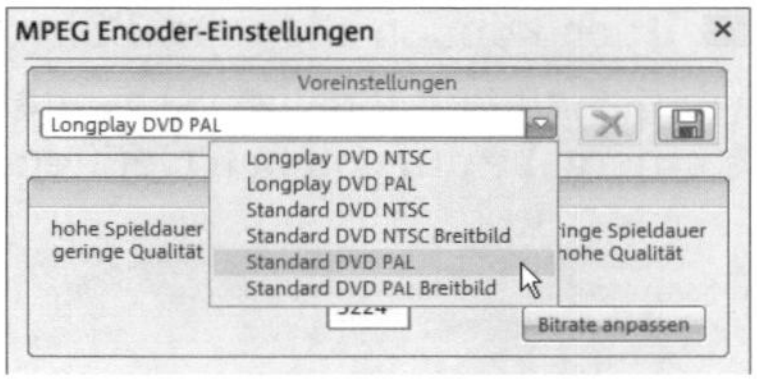

3 Alternativ können Sie die Bitrate auch mit dem Schieberegler direkt darunter verändern. Damit lässt sich leicht ein optimaler Kompromiss aus Spieldauer und Qualität festlegen.

Besonders einfach können Sie die optimale Einstellung mit der Schaltfläche *Bitrate anpassen* erreichen. Damit passt MAGIX die Bitrate automatisch so an, dass Ihre gesamte Fotoshow in jedem Fall auf die DVD passt. Natürlich wählt das Programm dabei eine möglichst hohe Bitrate, damit kein Platz verschwendet wird.

4 Der Schieberegler *Qualität* legt fest, wie sorgfältig bzw. aufwendig die Umrechnung der Fotoshow in das für die DVD-Wiedergabe nötige MPEG-Format durchgeführt werden soll. Je weiter Sie den Schieberegler nach rechts positionieren, umso genauer führt MAGIX die Umrechnung durch und ermöglicht damit eine maximale Qualität. Allerdings dauert der Rechenvorgang dadurch auch erheblich länger. Bei einer Fotoshow von mehr als 30 Minuten Länge können unterschiedliche Reglerpositionen schon Zeitunterschiede bei der Berechnung des Films von mehr als einer Stunde ausmachen.

5 Um allzu lange Wartezeiten zu vermeiden, sollten Sie unbedingt das Kontrollkästchen *Smart Rendering* aktivieren. Dadurch werden Elemente im Projekt, die bereits im MPEG-2-Format vorliegen, nicht erneut kodiert. Diese Einstellung ist vor allen Dingen wichtig bei Videobearbeitungs- und Brennprogrammen, zum Beispiel wenn Sie mehrere Urlaubsvideos auf eine DVD brennen wollen, von denen einige bereits im erforderlichen Zielformat vorliegen. Aber auch beim Brennen Ihrer Fotoshow kann diese Einstellung Zeit sparen, zum Beispiel wenn Sie ein Introvideo für das DVD-Menü oder existierende „Fotoshow-Filme" hinzugefügt haben, die bereits im MPEG-2-Format vorliegen.

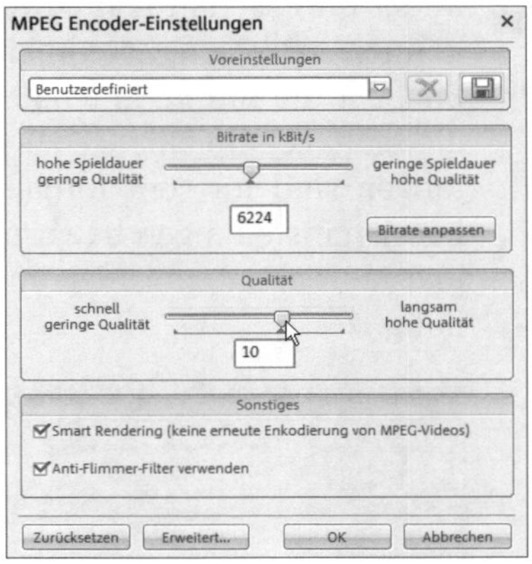

6 Klicken Sie im Dialog *MPEG Encoder Einstellungen* auf die Schaltfläche *Erweitert*, wenn Sie zusätzliche Detaileinstellungen für die Umwandlung der Fotoshow in einen MPEG-2-kompatiblen Film vornehmen möchten.

Hier können Sie zum Beispiel das Videoformat vom europäischen PAL auf das amerikanische NTSC umstellen, wenn Sie eine Präsentation für die Wiedergabe auf solchen Geräten erstellen wollen.

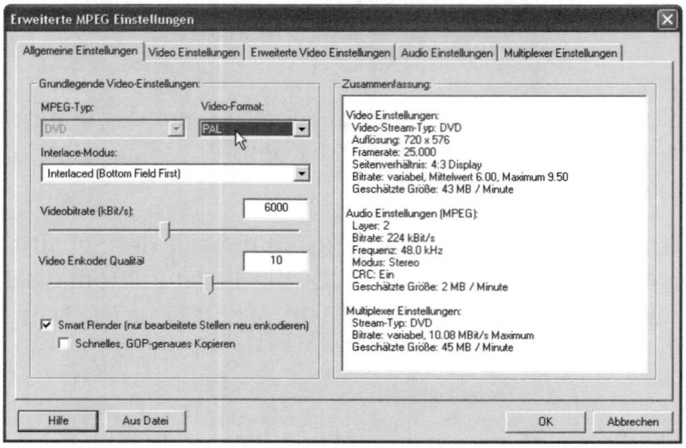

7 Im Register *Video Einstellungen* können Sie wählen, ob der Encoder eine variable oder konstante Bitrate verwenden soll. Beim Einsatz der variablen Bitrate analysiert der Encoder beim Umwandeln der Fotoshow in einen Film an jeder Stelle, wie viele Bits für die Kodierung des jeweiligen Frames (Einzelbildes) sinnvoll sind. So kann es sein, dass komplexere Szenen mit vielen Details oder schnellen Veränderungen mit einer höheren Bitrate kodiert werden und einfache Standbilder eine geringere Bitrate benötigen, um dennoch in der durchschnittlich gewünschten Qualität wiedergegeben zu werden. Sie können dabei eine maximale Bitrate festlegen, um zu verhindern, dass der Encoder die Bitrate in einigen Bereichen bis ins Extrem überhöht und damit die mögliche Spieldauer zu stark reduziert. Diese und die restlichen Einstellungen sind für sehr fortgeschrittene Nutzer gedacht, die die Qualität und Formateinstellungen bewusst und bis ins Detail vornehmen möchten. In den meisten Fällen sind hier und in den weiteren Registern keine Änderungen nötig.

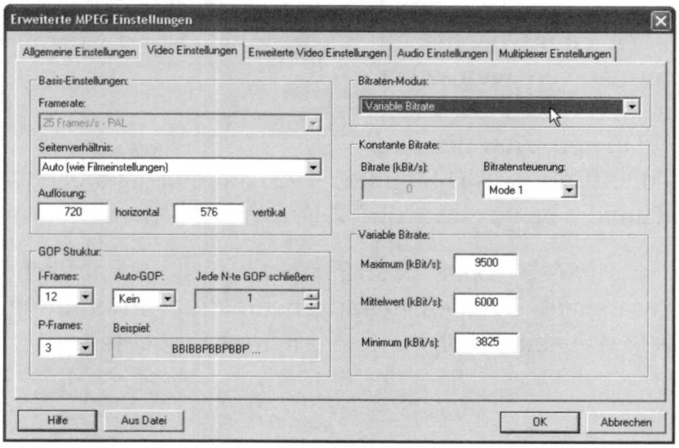

8.3 Fotoshow als Slideshow-Disc für die Wiedergabe am PC brennen

Die meisten Anwender möchten Ihre fertige Fotoshow primär über den DVD-Player und Fernseher wiedergeben, um auf diese Weise zum Beispiel Gästen beim sonntäglichen Kaffeetrinken die letzten Urlaubserlebnisse im Wohnzimmer vorführen zu können.

Einige Anwender möchten die Fotoshow tendenziell lieber am PC betrachten, zum Beispiel im Büro, flexibel auf dem Laptop oder zum Beispiel über einen Beamer an die Wand projizieren. Für diese Anwendungsfälle können Sie mit MAGIX die fertige Fotoshow optimiert für die Wiedergabe am PC als Slideshow-Disc brennen. Mit diesem Format können Sie Ihre Fotos in Originalqualität auf eine CD oder DVD brennen. Dabei wird gleichzeitig der MAGIX Media Manager als von CD oder DVD lauffähiges Präsentationsprogramm mit auf die Disc gebrannt.

Sie sehen die Bilder auf der Disc damit samt Überblendungen und Hintergrundmusik, allerdings ohne Menü oder weitere Effekte. Gleichzeitig sind auf der Slideshow-Disc alle Ihre Bilder im Original enthalten, sodass Sie sie einzeln von der CD oder DVD kopieren können

1 Haben Sie die Fotoshow arrangiert, klicken Sie oben im Programmfenster auf *Brennen* und anschließend auf die Schaltfläche *Disc brennen*. Wählen Sie oben die Gruppe *für PC und Monitor* aus. Dadurch wird Ihnen im unteren Bereich der Disc-Typ *Slideshow* angeboten.

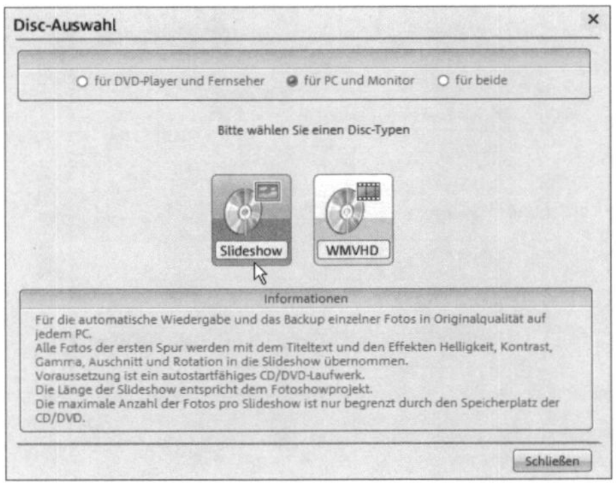

2 Es erscheint ein neues Dialogfenster, das alle in der Fotoshow enthaltenen Bilddateien zum Brennen auflistet. Klicken Sie auf *Weiter*.

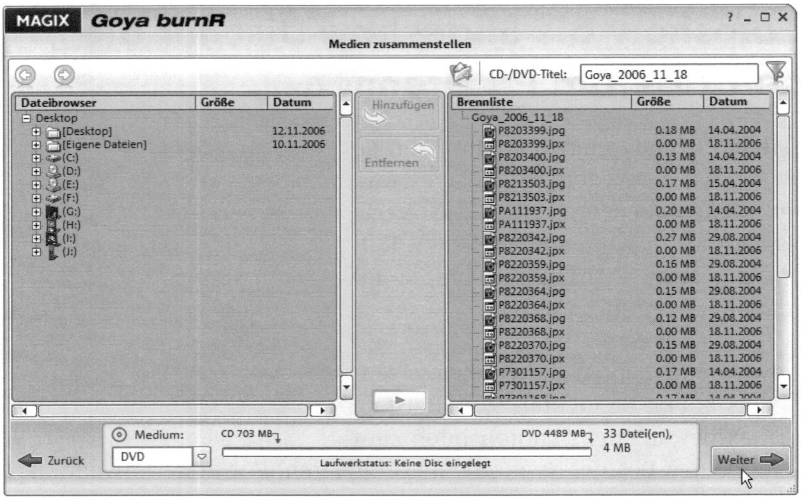

3 Im nächsten Schritt können Sie die Brenneinstellungen festlegen. Die Brenngeschwindigkeit richtet MAGIX in der Regel automatisch am eingelegten Rohling aus. Möchten Sie gleich mehrere Exemplare brennen, erhöhen Sie die Zahl im Feld *Anzahl der Kopien* entsprechend. Klicken Sie dann auf *Brennen starten*.

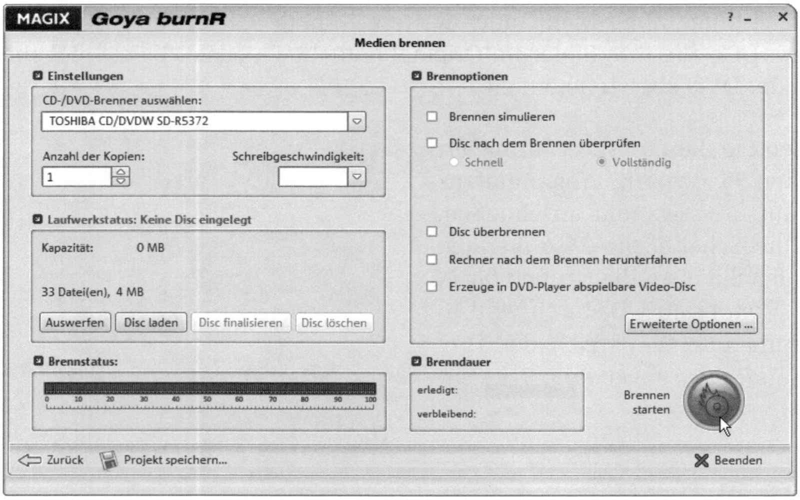

4 Haben Sie einen wieder beschreibbaren Rohling (DVD+/-RW oder CD-RW) eingelegt, der zu diesem Zeitpunkt bereits Daten enthält, bietet MAGIX an, den Rohling zu löschen. Ein Anhängen der Daten ist an dieser Stelle nicht möglich. Klicken Sie auf *OK*, um den Rohling zu löschen. Möchten Sie einen neuen Rohling einlegen, wählen Sie *Abbrechen*, wechseln die Disc und starten den Brennvorgang erneut.

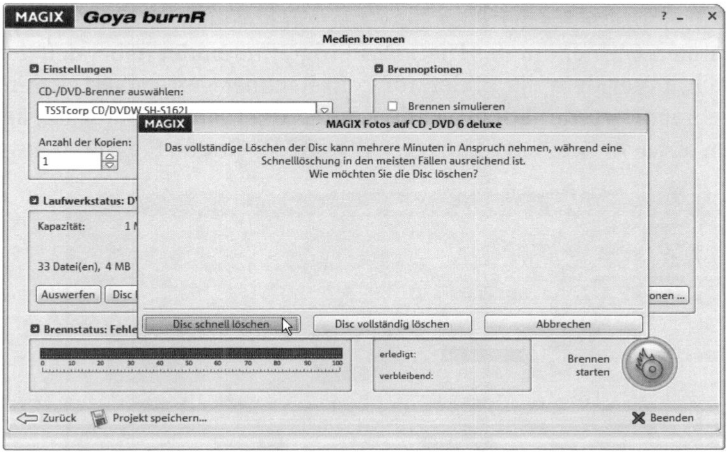

5 Das Programm schreibt nun Sektor für Sektor auf den eingelegten Rohling. Dieser Vorgang kann je nach Brenner einige Minuten dauern. Wurde der Brennvorgang erfolgreich abgeschlossen, erscheint eine entsprechende Erfolgsmeldung, die Sie mit einem Klick auf *OK* schließen können.

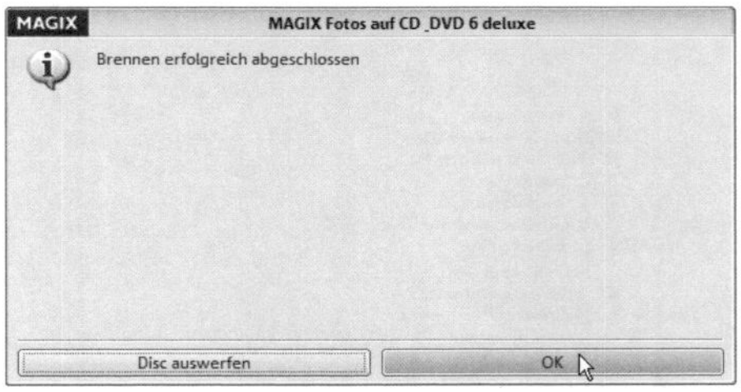

6 Testen Sie nun die Wiedergabe der Fotoshow am PC. Sobald Sie die Disc in das DVD- oder CD-Laufwerk einlegen, sollte die Fotoshow automatisch im MAGIX Media Manager geladen und abgespielt werden.

7 Wenn Sie auf Einzelbilder der Fotoshow zugreifen wollen, finden Sie diese in einem separaten Ordner auf der Disc. Das Programm bildet dabei den genauen Pfad nach, unter dem die Bilder auf dem Rechner gespeichert waren, als die Disc gebrannt wurde. Dabei werden die Ordnernamen aus Kompatibilitätsgründen auf acht Zeichen reduziert - Ihre Bilder finden Sie trotzdem.

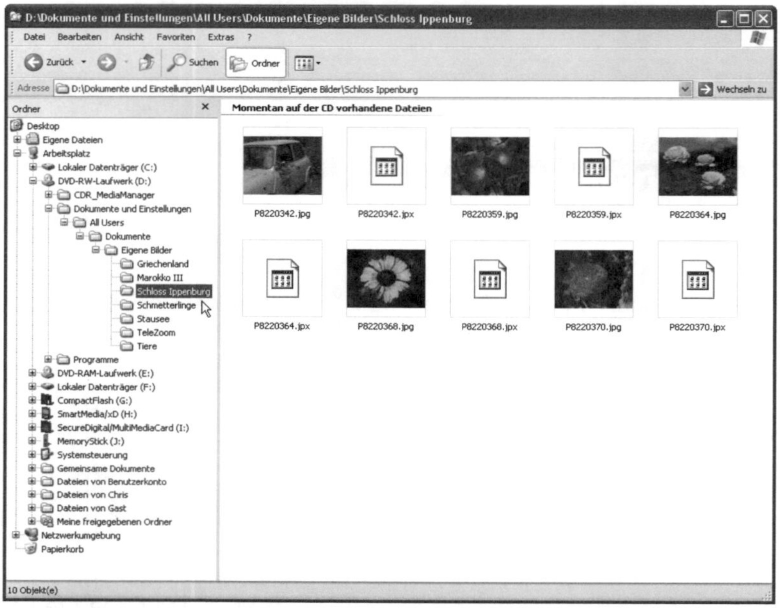

8.4 Fotoshow in High Definition-Qualität für die Wiedergabe am PC mit Windows Media Player 9 (WMVHD) brennen

MAGIX bietet Ihnen schon jetzt die Möglichkeiten von HDTV. Neben dem Erzeugen einer Fotoshow als Slideshow inklusive MAGIX Media Manager für den PC können Sie mit MAGIX Ihre Fotoshow im High Definition-Format erstellen und speichern. Bei diesem Format nutzt das Programm deutlich höhere Auflösungen, wie sie auch von entsprechenden HDTV-Fernsehgeräten verwendet werden. Voraussetzung für das Brennen von WMVHD-Discs ist der Windows Media Player ab Version 9 (besser Version 10 oder 11), den Sie sich bei Bedarf auch von der Microsoft-Website *www.microsoft.de* herunterladen können.

Idealerweise erstellen Sie Ihre Fotoshow direkt für die HD-Ausgabe und im 16:9-Format. Das WMV-HD-Format beherrscht zwar fast jede Auflösung, aber wenn Sie echtes HDTV erstellen möchten, sollten Sie sich an die Normen halten. Sonst erhalten Sie zwar eine hochaufgelöste Fotoshow, aber eben kein Standard-HDTV.

Wie Sie eine Fotoshow im Format 16:9 erstellen, wird ab Seite 46 erläutert. Nähere Informationen zum HDTV-Format finden Sie ab Seite 53.

1 Haben Sie die Fotoshow mit allen Überblendungen und Menüs arrangiert, klicken Sie am oberen Bildschirmrand auf das Register *Brennen*. Nun wählen Sie wie immer die Schaltfläche *Disc brennen*. Jetzt öffnet sich das Fenster für die Disc-Auswahl. Aktivieren Sie oben die Gruppe *für PC und Monitor* und wählen Sie dann den Disc-Typ *WMVHD* aus.

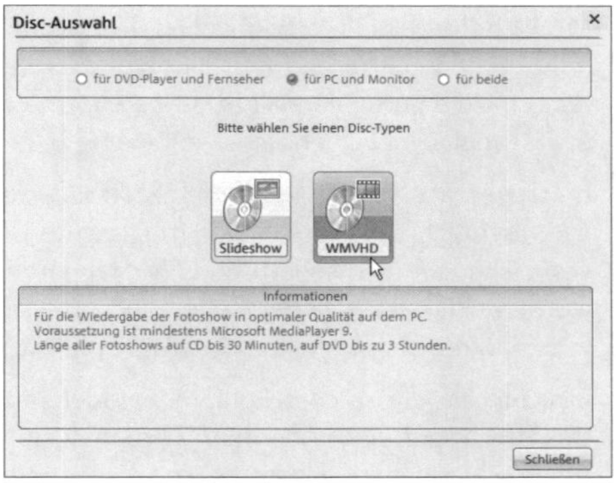

2 Je nach gewähltem Menü kann es passieren, dass MAGIX eine Warnmeldung präsentiert, dass auf WMVHD-Discs keine animierten Menühintergründe und animierten Menübuttons verwendet werden können. Dieser Fehler tritt immer auf, wenn Sie eine der animierten DVD-Menüvorlagen genutzt haben. Auf einer echten HDTV-Disc wie HD-DVD oder Blu-ray wäre das natürlich überhaupt kein Problem. Da das WMVHD-Format letztendlich aber nur ein hochaufgelöster Film ist, sind solche Extras nicht möglich. Klicken Sie auf *OK*, um die Animationen zu ignorieren. MAGIX erstellt in diesem Fall einen voll funktionsfähigen HDTV-Film, nur eben ohne die animierten Menüelemente.

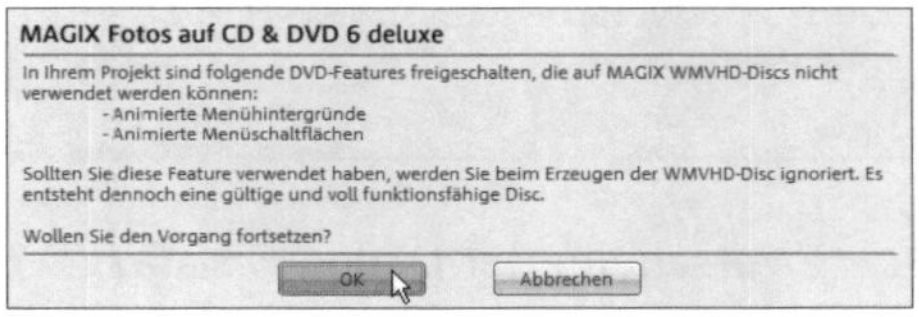

3 Sofern Sie das Projekt noch nicht gespeichert haben, fragt MAGIX nun nach einem Dateinamen zur Sicherung der Fotoshow-Arrangement-Informationen auf Ihrer Festplatte.

Was ist HDTV?

High **D**efinition **TV** (HDTV) ist ein weltweiter digitaler TV-Standard, der im Breitwandformat (16:9) besonders gute Bildqualität, vor allem äußerst scharfe Konturen, kräftige Farben, eine hohe Tiefenschärfe und den kinotypischen 5.1-Digital-Surround-Sound ermöglicht. Entscheidend für die gute Bildqualität ist die enorm hohe Bildauflösung von 1.920 x 1.080 Pixeln, eine etwas weniger speicherintensive Variante bietet 1.280 x 720 Pixel.

Im Gegensatz zum typischen PAL-Bild von 768 x 576 Pixeln sind so wesentlich schärfere Bilder möglich und Details sichtbar, die von bisherigen Fernsehern und TV-Standards schlicht verschluckt wurden. HDTV-fähige Fernseher sind inzwischen in den meisten Fachmärkten zu kaufen, allerdings noch sehr teuer.

Besitzen Sie ein solches Equipment oder möchten Sie die Fotoshow nicht auf eine Video-DVD brennen, sondern als hochauflösende Videodatei auf dem PC speichern und gegebenenfalls von dort weiterverarbeiten, ist eine *High Definition Fotoshow* genau das Richtige für Sie!

4 Es erscheint der Dialog *Disc für DVD-Player brennen*. Legen Sie einen DVD-Rohling ein und wählen Sie gegebenenfalls Brenner und Brenngeschwindigkeit aus – in den meisten Fällen setzt MAGIX allerdings automatisch die richtigen Einstellungen, sobald Sie einen Rohling eingelegt haben.

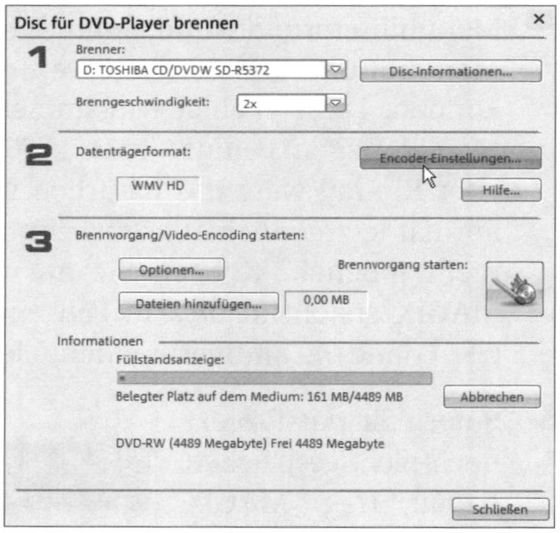

Klicken Sie auf *Encoder-Einstellungen*, um die Qualitätseinstellungen für die High Definition Fotoshow zu überprüfen.

5 Im Dialog *Windows Media Encoder Einstellungen* können Sie aus dem Listenfeld *Voreinstellungen* nun das gewünschte Einstellungsprofil auswählen. Nun können Sie die gewünschte HDTV-Auflösung auswählen. Die beiden Auflösungen 1.280 x 720 und 1.920 x 1.080 sind bereits mit dem Zusatz *HDTV* gekennzeichnet. Wie bereits erläutert, können Sie auch jede andere Auflösung auswählen. Dann handelt es sich aber nur um ein hochaufgelöstes Video im Windows Media-Format. Mit der HDTV-Norm hat das nichts zu tun. Für einen normalen PC sollten Sie die Auflösung 1.280 x 720 Punkte auswählen.

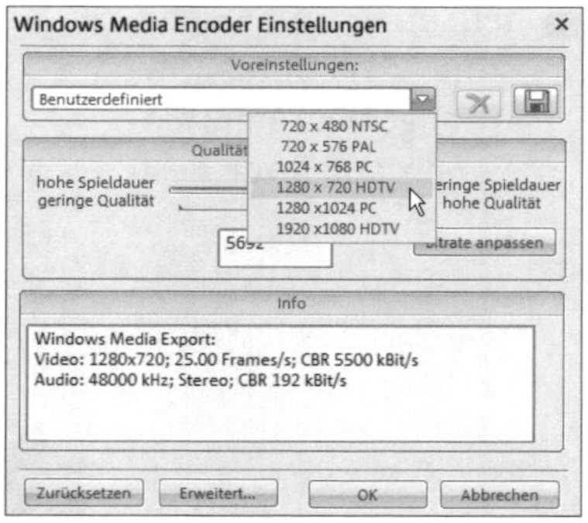

Nur wenn Ihr Computer richtig viel Rechenpower hat, sollten Sie auf die volle HDTV-Auflösung von 1.920 x 1.080 gehen. Ansonsten wird das Video zu einer Ruckel-Orgie und macht überhaupt keinen Spaß.

6 Klicken Sie im Dialog *Disc für DVD-Player brennen* auf die Schaltfläche *Optionen*. Aktivieren Sie im geöffneten *Brennoptionen*-Fenster die Option *Daten-Backup des Projektes hinzufügen*. Damit werden die Projektdateien, d. h. Informationen über das Arrangement der Bilder und Effekte mit auf die Disc gebrannt und lassen sich später in MAGIX einlesen, wenn Sie die gebrannte Fotoshow mit einer neuen Fotoshow auf einer neuen Disc kombinieren wollen. Klicken Sie auf *Schließen*.

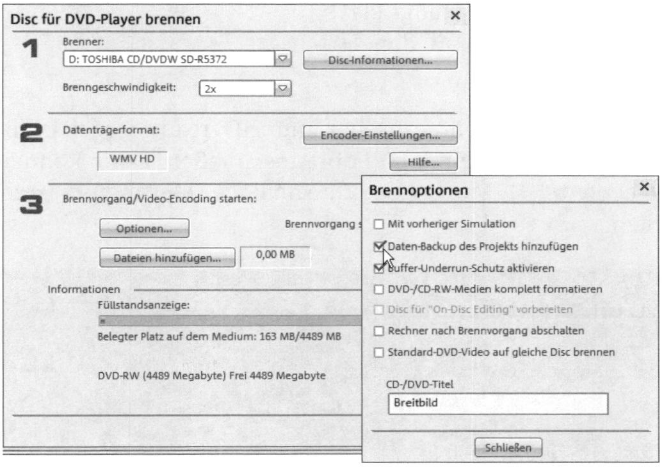

7 Starten Sie nun den Brennvorgang mit einem Klick auf den Schalter *Brennvorgang starten*. MAGIX beginnt nun, die komplette Fotoshow in einen Film umzurechnen, was in Abhängigkeit von der Spieldauer und Computergeschwindigkeit schon einmal eine gute Stunde dauern kann. Die Datenmengen sind bei HDTV im Vergleich zu einer PAL-DVD eben deutlich höher.

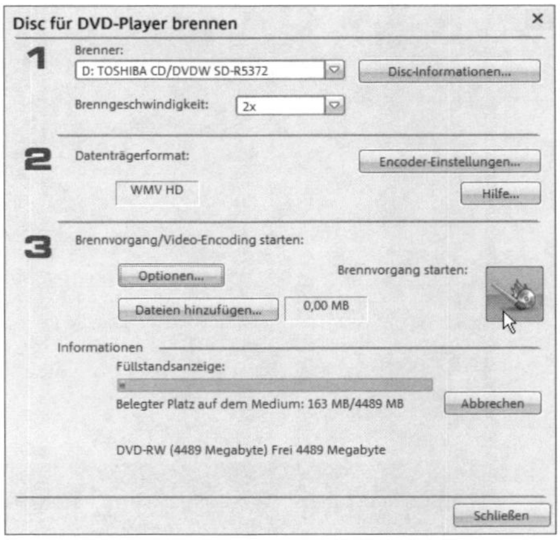

8 Das Programm beginnt danach automatisch mit dem Schreibvorgang. Dieser variiert je nach Länge der Fotoshow ebenfalls. Im schlimmsten Fall wird die DVD vollständig beschrieben, also mit 4,35 GByte. Das kann je nach Brenngeschwindigkeit einiges an Zeit in Anspruch nehmen.

Sobald die DVD vollständig gebrannt wurde, können Sie MAGIX schließen.

9 Sie können nun den Windows Media Player öffnen und Ihre HDTV-Fotoshow angucken. Abhängig von der gewählten Auflösung (720p oder 1080p) wird der Windows Media Player nun auf Vollbild umschalten und den HD-Film abspielen.

Wenn Sie bereits einen Flachbildfernseher mit HD ready-Siegel besitzen, können Sie Ihren Computer auch per DVI dort anschließen. Dann können Sie Ihre Fotoshow in echtem HDTV ansehen. Eine analoge Übertragung ist in der Regel nicht möglich.

8.5 Sie als Trendsetter: Fotoshow auf PDA, Pocket PC oder Smartphone bringen

MAGIX Fotos auf CD & DVD deluxe bietet Ihnen neben den gängigen Ausgabeformaten für PC und TV auch eine ganz besondere Funktion: Sie können die Fotoshow auch speziell für die Wiedergabe auf einem Smartphone oder einem PDA speichern, d. h. in einem für diese Geräte angepassten Format und der entsprechenden Auflösung. Im Grunde ändert sich dabei gegenüber dem Export einer normalen Fotoshow relativ wenig, es wird lediglich das Dateiformat speziell angepasst.

Achtung: Diese Funktion steht nur in der deluxe-Version zur Verfügung.

1 Wählen Sie nach dem Zusammenstellen der Fotoshow aus dem Hauptmenü den Punkt *Datei/Fotoshow exportieren/Windows Media Export* aus.

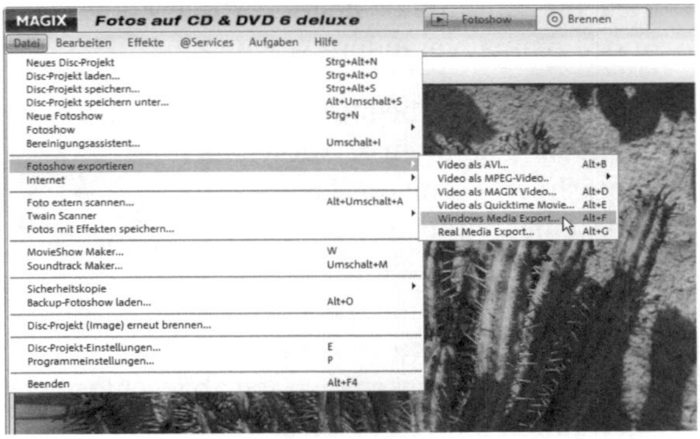

2 Das Dialogfenster *Windows Media Export* erscheint, in dem Sie alle Einstellungen für den Export der Fotoshow festlegen können. Wählen Sie aus dem Listenfeld *Voreinstellungen* am einfachsten eines der fertiges Profile aus – für den Export auf einen Pocket PC/PDA/ Handheld nutzen Sie das Profil *320 x 240 PocketPC*. Für viele moderne Multimedia-Handys können Sie auch den Punkt *176 x 240 Smartphone* auswählen.

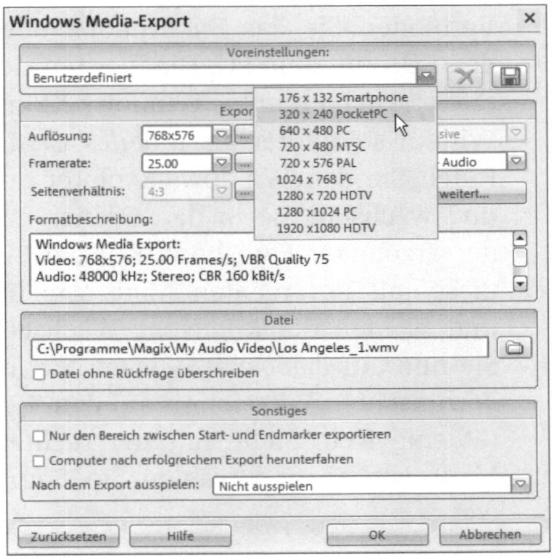

3 Wählen Sie im Feld *Datei* den gewünschten Zielordner und Dateinamen für die Fotoshow. Klicken Sie dazu auf das gelbe Symbol hinter dem Feld. Hier können Sie sowohl den Pfad ändern als auch den voreingestellten Dateinamen anpassen. Klicken Sie dann auf *OK*, um mit dem Export der Fotoshow zu beginnen.

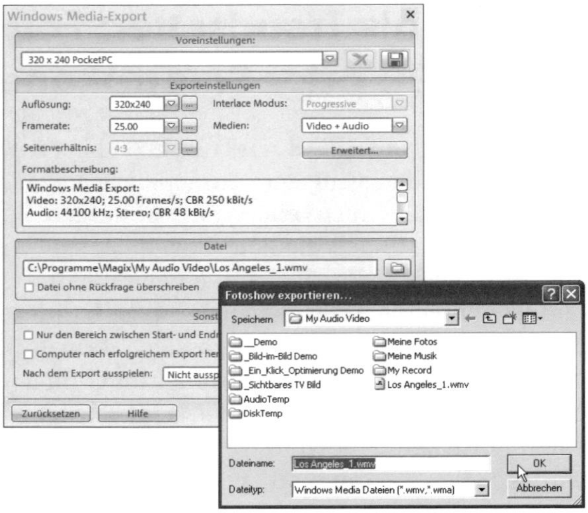

4 Sofern Sie die Fotoshow noch nicht gespeichert haben, fragt MAGIX nun nach einem Dateinamen für das Projekt. Geben Sie einen Namen an, wenn Sie die Zusammenstellung Ihrer Fotos sichern und gegebenenfalls später noch einmal verändern wollen.

5 Das Programm beginnt nun mit dem so genannten Mixdown der Fotoshow. Damit ist das Berechnen eines Films aus den einzelnen Fotos und den zugewiesenen Effekten, Titeln und gegebenenfalls Hintergrundsongs gemeint. Sobald dieser Vorgang abgeschlossen ist, erscheint die fertige Datei im gewählten Zielverzeichnis.

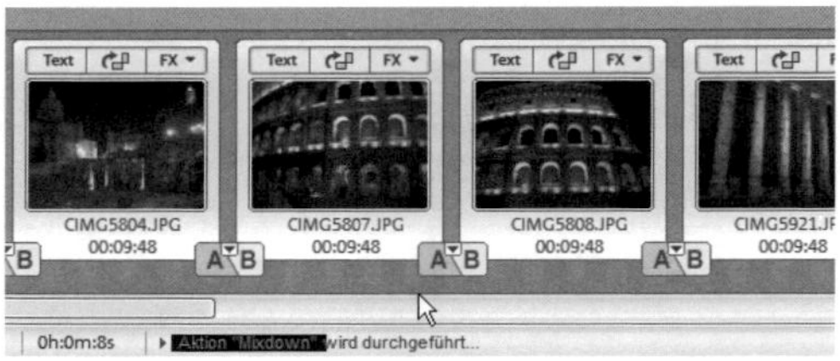

6 Verbinden Sie das Smartphone oder den PDA mit dem PC. Die meisten Geräte erscheinen unter Windows XP im Windows-Explorer als *Mobiles Gerät*. Rufen Sie den Windows-Explorer auf und wechseln Sie in den Ordner mit der erzeugten Fotoshow. Klicken Sie diese mit der rechten Maustaste an und wählen Sie *Kopieren*. Wechseln Sie nun auf das Gerät, klicken Sie im gewünschten Verzeichnis auf dem Gerät eine freie Stelle mit der rechten Maustaste an und wählen Sie *Einfügen*.

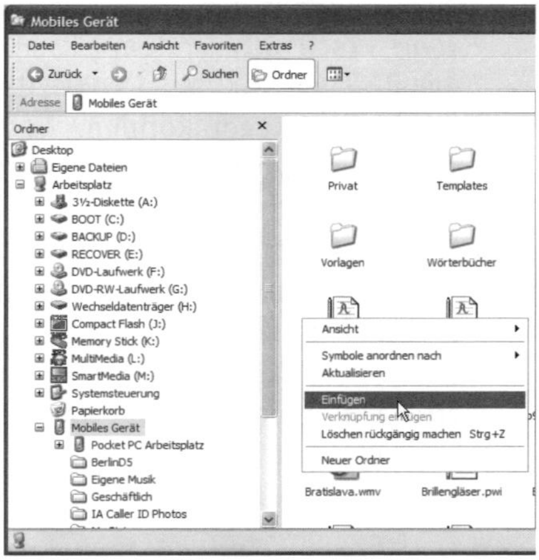

Sollte Ihrem Handy eine separate Software für den Datentransfer vorliegen, nutzen Sie diese. Eine weitere Möglichkeit, die Datei zu übertragen, geht oft auch über die Infrarotschnittstelle eines Notebooks zum Handy.

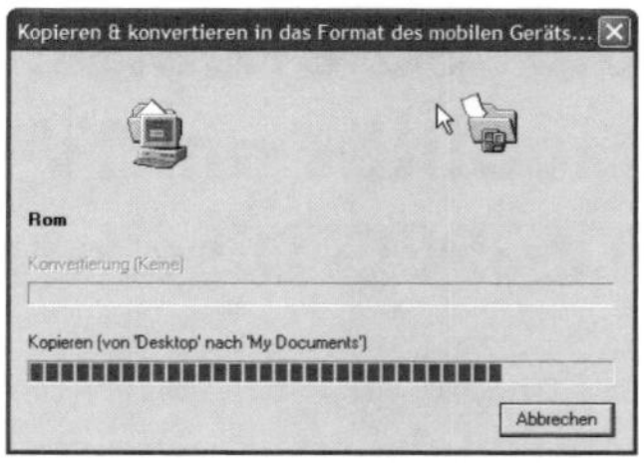

7 Testen Sie die Wiedergabe und präsentieren Sie Ihre Fotoshow nun auch mobil und vor erstaunten Mitmenschen. Wir wünschen Ihnen viel Spaß dabei!

Export der Fotoshow auf Handy oder PDA via Bluetooth oder Infrarot

Die deluxe-Version von MAGIX Fotos auf CD & DVD bietet die Möglichkeit, die speziell für Ihr Handy oder Ihren PDA/Pocket PC erzeugte Fotoshow auch gleich per Infrarot oder Bluetooth auf das entsprechende Gerät zu senden. Sofern Ihr PC eine von beiden Schnittstellen unterstützt – das gilt zumindest für eine Reihe von Notebooks –, können Sie auf diese Weise bequem die fertige Fotoshow auf das Endgerät übertragen.

Wählen Sie dazu im Exportfenster unter *Datei/Fotoshow exportieren/Windows Media Export* unten die Option *Nach dem Export ausspielen.* Sie können entweder die Option *Ausspielen mit Infrarot* oder *Ausspielen mit Bluetooth* aktivieren.

8.6 So erzielen Sie die maximal mögliche Qualität am TV-Bildschirm: Fotoshows als TV-JPEG-Disc brennen

Wenn Sie Ihre Fotos lieber mit möglichst hoher Qualität auf DVD brennen möchten und dabei auf Spielereien wie Musikuntermalung und diverse Überblendeffekte verzichten möchten, bietet Ihnen MAGIX auch diese Möglichkeit. Hierfür kann MAGIX Fotos auf CD & DVD Ihre Fotos als JPEG-Disc brennen. Solch eine JPEG-Disc enthält die gesamte Fotoshow mit allen Foto Cleaning-Effekten und Standtexten in hoher Auflösung. Dadurch erhalten Sie eine optimale Bildqualität und können Ihre Nachbearbeitungen zu Belichtung, Farbe etc. wirksam in die Fotoshow übernehmen.

TV-JPEG-Disc: maximal mögliche Bildqualität am Fernseher

Ein wichtiger Unterschied zu allen anderen Ausgabeformaten Ihrer Fotoshow für den DVD-Player und Fernseher: Bei einer TV-JPEG-Disc wird kein Film erzeugt! In allen anderen Formaten für die DVD, Mini-DVD, VCD und SVCD wird aus der arrangierten Fotoshow ein Videofilm berechnet und dieser auf den Rohling gebrannt. Dies ist die einzige Möglichkeit, die Überblendungen und die Vertonung am TV-Bildschirm über den DVD-Player wiedergeben zu können.

Bei der JPEG-Disc gibt es aber keine Menüs, keinen Sound, keine animierten Effekte oder Blenden – dafür aber die beste Qualität, die für die Wiedergabe am TV möglich ist.

Wichtig: Nicht jeder DVD-Player kann JPEG-Discs abspielen. Konsultieren Sie gegebenenfalls das Handbuch des Geräts, die Website des Herstellers oder probieren Sie es anhand des folgenden Abschnitts einfach aus.

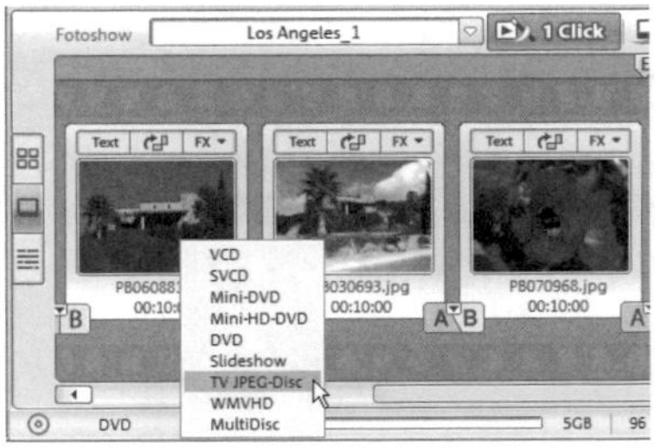

1 Sie können das Format einer TV-JPEG-Disc bereits beim Anlegen einer Fotoshow auswählen. Wählen Sie dazu aus dem Listenfeld *Füllstandsanzeige Voreinstellung* den entsprechenden Eintrag. MAGIX merkt sich die hier gewählte Einstellung gleich für den späteren Brenndialog.

2 Arrangieren Sie nun wie gewohnt alle Fotos. Sie können dabei allerdings auf Überblendeffekte, Vertonung sowie alle anderen Arten von Bewegungseffekten wie Kamerafahrt, dynamische Rotation oder Hineinzoomen und Herauszoomen verzichten: Diese Einstellungen werden auf der TV-JPEG-Disc nicht übernommen. Alle Einstellungen des *Foto optimieren*-Dialogs werden hingegen später auch am Fernsehbildschirm angezeigt.

Klicken Sie doppelt auf ein Foto im Storyboard, um die Funktion *Foto optimieren* aufzurufen und dort Einstellungen zu Helligkeit, Kontrast und Farbe vorzunehmen.

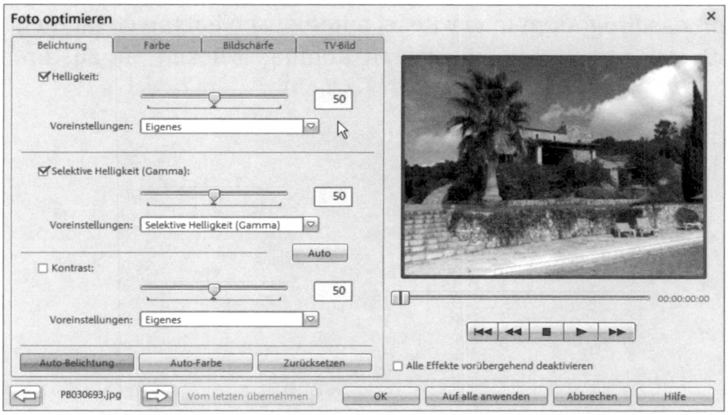

3 Sind alle Bearbeitungen abgeschlossen, klicken Sie auf das Register *Brennen* am oberen Rand des Programmfensters. Im Bereich *Brennen*, in dem Sie normalerweise das DVD-Menü gestalten, brauchen Sie dieses Mal nichts zu machen, da auf der TV-JPEG-Disc kein Menü enthalten sein wird. Klicken Sie daher einfach auf die Schaltfläche *Disc brennen*, um zu den Brenneinstellungen zu wechseln.

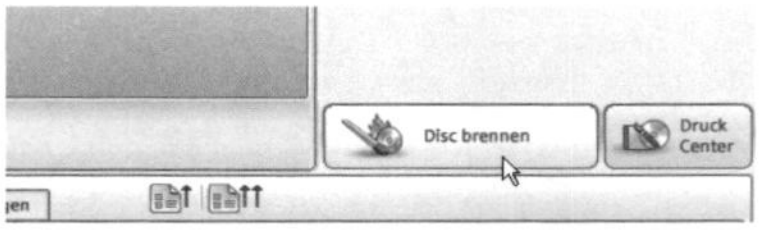

4 Wählen Sie im Dialog *Disc-Auswahl* in der Gruppe *für DVD-Player und Fernseher* das gewünschte Format *JPEG Disc*. MAGIX berechnet nun im Hintergrund einen Teil der Zusammenstellung und präsentiert dann ein Dialogfenster, in dem Sie noch weitere Dateien für die zu brennende Disc hinzufügen können. Möchten Sie keine zusätzlichen Elemente aufnehmen, klicken Sie auf *Weiter*.

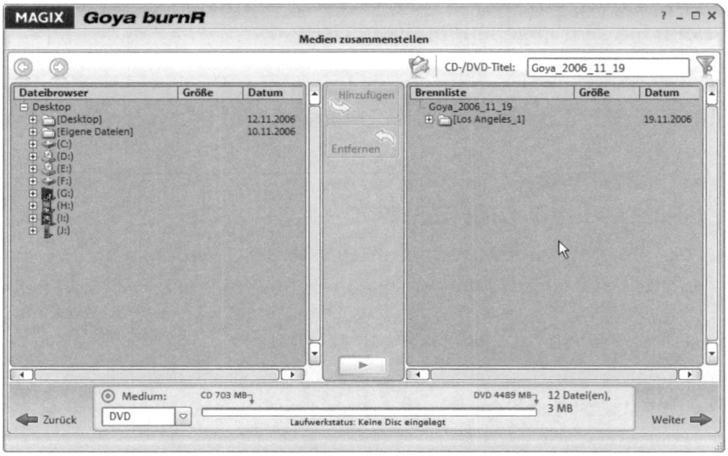

5 Im nächsten Schritt können Sie zusätzliche Brenneinstellungen vornehmen, zum Beispiel die gewünschte Anzahl Kopien definieren. Die Brenngeschwindigkeit wählt das Programm in der Regel automatisch entsprechend dem vorhandenen Brenner und dem eingelegten Rohling. Klicken Sie auf *Brennen starten*.

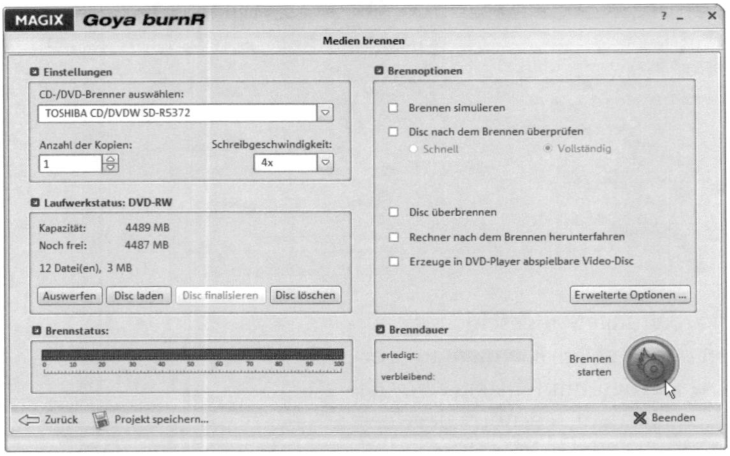

6 Haben Sie einen nicht leeren, wieder beschreibbaren DVD-Rohling eingelegt, bietet Ihnen das Programm an, diesen zu löschen. Klicken Sie in diesem Fall im erscheinenden Dialogfenster einfach auf *OK*. Möchten Sie den Rohling wechseln, wählen Sie *Abbrechen*. Legen Sie einen neuen Rohling ein und starten Sie den Brennvorgang erneut.

7 MAGIX beginnt nun damit, den Rohling Sektor für Sektor zu beschreiben. Ein entsprechender Statusbalken soll Sie auf dem Laufenden halten; in der Praxis taugt dieser jedoch auf vielen Systemen herzlich wenig. Erst passiert gar nichts, dann schlägt der Balken an das Ende der Skala, obwohl der Vorgang noch etliche Minuten dauert. Lassen Sie sich im Zweifel also nicht irritieren und üben Sie sich gegebenenfalls in Geduld.

8 Kurz darauf erscheint die ersehnte Erfolgsmeldung. Klicken Sie auf *OK* und testen Sie die TV-JPEG-Disc in Ihrem DVD-Player. Viel Spaß!

DVD-Player liest TV-JPEG-Disc nicht?

Ist die soeben mit MAGIX Fotos auf CD & DVD erstellte TV-JPEG-Disc in Ihrem DVD-Player nicht lesbar, haben Sie noch eine weitere Möglichkeit, der Kompatibilität auf die Sprünge zu helfen. Nutzen Sie dafür statt des so genannten Joliet-Dateisystems, wie Windows es mit seinen langen Dateinamen verwendet, das ISO-Dateisystem.

Um das Dateisystem zu wechseln, müssen Sie die Disc noch einmal brennen. Klicken Sie dann in Schritt 5 im Dialogfenstermit den Brenneinstellungen auf die Schaltfläche *Erweiterte Optionen*. Im erscheinenden Dialog *Erweiterte Brenneinstellungen* aktivieren Sie dann den Eintrag *ISO-Dateisystem (DOS und DVD-Player kompatible Dateinamen)*. Bei vielen DVD-Playern reicht es schon, wenn das ISO-Dateisystem zusätzlich zu Joliet auf die Disc geschrieben wird. Einige Player akzeptieren die DVD nur, wenn gar kein Joliet geschrieben wird. Klicken Sie auf *OK* und brennen Sie das Projekt erneut.

Ist die Disc danach immer noch nicht lesbar, unterstützt Ihr DVD-Player in aller Regel keine Datendisc mit Einzelbildern. In diesem Fall kommen Sie nicht umhin, ein Format wie die DVD, SVCD oder VCD zum Brennen der Fotoshow zu nutzen und aus der Fotoshow doch einen Film zu erstellen.

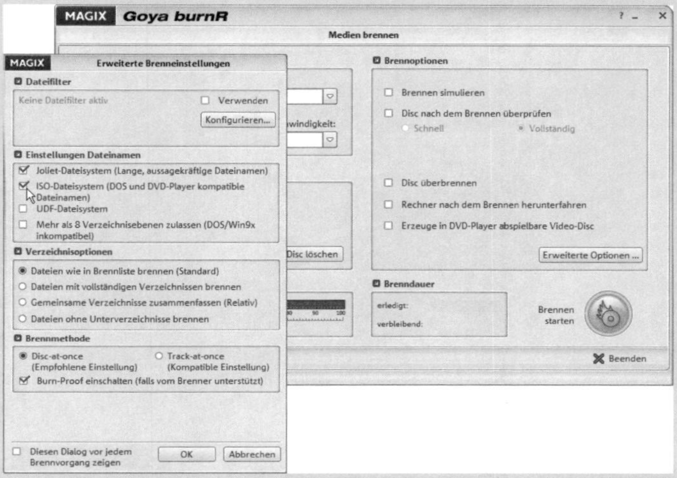

8.7 Bevor sie weg sind ... – Originalfotos und -projektdateien auf Datendisc archivieren

Die fertig erstellte Fotoshow ist am Ende nicht mehr und nicht weniger als ein Film. Das bedeutet, dass die Einzelfotos in ihrer ursprünglichen Form nicht mehr auf der Disc existieren, denn MAGIX hat die Einzelbilder mitsamt den Nachbearbeitungseffekten, Überblendungen, Titeln etc. zu einem Film „gerendert“, wie es in der Fachsprache heißt.

Das bedeutet für Sie, dass Sie sich die Originalfotos auf der Festplatte sicher aufbewahren müssen, wenn Sie sie später noch einmal verwenden wollen. Dies kann und sollte im Rahmen Ihrer regelmäßigen Datensicherung geschehen. Außerdem darf sich der Speicherort nicht verändern, sonst findet das Programm die Fotos ebenfalls nicht mehr. MAGIX bietet Ihnen jedoch auch zwei Möglichkeiten, die Originalbilder mit auf die Disc zu brennen und auch die dazugehörigen Projektdateien, in denen Zusammenstellung und Effektauswahl Ihrer Fotoshow gespeichert sind.

Auf diese Weise können Sie über die Fotoshow-Disc auch auf Ihre Originalbilder am PC zugreifen und die einmal erstellte Fotoshow später noch ändern, zum Beispiel weitere Bilder hinzufügen.

Der folgende Abschnitt zeigt, wie Sie die Projektdaten und Originalbilder mit auf die Fotoshow-Disc brennen.

1 Arrangieren Sie die Fotoshow und gegebenenfalls das DVD-Menü. Ist die Show so weit fertig, klicken Sie auf das Register *Brennen* am oberen Rand des MAGIX-Programmfensters. Klicken Sie im *Brennen*-Bereich auf *Disc brennen.*

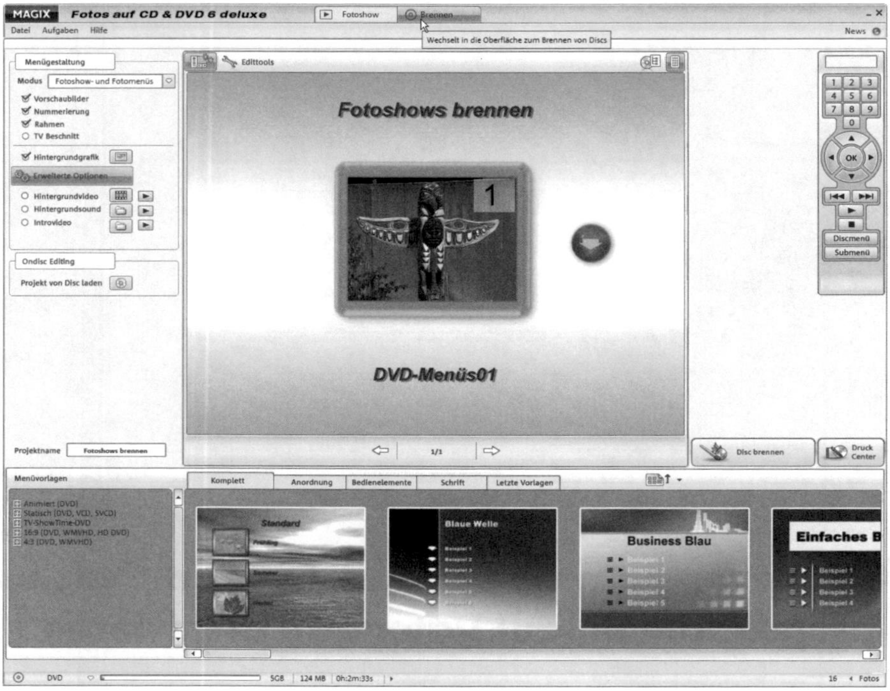

2 Es erscheint das Dialogfenster *Brennassistent*. Wählen Sie den gewünschten Disc-Typ für die Fotoshow aus, z. B. *DVD*, wenn Sie die Fotoshow auf einen DVD-Rohling brennen wollen.

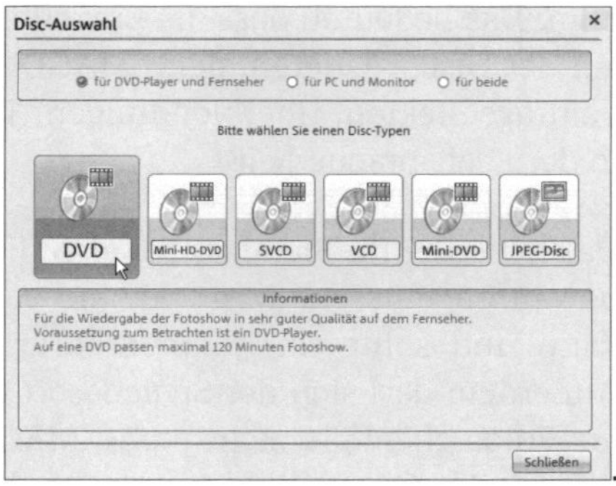

3 Klicken Sie im dritten Abschnitt des Dialogfensters *Disc für DVD-Player brennen* auf die Schaltfläche *Dateien hinzufügen*. Es erscheint der Dialog *Dateien zur Disc hinzufügen*. Sie können über die Schaltfläche *Datei hinzufügen* eine oder mehrere Einzeldateien auf die Disc übernehmen. Sinnvoller ist es in den meisten Fällen, auf die Schaltfläche *Verzeichnis hinzufügen* zu klicken und gleich den kompletten Ordner mit den verwendeten Fotodateien zu übernehmen. Haben Sie diesen ausgewählt, klicken Sie auf *OK* und schließen das Fenster mit der Dateienliste.

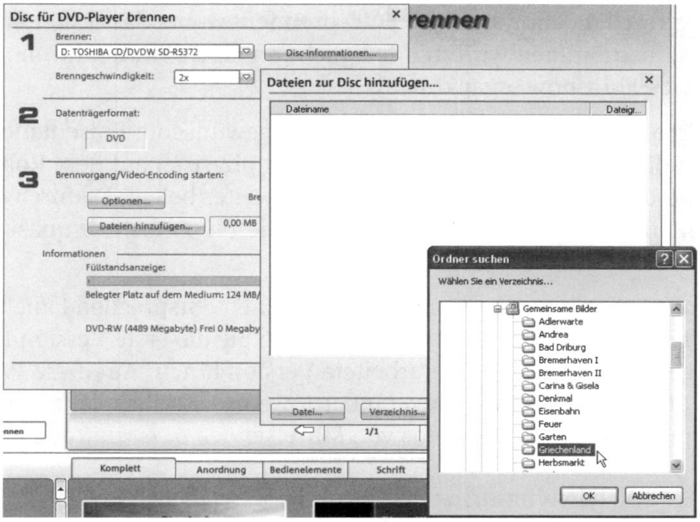

4 Klicken Sie im Dialog *Disc für DVD-Player brennen* zusätzlich auf die Schaltfläche *Optionen*. Aktivieren Sie die Option *Daten-Backup des Projektes hinzufügen*. Dadurch brennt MAGIX die Informationen über die Fotoshow-Zusammenstellung mit auf den Datenträger. Das erleichtert später gegebenenfalls das Importieren der fertigen Fotoshow in ein neues Projekt, bei dem Sie mehrere alte Fotoshows auf einer Disc zusammenfassen und gegebenenfalls noch nachbearbeiten wollen.

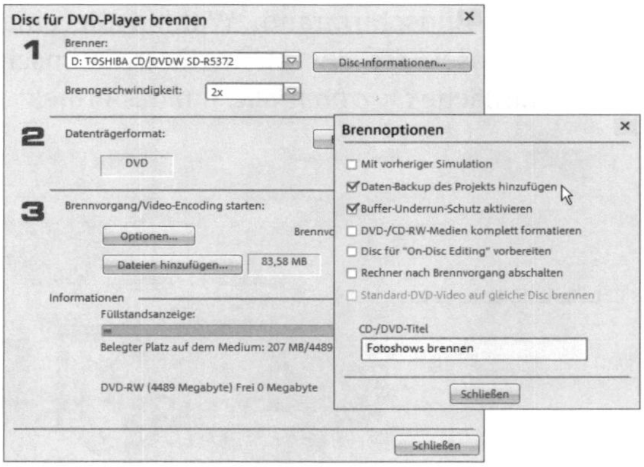

5 Wählen Sie nun die letzten Brenneinstellungen wie gewünscht und klicken Sie auf den roten Aufnahmeschalter, um den Brennvorgang zu starten.

8.8 Ondisc Editing mit der deluxe-Version: Fotoshows ergänzen und austauschen auf DVD+/-RWs

Einer der Unterschiede zwischen der Standard- und deluxe-Version von MAGIX Fotos auf CD & DVD ist die in der deluxe-Version zusätzliche Funktion *Ondisc Editing*. Damit können Sie wieder beschreibbare Rohlinge (DVD+/-RW) mit Fotoshows nachträglich bearbeiten. Folgende Aktionen sind möglich:

- Sie können weitere Fotoshows auf die DVD brennen, wobei das bisher eingerichtete Menü übernommen wird und lediglich um einen Eintrag für die neu hinzukommende Fotoshow ergänzt wird.
- Sie können Fotoshows löschen, d. h. nicht mehr gewünschte Präsentationen aus dem Menü löschen. Die Fotoshow bleibt zwar physisch auf dem Rohling vorhanden und der entsprechende Speicherplatz weiter belegt. Dadurch dass jedoch kein Menüeintrag mehr existiert, haben Sie die Fotoshow quasi verschwinden lassen.
- Die Möglichkeit, Fotoshows zu „löschen“ bietet Ihnen entsprechend auch die Möglichkeit, Fotoshows „auszutauschen“. Löschen Sie die erste Version Ihrer Show und fügen Sie einfach die überarbeitete Version hinzu. Auf diese Weise können Sie Fotoshows nachträglich verändern, wenn zum Beispiel zu einem späteren Zeitpunkt noch weitere Fotos von Mitreisenden o. Ä. eintreffen.

1 Arrangieren Sie wie gewohnt die erste Fotoshow bzw. das erste Disc-Projekt mit mehreren Fotoshows. Klicken Sie dann auf das Register *Brennen* am oberen Bildschirmrand. Wählen Sie eine gewünschte DVD-Menü-Vorlage und passen Sie das Menü Ihren Wünschen an. Klicken Sie dann auf die Schaltfläche *Disc brennen*, um das Projekt zu brennen.

2 Legen Sie einen wieder beschreibbaren DVD-Rohling ein (DVD+/-RW) und klicken Sie im Dialog *Disc für DVD-Player brennen* auf die Schaltfläche *Optionen*. Aktivieren Sie die Option *Disc für Ondisc Editing vorbereiten*. Klicken Sie dann auf den roten Schalter *Brennvorgang starten*, um das Projekt auf den Rohling zu schreiben.

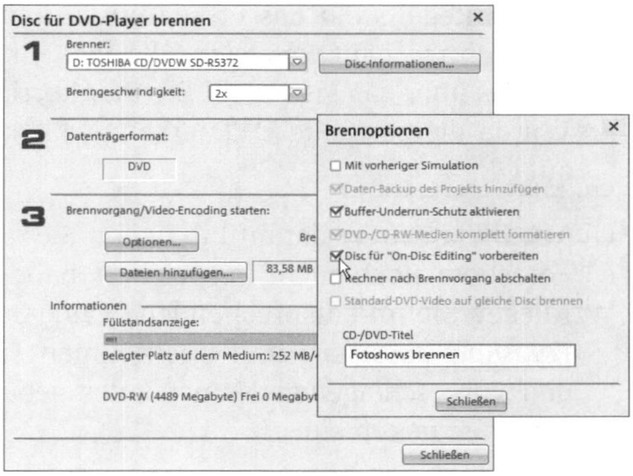

MAGIX brennt nun wie gewohnt Ihre DVD und zeigt nach Abschluss des Vorgangs eine entsprechende Erfolgsmeldung an, die Sie mit einem Klick auf *OK* schließen. Spielen Sie die Disc nun in Ihrem DVD-Player ab.

3 Möchten Sie die DVD später um eine weitere Fotoshow ergänzen, erstellen Sie die neue Fotoshow wie gewohnt in MAGIX Fotos auf CD & DVD.

Arrangieren Sie die Bilder, weisen Sie Effekte und Titel zu und klicken Sie abschließend auf das Register *Brennen*. Erst bei der Gestaltung des Menüs kommt die Ondisc Editing-Funktion ins Spiel.

4 Klicken Sie im linken Fensterbereich auf die Schaltfläche *Projekt von Disc laden*. Das Programm bittet Sie nun, das Laufwerk mit der zu ergänzenden DVD auszuwählen. Haben Sie den entsprechenden Rohling noch nicht eingelegt, holen Sie dies jetzt nach.

In der Regel stellt das Programm automatisch das richtige Laufwerk ein; falls nicht, können Sie das über das Listenfeld *Brenner* korrigieren. Wurde die gewählte DVD erkannt, klicken Sie auf *OK.*

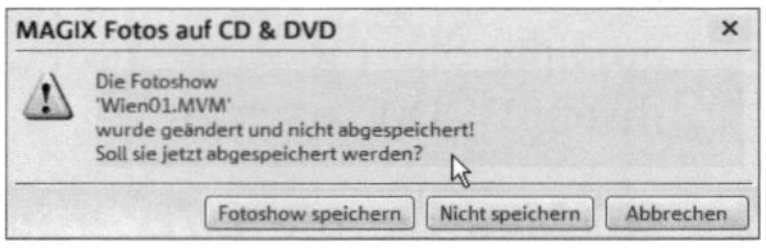

5 MAGIX weist Sie darauf hin, wenn Sie die Fotoshow noch nicht gespeichert haben. Klicken Sie im entsprechenden Dialog auf *Fotoshow speichern* und übernehmen Sie den vorgeschlagenen Namen oder geben Sie einen neuen ein.

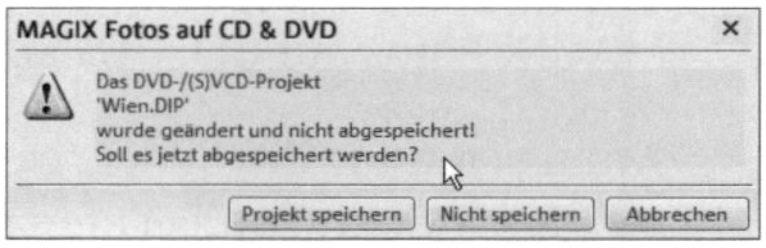

6 Es erscheint ein weiterer Speicherhinweis, dass Sie das Projekt noch nicht gesichert haben. Hintergrund: MAGIX Fotos auf CD & DVD speichert einmal einzelne Fotoshows an sich, außerdem „Projekte“. Ein solches Disc-Projekt kann mehrere Fotoshows enthalten. Klicken Sie auf *Projekt speichern*, übernehmen Sie den vorgeschlagenen Dateinamen oder geben Sie einen neuen Namen ein.

7 Erkennt MAGIX den eingelegten DVD-Rohling als Ondisc Editing-fähige Disc, importiert es die Disc mitsamt Menü. Ein entsprechender Hinweis *Das Ondisc Editing Projekt wurde erfolgreich geladen* erscheint zur Bestätigung.

8 Sobald MAGIX den Inhalt der DVD importiert hat, fragt das Programm, ob die aktuell im Programm arrangierte Fotoshow an das Ende des importierten Projekts angehängt werden soll. Klicken Sie auf *Ja.*

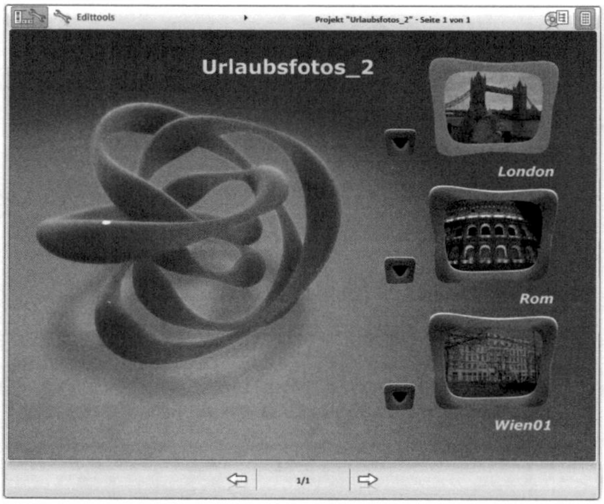

9 Die auf der DVD enthaltenen Fotoshows und die aktuell im Programm arrangierte Fotoshow werden zusammengeführt. Sie erkennen dies in der Menüvorschau etwa daran, dass ein neues Vorschaubild im Menü hinzugekommen ist.

Ist das Menü so eingerichtet, dass pro Menüseite nur ein Vorschauclip angezeigt wird, fügt MAGIX zumindest ein Navigationselement hinzu, mit dem Sie auf die nächste und neue Menüseite wechseln können. In jedem Fall sollten sowohl die alten als auch die neuen Fotoshow-Elemente nun in der Gesamtmenüvorschau auftauchen.

10 War das bisherige Menü auf der DVD so eingerichtet, dass nur eine einzige Fotoshow mit einem relativ großen Vorschauclip angezeigt wurde, können Sie das mit dem Hinzukommen weiterer Fotoshows ändern. Dies ist in den meisten Fällen sinnvoll, da die Fotoshows einer Disc immer auf einer einzigen und der ersten Hauptmenüseite zugänglich sein sollten, um unnötiges Hantieren mit der Fernbedienung des DVD-Players zu vermeiden und einen schnellen Zugriff auf alle Fotoshows zu ermöglichen. Steigt die Anzahl der Fotoshows auf einer Disc, wählen Sie bei der Menügestaltung im Register *Anordnung* einfach eine andere Vorlage, die mehrere Vorschaubilder je Menüseite enthält.

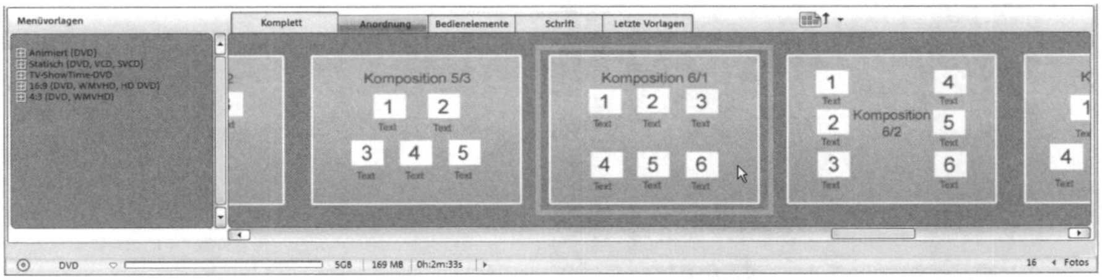

11 Bearbeiten Sie das Menü ansonsten wie gewohnt. Sie können mit einem Doppelklick auf das Vorschaubild einer Fotoshow deren Titel ändern und auch das im Vorschaurahmen angezeigte Einzelbild auswählen. Möchten Sie keine Beschriftung der einzelnen Fotoshows, können Sie den Titel auch vollständig löschen.

12 Klicken Sie dann auf die Schaltfläche *Disc brennen*, um den Brenndialog aufzurufen. Hier sind keine weiteren Einstellungen vorzunehmen, da die verwendete Disc bereits für Ondisc Editing vorbereitet wurde. Klicken Sie daher direkt auf den roten Aufnahmeschalter, um den Brennvorgang zu starten.

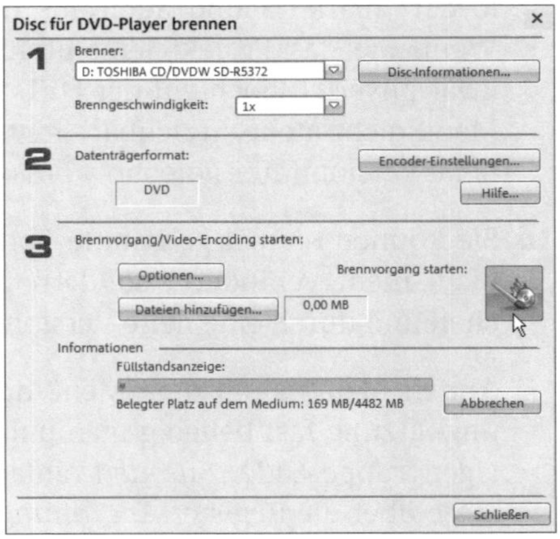

13 Wurde die DVD um die neue Fotoshow und das angepasste Menü ergänzt, erscheint eine entsprechende Erfolgsmeldung sowie der Hinweis *Die Ondisc Editing Session ist beendet*. Klicken Sie auf *OK*.

14 Möchten Sie eine Fotoshow austauschen, arrangieren Sie zunächst die neue Version. Haben Sie die ursprüngliche Fotoshow gespeichert, können Sie diese in das Programm laden und editieren. Importieren Sie dann im Bereich *Brennen* wie oben beschrieben die vorhandene DVD und hängen Sie die neu arrangierte bzw. bearbeitete Fotoshow hinten an die auf der DVD vorhandenen Inhalte an.

Klicken Sie auf die Schaltfläche *Navigation* rechts über dem Vorschaubildschirm, um im rechten Fensterbereich die DVD-Navigationsstruktur einzublenden. Markieren Sie hier die alte Version der Fotoshow und drücken Sie die Taste [Entf].

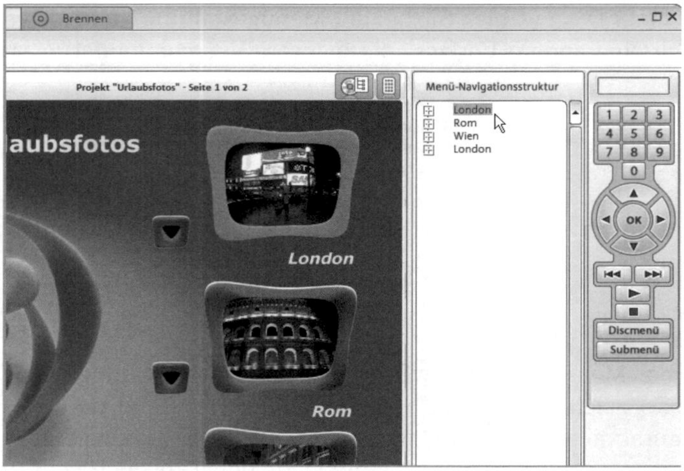

Der markierte Eintrag wird mit einem roten Kreuz als „gelöscht" markiert und auch aus dem DVD-Menü entfernt. Wenn Sie das Projekt jetzt brennen, ist die alte Version zwar physisch noch auf der DVD vorhanden, allerdings im Menü nicht mehr erreichbar. Stattdessen wird im Menü die neue Version Ihrer Fotoshow präsentiert.

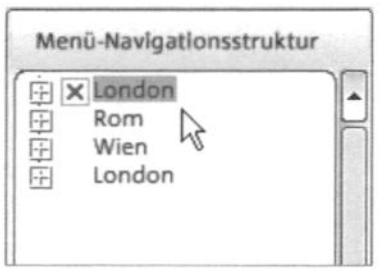

15 Sie können einmal gebrannte Fotoshows auf einer DVD mit Ondisc Editing nicht mehr verändern, sondern wie oben beschrieben nur unsichtbar machen und durch eine neue Version ersetzen.

Anders sieht es mit dem Menü aus: Dieses können Sie in jeder Ondisc Editing-Sitzung fast beliebig manipulieren. Wählen Sie zum Beispiel in der Vorlagengruppe *DVD, Animiert* einfach eine neue Menüvorlage aus. Passen Sie diese über die Register *Anordnung* und *Bedienelemente* auf Wunsch noch an und brennen Sie das Ganze. So haben Sie im Handumdrehen nicht nur die DVD ergänzt, sondern auch ein völlig neues Menü auf dem TV-Bildschirm.

Einzige Beschränkung: „nur Fotoshow-Menü" beim Ondisc Editing nicht verfügbar

Sie können das Menü einer DVD im Ondisc Editing-Modus quasi beliebig anpassen und nachträglich verändern. Eine Option steht Ihnen jedoch nicht zur Verfügung: Sie können im Nachhinein nicht mehr die Fotomenüs deaktivieren. MAGIX bietet zwei Arten von Menüs: Fotoshow-Menüs (das „Hauptmenü" mit Zugriffsmöglichkeit auf ganze Fotoshows einer Disc) und Fotomenüs (die „Untermenüs" mit Vorschaubildern für alle Fotos einer Fotoshow).

Normalerweise können Sie über das Listenfeld *Menü* unter dem Vorschaubildschirm für das DVD-Menü wählen, ob Sie nur ein Fotoshow-Menü oder auch entsprechende Fotomenüs als Untermenüs auf die Disc brennen wollen. Möchten Sie im Nachhinein das Menü auf *nur Fotoshow-Menü* zurücksetzen, erscheint eine Fehlermeldung, dass diese Funktion im Ondisc Editing-Modus nicht verfügbar ist.

Warum das so ist, bleibt wohl das Geheimnis von MAGIX; es ist allerdings wichtig, diese Einschränkung gleich zu Beginn beim Anlegen einer DVD mit Ondisc Editing-Unterstützung zu berücksichtigen.

8.9 Lange Fotoshows auf mehrere Discs automatisch aufteilen

Wenn Sie in MAGIX Fotos auf CD & DVD eine Fotoshow mit so vielen Bildern arrangiert haben, dass diese die Kapazität einer Disc überschreiten, haben Sie eigentlich nur drei Möglichkeiten:

1. Sie löschen einige Bilder, bis die Fotoshow auf die gewünschte Disc passt, z. B. für eine VCD, SVCD oder DVD.
2. Sie passen die Bitrate und somit die Qualität der Fotoshow so an, dass mehr Bilder auf eine Disc passen. Dies geht allerdings nur bei DVD-Projekten und ist im Abschnitt „Überlange Fotoshows durch Bitraten-Anpassung dennoch auf eine DVD brennen“ ab der nächsten Seite beschrieben.
3. Sie lassen die Fotoshow vom Programm automatisch auf zwei Discs aufteilen. Diese Variante wird im folgenden Abschnitt beschrieben.

In den meisten Fällen stoßen Sie auf das Problem überlanger Fotoshows vermutlich, wenn Sie statt einer DVD nur eine Video-CD (VCD) oder Super-Video-CD brennen wollen. Dies kann sinnvoll sein, wenn Sie keinen DVD-Rohling für die Fotoshow verwenden wollen oder zur Hand haben, sondern einen günstigeren CD-Rohling. Im folgenden Abschnitt soll eine Fotoshow als SVCD gebrannt werden.

1 Wählen Sie beim Anlegen eines Projekts bereits den Disc-Typ *SVCD*, passt sich der Füllbalken im Programm bereits an die Kapazität eines CD-Rohlings an.

Sie können das Format jedoch auch jederzeit noch während des Erstellens der Fotoshow anpassen, indem Sie auf das Listenfeld neben dem Füllbalken am unteren Rand des Programmfensters von MAGIX klicken. Wechseln Sie hier vom Standard-Projekttyp *DVD* auf *SVCD*.

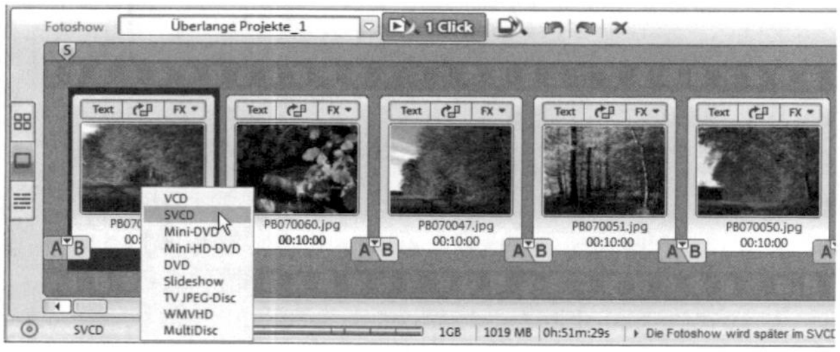

2 Klicken Sie auf das Register *Brennen* am oberen Rand des Programmfensters, um zur Gestaltung des Disc-Menüs zu wechseln. Klicken Sie auf die Schaltfläche *Disc brennen*, um die Brenneinstellungen festzulegen.

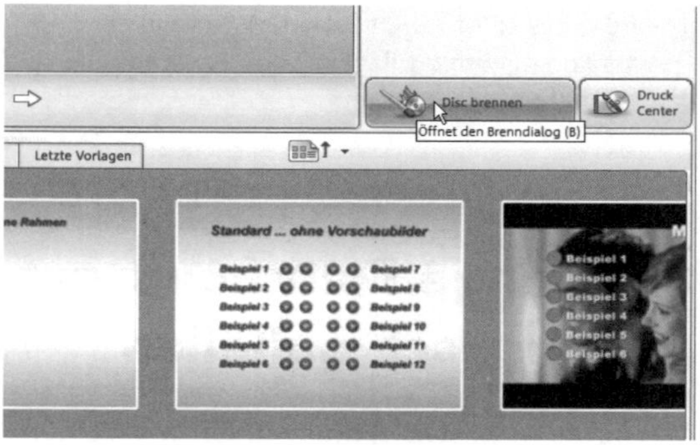

3 Nun öffnet sich wie üblich die *Disc-Auswahl*. Hier haben Sie noch einmal die Möglichkeit, auf einen anderen Disc-Typ zu wechseln, z. B. falls Sie doch lieber eine DVD brennen möchten. Ansonsten wählen Sie nun *SVCD* mit einem Mausklick aus.

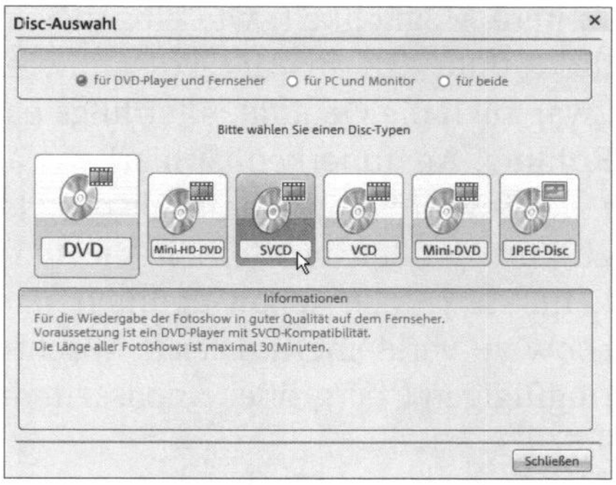

4 Im Fenster *Disc für DVD-Player brennen* gibt es bei einer SVCD kaum Einstellungsmöglichkeiten, sodass Sie direkt mit der Schaltfläche *Brennvorgang starten* weitermachen können. Das Programm warnt Sie automatisch, dass die aktuelle Zusammenstellung zu groß für den gewählten Disc-Typ ist. Sie können den Brennvorgang nun mit *Abbrechen* beenden, oder Sie klicken auf *OK*, um das Arrangement in zwei Fotoshows aufteilen zu lassen.

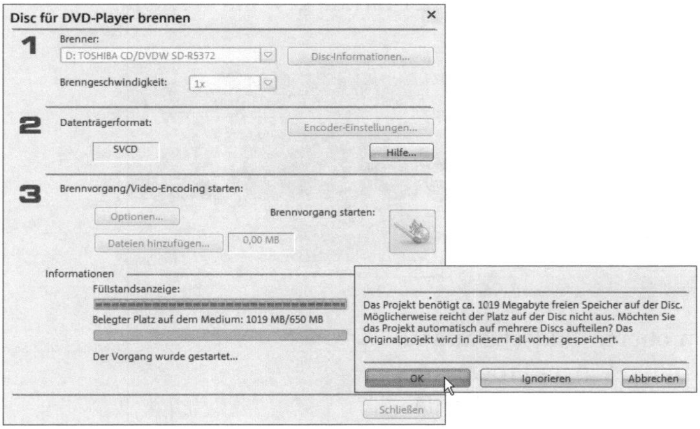

5 Das ursprüngliche Projekt wird als Ganzes gespeichert. Danach erzeugt MAGIX zwei getrennte Fotoshows und speichert diese ebenfalls als zwei getrennte Teilprojekte. Sie haben nun die Möglichkeit, die Teilprojekte noch einmal getrennt nachzubearbeiten. Klicken Sie in diesem Fall auf *Bearbeiten*. Um das Arrangement direkt auf zwei Discs zu brennen, klicken Sie auf die Schaltfläche *Brennen*.

8.10 Überlange Fotoshows durch Bitraten-Anpassung dennoch auf eine DVD brennen

Im vorigen Abschnitt haben Sie erfahren, wie Sie überlange Fotoshow-Projekte auf mehrere Discs aufteilen können. Beim Brennen von DVDs haben Sie eine weitere Möglichkeit, wie eingangs auf Seite 238 bereits angedeutet: Sie können die Bitrate des aus der Fotoshow erzeugten Videos reduzieren. Dadurch sinkt zwar auch die Qualität, allerdings passen nun alle Fotos auf den gewählten DVD-Rohling. Anzumerken ist hierbei, dass sich diese Methode nur eignet, wenn Ihre Fotoshow etwas größer ist als der Platz auf dem Rohling. Ist die Fotoshow um bis zu 50 % größer, werden Sie die stärkere Kompression kaum bemerken, darüber kann sie jedoch schon deutlich sichtbar werden. Dann ist es besser, die Fotoshow zu verkleinern. Dieser Abschnitt zeigt Ihnen, wie Sie die Datenrate bei geringfügigen Übergrößen anpassen, damit alle Fotos auf eine DVD passen.

1 Überwachen Sie beim Arrangieren Ihrer Fotoshow den Füllbalken am unteren Rand des Programmfensters von MAGIX Fotos auf CD & DVD. Sobald die Zusammenstellung die Kapazität eines Rohlings des gewählten Projekttyps (hier DVD) übersteigt, verfärbt sich die Anzeige der Projektgröße rot. Dies dient Ihnen als Warnzeichen, dass Sie entweder Fotos löschen, die Anzeigedauer verkürzen oder anderweitige Maßnahmen ergreifen müssen. Als Maßnahme soll hier die Anpassung der Bitrate gewählt werden.

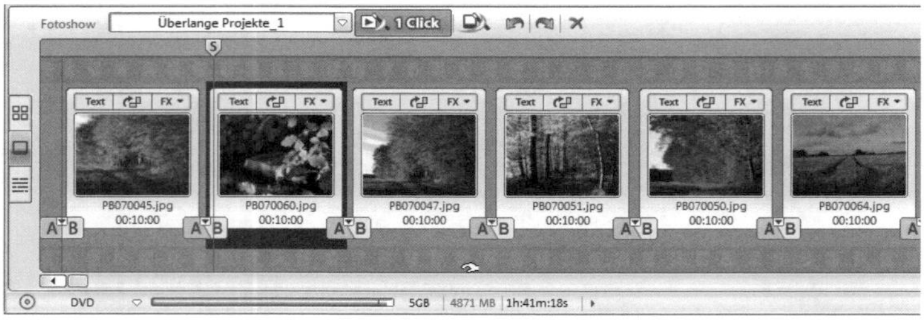

2 Klicken Sie am oberen Bildschirmrand auf *Brennen*, um in den Programmbereich zu wechseln, in dem Sie das DVD-Menü gestalten und anschließend den Brennvorgang starten können. Haben Sie das Menü arrangiert, klicken Sie auf *Disc brennen*. Unter *Disc-Auswahl* geben Sie natürlich *DVD* an.

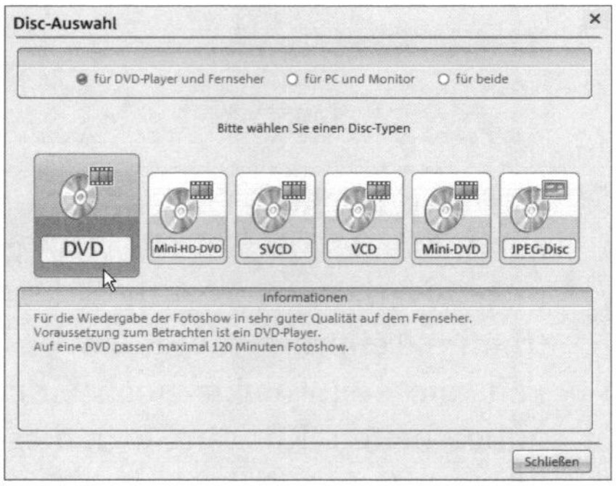

3 Der Brenndialog erscheint und ermöglicht das Festlegen verschiedener Standardeinstellungen. Die benötigte Option zur Anpassung der Bitrate der Fotoshow steckt hinter der Schaltfläche *Encoder-Einstellungen*. Klicken Sie darauf, um den Dialog *MPEG Encoder-Einstellungen* aufzurufen.

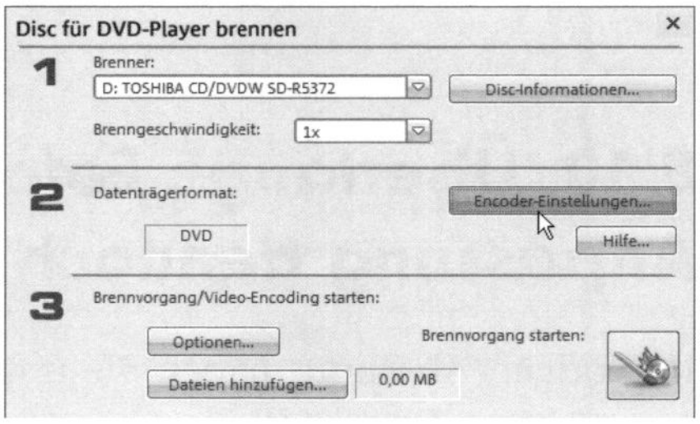

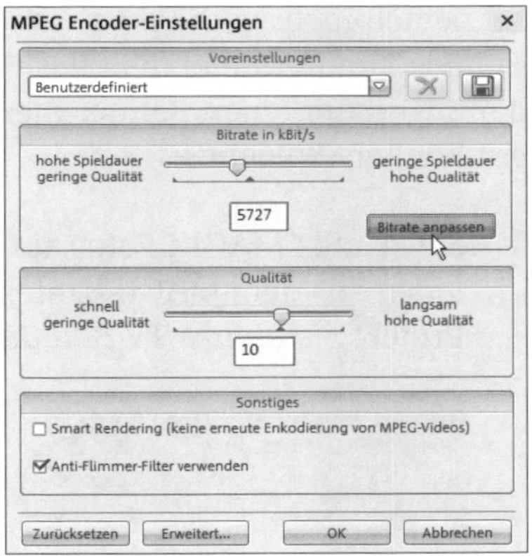

4 Die Standardbitrate für Videos im MPEG-Format auf DVD ist in MAGIX 6.224 KBit/s. Sie können die Bitrate über den vorhandenen Schieberegler manuell anpassen. Viel besser ist es an dieser Stelle jedoch, wenn Sie auf die Schaltfläche *Bitrate anpassen* klicken. Dadurch wird die optimale Bitrate zum gewählten Fotoshow-Projekt automatisch ermittelt. Die Bitrate wird dabei so gewählt, dass das Projekt exakt auf einen Standardrohling passt. Die Qualität wird also gerade nur so viel wie nötig reduziert, wobei Sie den Qualitätsunterschied einer um 10-20 % reduzierten Bitrate in den meisten Fällen überhaupt nicht erkennen können, wenn Sie nicht ein sehr teures High-End-System aus DVD-Player, Fernseher und Verkabelung haben.

5 Sobald Sie die neue Bitrate übernehmen und in den Brenndialog zurückkehren, passt MAGIX die Anzeige des Füllbalkens im Hintergrund automatisch an.

Die vorher rot hervorgehobene Anzeige des Gesamtspeicherbedarfs des Projekts sollte nun wieder schwarz erscheinen und auch der Füllbalken entsprechend zurückgegangen sein. Klicken Sie nun auf den roten Aufnahmeschalter, um den Brennvorgang zu starten und die Disc fertig zu stellen.

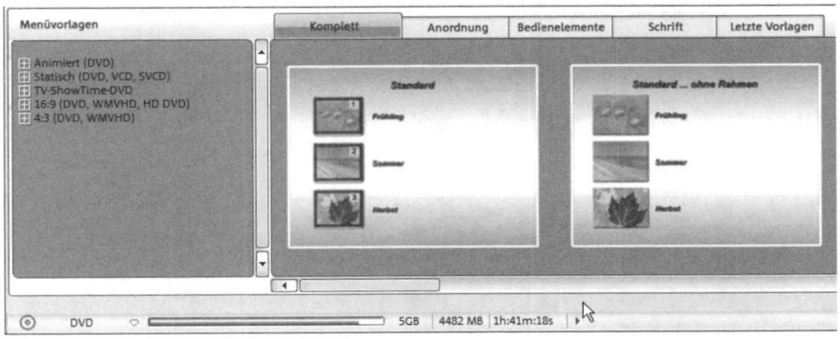

8.11 Abgeschnittene Ränder ausmessen und korrigieren

Bei der Darstellung einer fertigen Fotoshow kann es leider immer mal wieder vorkommen, dass Teile der Bilder abgeschnitten sind, d. h., es gehen Randbereiche der Fotos bei der Wiedergabe verloren. Dies ist ein gängiges Problem, das Sie zumindest zum Teil korrigieren können. Ursache der abgeschnittenen Ränder ist, dass jeder Fernseher eine individuelle sichtbare Bildfläche hat. Manche Geräte schneiden mehr vom Bild ab, andere weniger. Darauf hat MAGIX natürlich wenig Einfluss. Immerhin enthält das Programm eine Funktion, mit der Sie das Ausmaß der abgeschnittenen Ränder messen und im Programm entsprechend gegensteuern können. So geht's:

1 Starten Sie MAGIX Fotos auf CD & DVD und rufen Sie über *Datei/Disc-Projekt laden* aus dem MAGIX-Unterordner *_Sichtbares TV Bild* das dort gespeicherte Projekt *Sichtbares TV Bild.dip* auf.

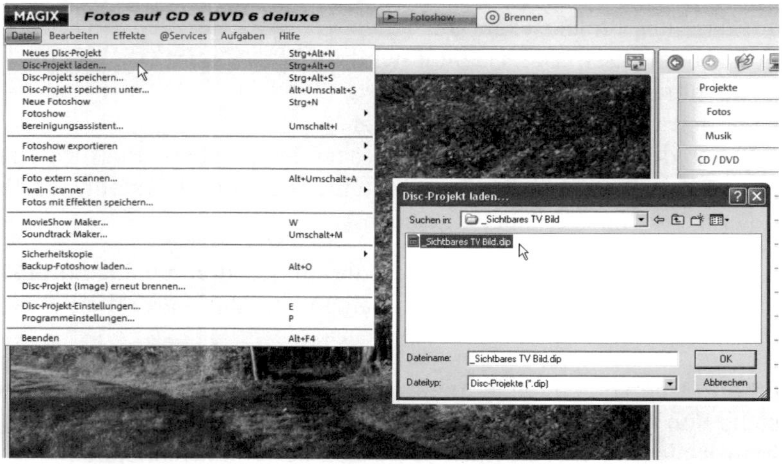

2 Es erscheint ein bereits arrangiertes Projekt mit einer großflächigen Raute, an deren Rändern Prozentskalen angebracht wurden.

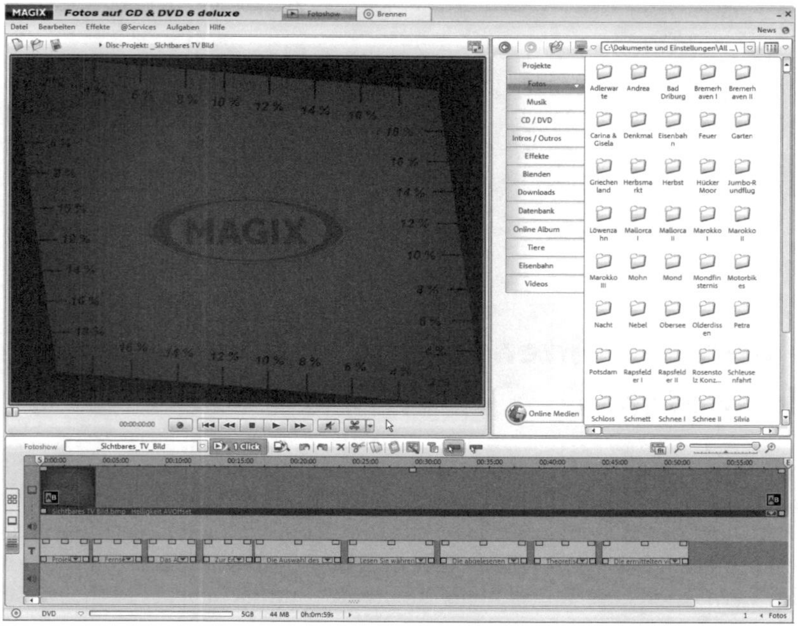

Dieses Projekt sollen Sie auf eine DVD brennen und dann am PC wiedergeben. Anhand der Prozentskalen können Sie dann erkennen, wie viel Bildinformationen Ihre Kombination aus DVD-Player und Fernseher am Rand unterdrückt.

3 Brennen Sie das Projekt wie gewohnt auf eine DVD, indem Sie über das Register *Brennen* am oberen Bildschirmrand in den gleichnamigen Bereich *Brennen* wechseln. Es ist sinnvoll, das standardmäßig in allen Projekten aktivierte DVD-Menü abzuschalten, da Sie es beim aktuellen Projekt absolut nicht benötigen. Wählen Sie dazu aus dem Listenfeld *Modus* den Eintrag *keine Menüs*. Klicken Sie dann auf *Disc brennen* und brennen Sie das Projekt auf einen leeren Rohling.

4 Anschließend spielen Sie die fertige Fotoshow auf Ihrem Fernseher ab. Lesen Sie dabei am Fernseher die Prozentwerte an allen vier Rändern ab, bei denen der schwarze Randkeil gerade noch zu sehen ist. Merken oder notieren Sie sich diese Werte, da Sie sie im nächsten Schritt ins Programm übertragen müssen.

5 Zurück in MAGIX Fotos auf CD & DVD öffnen Sie nun eine Ihrer Fotoshows, die Sie mit diesen Einstellungen brennen möchten. Wählen Sie im Menü den Punkt *Effekte/Effekteinstellungen Fotoshow* aus. Über diese Funktion können Sie die so genannten Mastereffekte einstellen, d. h. die Effekte, die übergreifend über alle Bilder auf die gesamte Fotoshow wirken.

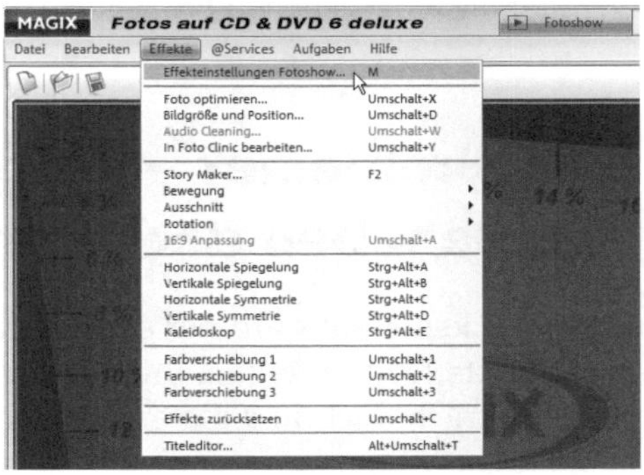

6 Wechseln Sie in das Register *TV Bildgröße* und geben Sie in den vier Feldern die zuvor ermittelten Prozentwerte ein. Aktivieren Sie *TV-Bildgröße anwenden (bei Fotos)*, um die Einstellung für alle Bilder der aktuellen Fotoshow wirksam werden zu lassen.

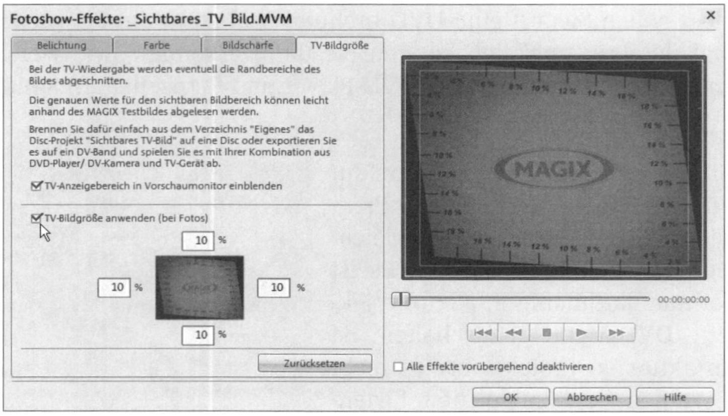

7 Wenn Sie zusätzlich die Option *TV Ausgabebereich im Vorschaumonitor einblenden* aktivieren, werden die Auswirkungen auch im Hintergrund angezeigt. Dadurch sehen Sie, dass und wie weit MAGIX das Bild verkleinert. Es gehen keine Bildinformationen verloren, d. h., es sind an den Kanten alle Bildbereiche sichtbar, die das Foto enthält. MAGIX stellt das Bild nur auf einer entsprechend kleineren Fläche dar und zieht einen schwarzen Rand um das verkleinerte Bild. Sollten Sie diesen Rand auch auf dem Fernseher sehen, sind die eingegebenen Prozentwerte für die Randbeschneidung zu hoch.

8.12 Probleme? – Patches, Tools und Treiber zum Beheben der meisten Brennfehler

Leider ist keine Software perfekt oder auch nur fehlerfrei. Immer wieder trifft man auf Merkwürdigkeiten, Brennfehler oder sogar Abstürze. Solche Fehler tauchen natürlich auch in anderen Programmen auf. Deshalb ist MAGIX natürlich bemüht, das Programm ständig zu verbessern und mögliche Fehler zu beheben. Oft werden auch einfach Erweiterungen oder Extras veröffentlicht, die dem Programm noch mehr Funktionen beibringen. Diese Fehlerkorrekturen oder Erweiterungen werden als Updates oder Patches veröffentlicht und sind für die Anwender innerhalb einer Versionsnummer kostenlos. Grundsätzlich ist es sehr empfehlenswert, MAGIX Fotos auf CD & DVD ständig auf dem aktuellen Stand zu halten. So entgeht Ihnen nichts und Sie gehen möglichen Problemen aus dem Weg.

Wichtig: Für die Nutzung der Onlineinhalte oder Updates von MAGIX ist eine Registrierung notwendig. Ohne geht leider gar nichts. Sie müssen zumindest eine E-Mail-Adresse und ein Passwort festlegen. Die restlichen Angaben sind optional.

Für die Registrierung können Sie im MAGIX-Hauptprogramm direkt den Punkt *Hilfe/Online-Registrierung* auswählen. Sie gelangen dann auf die MAGIX Homepage und legen sich dort ein Login an. Schon kann es mit den Updates und Supportseiten losgehen.

Schon kann es mit den Updates losgehen. Gehen Sie dafür wie folgt vor:

Aktualisierungen automatisch vornehmen

1 Am schnellsten und einfachsten können Sie Ihr MAGIX aktualisieren, indem Sie im Hauptmenü den Punkt *Hilfe/Online-Aktualisierung* auswählen. Das Programm schaut dann selbstständig auf der Homepage nach Aktualisierungen.

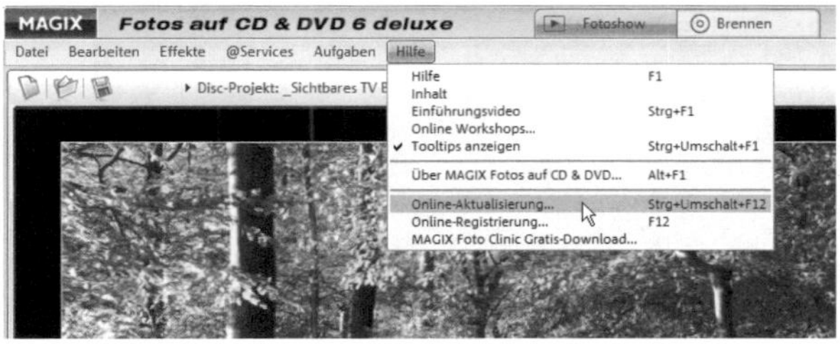

2 Zunächst erscheint eine Datenschutzinformation, dass nun Daten über das Internet gesendet werden. Bestätigen Sie dies mit der Schaltfläche *Starten*. Jetzt wird nach Updates gesucht. Wenn eine Aktualisierung zur Verfügung

steht, wird Ihnen dies in einem Fenster angezeigt. Mit *Update herunterladen* können Sie den Vorgang starten.

Speichern und schließen Sie in jedem Fall alle noch geöffneten Fotoshows. Während der Aktualisierung wird das Programm automatisch beendet und nicht gespeicherte Daten wären verloren.

Patches manuell installieren

1 Falls Sie den automatischen Dienst nicht nutzen möchten, können Sie alle Patches auch manuell installieren. Rufen Sie dazu die MAGIX-Supportseite unter *http://support.magix.net* auf. Natürlich müssen Sie auch hierfür vorher eine Registrierung durchgeführt haben. Klicken Sie auf die Rubrik *Download*. Dort finden Sie einen Link *MAGIX Patches*. Klicken Sie sich zur Kategorie *Foto Produkte/Fotos auf CD & DVD* durch. Hier werden nun die verschiedenen (Vorgänger-)Versionen aufgelistet. Wählen Sie *Fotos auf CD & DVD 6.0* aus.

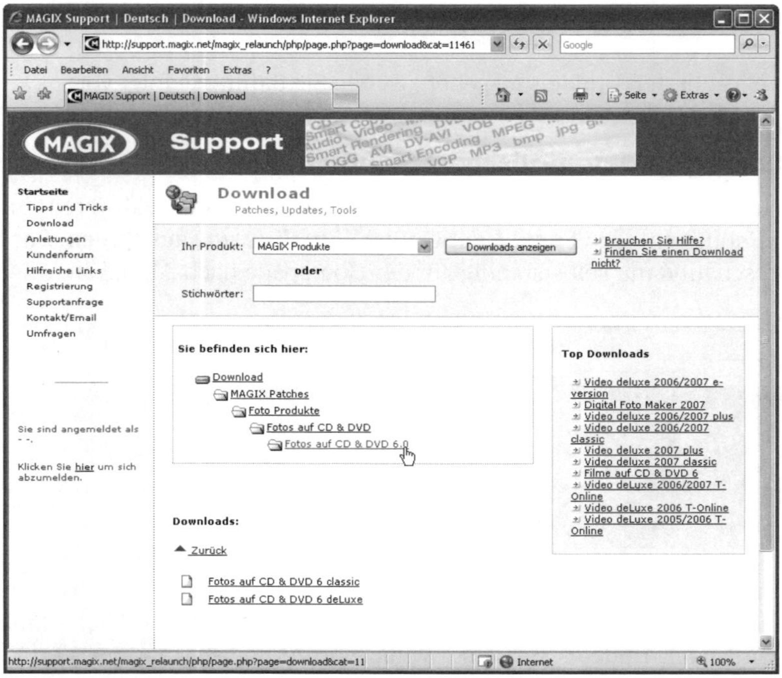

2 Sind Sie in der Struktur bis zum tatsächlichen Patch vorgedrungen, listet eine Beschreibung alle Änderungen und Fehlerkorrekturen auf, die mit dem Patch aktiviert werden. Möglicherweise finden Sie hier bereits einen Hinweis auf einen Fehler, den Sie bisher nicht in MAGIX beheben konnten. Klicken Sie am Ende der Seite auf die Schaltfläche *Download starten*, um den Patch herunterzuladen. Installieren Sie die Datei anschließend, um sicherzustellen, dass Ihre Programmversion so aktuell wie möglich ist.

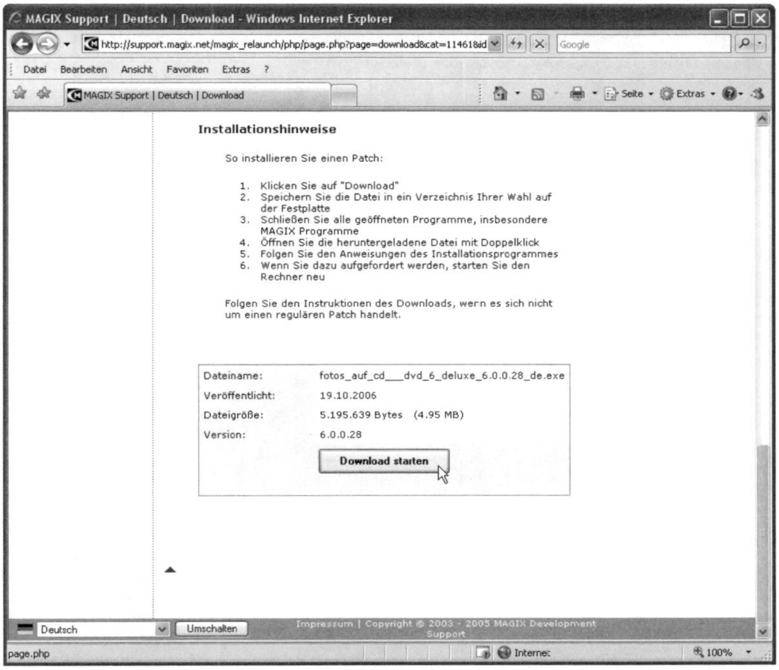

Die Brennroutine aktualisieren

1 MAGIX Fotos auf CD & DVD bringt seine vollkommen eigenständige Brenn-Engine mit. Der Programmteil heißt Goya burnR. Wie alle anderen Brennprogramme auch, mag es Goya überhaupt nicht, wenn noch andere Brennprogramme auf dem Computer installiert sind. Teilweise stören sie sich gegenseitig. Wenn Sie mit mehreren Brennprogrammen auf Ihrem Computer experimentiert haben, kann es vorkommen, dass Goya nicht mehr richtig funktioniert und fehlerhafte DVDs produziert. Dieses Problem lässt sich über die Update-Funktion leider nicht beheben, da das Programm ja grundsätzlich auf dem Computer installiert ist. In diesem Fall können Sie die Goya-Engine manuell herunterladen und neu installieren.

2 Laden Sie sich die aktuellen Brennroutinen von MAGIX neu herunter. Sie finden die aktuellen Brennroutinen unter *http://support.magix.net* im Bereich *Download/MAGIX Tools (Hilfsprogramme)/Brennroutinen*. Wählen Sie die Option *MAGIX Brennroutine 2006* aus. Klicken Sie am Ende der beschreibenden Seite auf *Download starten*.

3 Speichern Sie die Datei in einem Verzeichnis Ihrer Wahl. Schließen Sie alle Programme, vor allem alle MAGIX-Anwendungen, bevor Sie die Datei ausführen. Folgen Sie den Anleitungen auf dem Bildschirm, dann ist die Aktualisierung im Handumdrehen abgeschlossen. Starten Sie den Rechner neu, bevor Sie MAGIX erneut verwenden.

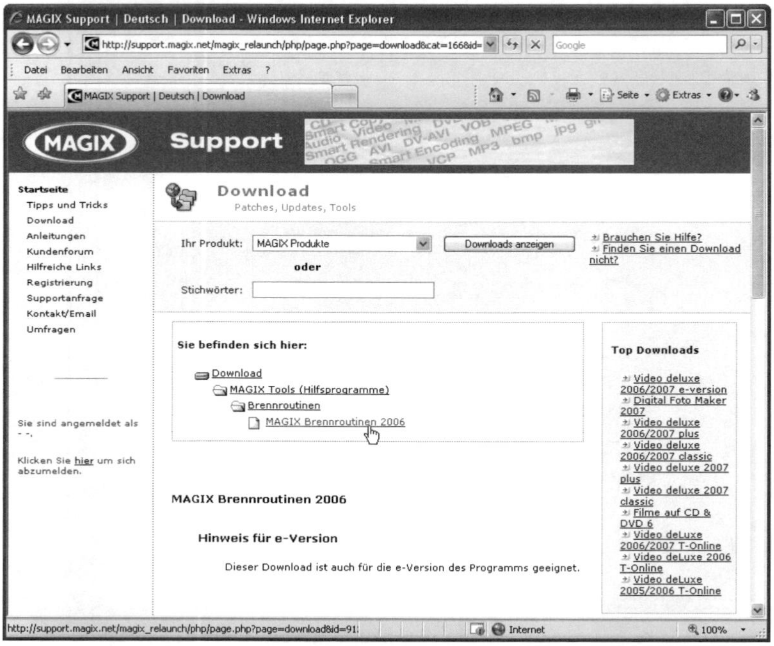

Weitere Möglichkeiten zur Problemlösung

1 MAGIX empfiehlt, beim Brennen alle externen Speichermedien abzuschalten bzw. vom PC zu entfernen. Dazu gehören vor allem USB-Sticks, Pen-Drives und digitale Fotoapparate. Entfernen Sie außerdem extern angeschlossene Kartenleser und bei intern eingebauten Card Readern alle SD-Karten, Memory Sticks und Ähnliches.

2 Eine kritische Problemquelle für Brennfehler können auch virtuelle CD-/DVD-Laufwerke sein. Verschiedene Brennprogramme wie zum Beispiel Nero bieten eine solche Funktion. Haben Sie eine CD oder DVD ausgelesen und als so genannte Imagedatei vollständig auf der Festplatte abgelegt, können Sie diese Imagedateien in das virtuelle CD-/DVD-Laufwerk laden („einlegen“)

und dann darauf zugreifen, als handele es sich um eine echte Disc in einem echten Laufwerk. Da diese Tools aufwendige und daher auch fehleranfällige Treiber benutzen, um dem Betriebssystem und anderen Anwendungen ein reales Laufwerk vorzugaukeln, sind sie potenzielle Störenfriede und Fehlerquellen beim Brennen mit MAGIX. Deaktivieren oder besser deinstallieren Sie diese Tools vor dem Brennen mit MAGIX. Das virtuelle Laufwerk von Nero finden Sie zum Beispiel in der Systemsteuerung unter *Nero Image Drive*.

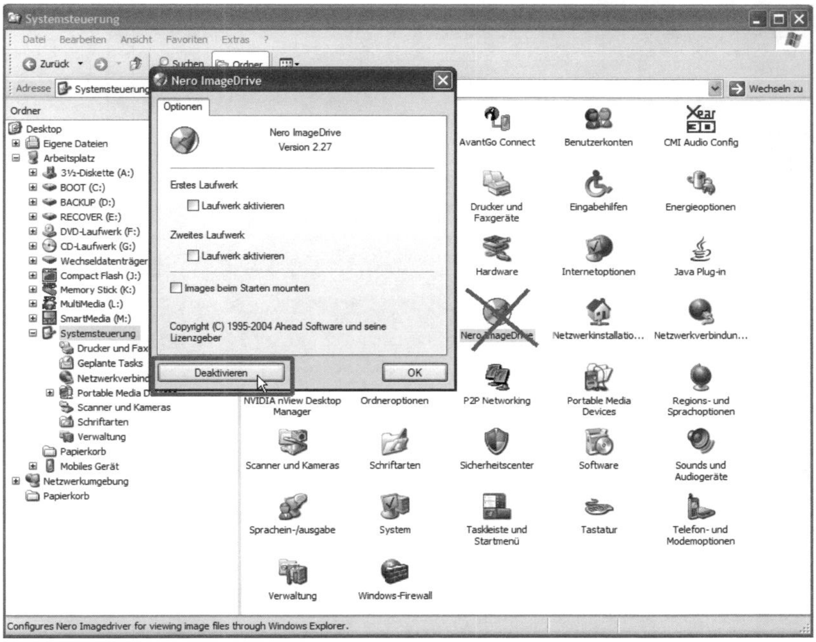

Probleme? – Tipps und Lösungen im MAGIX-Board

In diesem Buch haben wir versucht, Ihnen umfassend und verständlich die vielen Einsatzmöglichkeiten, kleinen Tipps und Tricks sowie cleveren Ideen rund um MAGIX Fotos auf CD & DVD zu vermitteln. Wir hoffen, dass uns das gelungen ist und Sie inzwischen ein kleiner MAGIX-Profi geworden sind.

Noch mehr Tipps und auch Problemlösungen für seltene Fehler finden Sie im MAGIX-Forum unter *http://support.magix.net/boards/magix*.

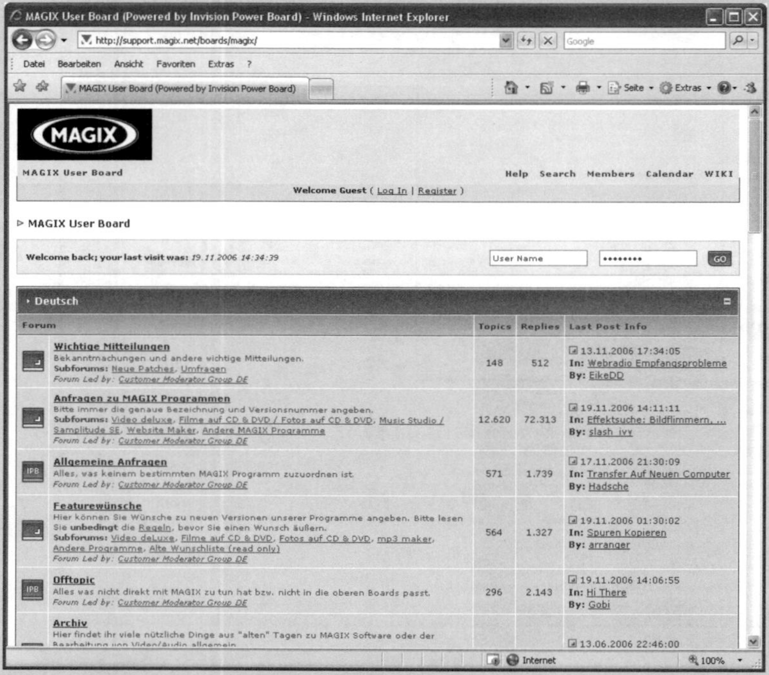

Glossar

AVI: Dateiformat bzw. Dateiendung für unkomprimierte Videodateien. Wiedergabe zum Beispiel mit dem Windows Media Player. Neben Fotos können Sie in MAGIX Fotos auf CD & DVD auch kurze AVI-Videoclips in einer Fotoshow arrangieren.

Bitrate: Gibt an, wie viele Bits pro Zeiteinheit für die Verschlüsselung (Kodierung) einer Audio- und/oder Videoinformation verwendet werden. Je höher die Bitrate, desto höher die Qualität und desto höher der Speicherbedarf.

Buffer Underrun: MAGIX bietet beim Brennen das Aktivieren eines Buffer-Underrun-Schutzes an. Diese Funktion sollten Sie unbedingt nutzen. Buffer Underrun ist das Leerlaufen des Schreibpuffers des CD-/DVD-Rekorders. Beim Brennen eines einmal beschreibbaren Rohlings (DVD+/-R, CD-R) darf der Laser in der Regel nicht abgesetzt werden, d. h., der PC muss den Brenner vom Anfang bis zum Ende des Schreibvorgangs kontinuierlich mit Daten versorgen. Ist der PC durch andere Anwendungen und Hintergrundprozesse über-/ausgelastet, kann es zum Abreißen der Datenanlieferung an den Brenner kommen. Dies kann durch einen Zwischenpuffer bzw. das Vergrößern des Puffers vermieden werden, weil so ein kurzfristig aussetzender Datenstrom überbrückt werden kann.

Brummschleife: Werden Ihre Aufnahmen (zum Beispiel Audiokommentare) von einem lästigen Brummen überlagert, hat sich eine so genannte Brummschleife gebildet. Die schnellste Hilfe ist das Abziehen eines eventuell vorhandenen Antennenkabels von Radio oder TV-Karte. Können Sie damit das Brummen nicht entfernen, sollten Sie nicht benötigte Geräte aus verbundenen Verteilersteckdosen ziehen bzw. die Drehrichtung der Stromstecker umkehren. Hilft alles nicht, benötigen Sie einen so genannten Mantelstromfilter aus dem Elektronikfachhandel zum Preis von ca. 10 Euro. Diesen stecken Sie zwischen Antennenbuchse und -kabel der Stereoanlage.

CMYK: Ein subtraktives Farbmodell, das aus den Grundfarben Cyan, Magenta, Gelb und Schwarz besteht (**C**yan, **M**agenta, **Y**ellow, **K**ey). Die drei ersten Farben ergeben zusammen Schwarz, das jedoch im Druckbereich meist nicht ausreichend farbecht ist. Daher und zum Steuern von Helligkeit und Kontrast enthält das Farbmodell auch Schwarz selbst. CMYK kommt im Printbereich zum Einsatz, zum Beispiel für den Druck von Zeitschriften, um maximale Farbechtheit sicherzustellen.

Crossfade: Auch Kreuzblende. Überblenden/Ineinandermischen von zwei Fotos, Videos oder Musikstücken, wobei der erste Teil in Helligkeit/Farbe/Lautstärke reduziert wird, während der zweite Teil entsprechend eingeblendet wird. Die Lautstärkekurven oder symbolischen Foto-/Videolinien ergeben ein X bzw. Kreuz, daher der englische Name Crossfade.

Encoder: Programm bzw. Programmmodul, das die Konvertierung in ein bestimmtes Format ermöglicht. Die Konvertierung ist dabei in der Regel eine Kodierung (Verschlüsselung) oder zumindest die Umwandlung in ein spezielles Format. So benötigen Sie einen MP3-Encoder (auch Codec genannt), der aus einer WAV-Datei die nicht hörbaren Klangbestandteile herausrechnet und die Datei dann als MP3 speichert oder analog einen unkomprimierten Videofilm in das für die DVD notwendige MPEG-2-Format bringt.

Equalizer: Funktion, meist bekannt von Stereoanlagen, um einzelne Frequenzbereiche der Musikwiedergabe hervorzuheben oder abzusenken. Der Equalizer steuert dabei gezielt einzelne Frequenzbereiche (Frequenzbänder) des Audiosignals, zum Beispiel einen Ausschnitt der Höhen oder Tiefen.

fps: **f**rames **p**er **s**econd, Einzelbilder pro Sekunde. Kennzahl für die Einzelbildrate eines Videos. Um für den menschlichen Betrachter einen flüssigen Eindruck zu erreichen, müssen Videos aus mindestens 25 Einzelbildern pro Sekunde bestehen. Eine Verringerung führt zur Wahrnehmung von „Rucklern", reduziert allerdings die benötigte Datenrate und Bandbreite für die Speicherung und Übertragung von Videomaterial.

Frames: Ein Frame ist im Rahmen der Videobearbeitung ein Einzelbild (→ fps).

Interlace(d): Interlace bzw. Interlaced kennzeichnet Bild- und Videomaterial, das zeilenweise aufgebaut wird, zum Beispiel erfolgt der Aufbau eines TV-Bildes zeilenweise. Dies kann dazu führen, dass beim Anfertigen von Einzelbildern aus einem Video so genannte → Kammstrukturen entstehen. Diese können in MAGIX über den Effekt *Foto Cleaning/TV Bild/Interpolation für Interlace-Quellmaterial* reduziert werden.

Kammstrukturen: Kammstrukturen sind streifenartige Muster auf Fotos, die typischerweise entstehen, wenn Einzelbilder aus einem laufenden Video aufgenommen werden. Die Kammstrukturen entstehen dabei an den bewegten Stellen und können über den Effekt *Foto Cleaning/TV Bild/Interpolation für Interlace-Quellmaterial* in der Regel größtenteils korrigiert werden (→ Interlace(d)).

Mastereffekt: Eine Einstellung, die sich auf die gesamte Fotoshow auswirkt und somit im Zweifel auch individuelle Effekte überschreibt bzw. kompensiert. Mastereffekte stellen Sie in MAGIX Fotos auf CD & DVD über *Datei/Fotoshow-Effekte* ein. Sie regeln zum Beispiel die globale Bildschärfe, die Fotoshow-übergreifende Kontrasteinstellung sowie die Farbsättigung.

Medienpool: In MAGIX Fotos auf CD & DVD der rechte obere Bereich im Programmfenster. Hier verwalten Sie Ihre Fotos, Musik, Rahmen, Effekte im Sinne einzelner Dateien, aber auch Verknüpfungen zu häufig benutzten Ordnern und Laufwerken. Der Medienpool bietet Ihnen Zugriff auf alle Elemente, die Sie von dort heraus in die Fotoshow ziehen können.

Mixdown: Der Vorgang, bei dem MAGIX aus den einzelnen Fotos der Fotoshow einen Film berechnet (rendert). Dabei werden alle Daten, d. h. Fotos, Effekte, Texte, Hintergrundmusik und Audiokommentare, zu einem Videostrom verschmolzen, der dann auf eine DVD vom Typ DVD-Video gebrannt wird. Dieses Format kann dann von DVD-Playern wie eine normale Kinofilm-DVD abgespielt werden.

MPEG: **M**otion **P**icture **E**xpert **G**roup, Zusammenschluss technisch spezialisierter Firmen und Fachleute, die gemeinsam Komprimiermethoden und Standards im Audio-, TV- und Videobereich entwickeln. So entstand beispielsweise in Verbindung mit dem Fraunhofer Institut für Integrierte Schaltungen MPEG Audio Layer 3 oder das Videokomprimierungsformat MPEG-2.

Ondisc Editing: Ondisc Editing ist eine Funktion von MAGIX Fotos auf CD & DVD deluxe, die Ihnen gestattet, Fotoshow-Projekte auf wieder beschreibbaren DVDs im Nachhinein zu verändern. Sie können damit also eine Fotoshow auf einer DVD+/-RW als unsichtbar markieren und durch eine neue, überarbeitete Version ersetzen. Ebenso können Sie weitere Fotoshows hinzufügen und das vorhandene DVD-Menü entsprechend ergänzen. Wichtig: Diese Funktion steht nur in der deluxe-Version zur Verfügung.

RGB: Ein additives Farbmodell, das alle Farben aus den drei Grundfarben **R**ot, **G**rün und **B**lau zusammensetzt. Dieses Farbmodell wird von Fernsehbildschirmen und Röhrenmonitoren verwendet und ist entsprechend für die Darstellung auf diesen Geräten geeignet. Im Printbereich kommt hingegen in der Regel das CMYK-Farbmodell zum Einsatz.

Storyboard: MAGIX Fotos auf CD & DVD verfügt über zwei grundlegende Ansichtsmodi für Fotoshows: das Storyboard und die Timeline. Im Storyboard, der Standardanzeige, werden alle Elemente als Vorschaubild angezeigt. Dabei nehmen sie in der Anzeige immer gleich viel Platz ein, egal ob es sich um einen mehrsekündigen Videoclip oder ein einfaches Foto handelt. Auch eine individuell gewählte, längere Anzeigedauer eines Fotos wirkt sich nicht auf die Anzeige aus.

SVCD: Weiterentwicklung der **V**ideo-**CD** (VCD), die primär durch eine wesentlich bessere Bildqualität gekennzeichnet ist. Die Bitrate und damit die Qualität des Filmmaterials lassen sich weitgehend selbst bestimmen, sodass Sie einen sehr langen Film in seiner Qualität reduzieren können, um ihn auf einem Rohling unterzubringen. Im Gegenzug ermöglicht die SVCD verglichen mit der VCD eine wesentlich höhere Qualität bei entsprechend geringerer Filmlaufzeit pro CD. SVCD wird bisher nur von einer Minderheit der DVD-Player unterstützt.

Timeline: MAGIX Fotos auf CD & DVD verfügt über zwei grundlegende Ansichtsmodi für Fotoshows: das Storyboard und die Timeline. In der nicht standardmäßigen Timeline-Anzeige erscheinen die einzelnen Elemente der Fotoshow wie in einem Videoschnittprogramm als einzelne Clips. Die Länge dieser Clips variiert mit der jeweils gewählten Anzeigedauer. Dadurch können Sie direkt erkennen, wie lang ein Element angezeigt wird. Außerdem enthält die Timeline-Anzeige vier Spuren. Die erste Spur enthält die Fotos bzw. Videoclips, die zweite Spur eine Tonspur (für den Originalton der Videoclips), die dritte Spur listet Texteffekte auf, und die vierte Spur nimmt Hintergrundmusik auf.

TWAIN: Einheitliche Schnittstelle für Grafiksoftware oder auch andere Anwendungsprogramme, um zum Beispiel auf Scanner oder Kameras zuzugreifen.

Stichwortverzeichnis